SUSANA CONSTANTINO PEIXOTO DA SILVA

Arquitectura de Cine Teatros: evolução e registo [1927-1959]

Equipamentos de Cultura e Lazer em Portugal no Estado Novo

ARQUITECTURA DE CINE TEATROS: EVOLUÇÃO E REGISTO [1927-1959]
EQUIPAMENTOS DE CULTURA E LAZER EM PORTUGAL NO ESTADO NOVO

AUTORA
SUSANA CONSTANTINO PEIXOTO DA SILVA

EDITOR
EDIÇÕES ALMEDINA. SA
Av. Fernão Magalhães, n° 584, 5º Andar
3000-174 Coimbra
Tel.: 239 851 904
Fax: 239 851 901
www.almedina.net
editora@almedina.net

PRÉ-IMPRESSÃO | IMPRESSÃO | ACABAMENTO
G.C. GRÁFICA DE COIMBRA, LDA.
Palheira – Assafarge
3001-453 Coimbra
producao@graficadecoimbra.pt

Abril, 2010

DEPÓSITO LEGAL
308719/10

Os dados e as opiniões inseridos na presente publicação são da exclusiva responsabilidade do(s) seu(s) autor(es).

Toda a reprodução desta obra, por fotocópia ou outro qualquer processo, sem prévia autorização escrita do Editor, é ilícita e passível de procedimento judicial contra o infractor.

Biblioteca Nacional de Portugal – Catalogação na Publicação

SILVA, Susana Constantino Peixoto da

Arquitectura de cine teatros : evolução
e registo, 1927-1959. – (CES : cidade
e urbanismo)
ISBN 978-972-40-4068-4

CDU 725
     792
     791

ÍNDICE

Prefácio	7
Nota Prévia	9
Introdução	11
Capítulo 1 – Cinema em Portugal: do Animatógrafo ao Cinema Propaganda	17
1.1. Os tempos livres e a sociedade: os espaços urbanos de lazer.	17
1.2. O espectáculo entre as feiras e as primeiras salas	22
1.3. O cinema ao serviço da propaganda do Estado Novo	31
Capítulo 2 – Equipamentos de Cultura e de Lazer: a iniciativa pública e privada	43
2.1. Os equipamentos na política das Obras Públicas	43
2.1.1. As áreas de acção do programa das Obras Públicas	43
2.1.2. Promoção e representação do Estado nos equipamentos públicos	48
2.2. Os equipamentos da iniciativa privada	54
2.2.1. Os programas de carácter colectivo	54
2.2.2. A promoção dos novos equipamentos de recreio	57
Capítulo 3 – *Evolução*: enquadramento e materialização do programa «Cinema»	65
3.1. A regulamentação da construção de salas de espectáculos	65
3.1.1. Os serviços técnicos da Inspecção dos Espectáculos	65
3.1.2. 1927-1959: os reflexos do Decreto nº 13.564	73
3.2. *Arquitecturas para o cinema*: resposta ao novo programa	82
3.3. Cine-Teatros: espaços entre o cinema e o teatro	91
Capítulo 4 – *Registo*: leitura dos elementos de permanência através de estudos de caso.	99
4.1. A distribuição no território	99
4.2. A definição do Equipamento Urbano.	107
4.3. A organização interna: as salas de espectáculos	131
4.4. Os espaços de sociabilização: *foyers* e os salões	145
4.5. Os elementos de distribuição: acessos e vestíbulos	157
4.6. Os espaços de cena: o palco e os camarins	162
Reflexões Finais	169

FONTES E REFERÊNCIAS BIBLIOGRÁFICAS	177
Arquivos	177
Inspecção-Geral das Actividades Culturais (IGAC)	177
Obras citadas e consultadas	180
Artigos em Periódicos	185
Periódicos	186
Legislação	186
Endereços Electrónicos	187
CRÉDITOS DAS IMAGENS	189
ANEXOS	191
Anexo I [Identificação dos Casos de Estudo]	191
Relação dos Casos de Estudo por Grupo/Data	194
Relação dos Casos de Estudo por Autor	198
Relação dos Casos de Estudo por Distrito	202
Anexo II [Mapas]	206
Mapa 1 – Distribuição Territorial por Grupos	206
Mapa 2 – Distribuição Territorial Grupo A / Grupo B [Período 1927-1939]	207
Mapa 3 – Distribuição Territorial Grupo A / Grupo B [Período 1940-1949]	208
Mapa 4 – Distribuição Territorial Grupo A / Grupo B [Período 1940-1959]	209
Anexo III [Gráficos]	210
Gráfico 1 – Evolução do Nº de Processos Grupo A / Grupo B [Período 1927-1959]	210
Gráfico 2 – Relação do Nº de Processos Grupo A / Grupo B por Década	210
Gráfico 3 – Relação do Nº de Processos por Grupo	211
Gráfico 4 – Relação do Nº de Processos por Distrito	211

PREFÁCIO

Em 1927, numa época em que o cinema congregava as preferências do público e se insinuava como espectáculo de massas, é publicado um diploma legislativo com o intuito de regulamentar quer o espectáculo em si, quer os recintos nos quais tinha lugar. Os inúmeros pedidos para a construção de salas de cinema foram então condicionados a um conjunto de requisitos que pressupunham, no essencial, aproveitar esse manancial de intenções e revertê-las para a construção de espaços com valor de uso acrescido, ou seja, que servissem igualmente para teatro, dança, music-hall, etc. Se, por um lado, estas medidas restringiram de sobremaneira a possibilidade de proliferação de salas dedicadas ao cinema, por outro lado conseguiram dotar o país com uma rede consideravelmente vasta e equilibrada de edifícios cujo espaço, equipamento e funcionalidade lhes permitia assumir-se como verdadeiros pólos de representação de centralidades locais – os cine-teatros.

Dezenas de investidores locais, fossem pequenas ou grandes empresas de exibição, fossem sociedades de promoção cultural ou fossem, pura e simplesmente, filantropos interessados em trazer o cinema à sua terra, construíram, por todo o país, um conjunto verdadeiramente assinalável de teatros de grande dimensão, com todas as condições, espaciais e urbanas, que este tipo de edifícios pressupõe. Numa época como a nossa, em que tanto se fala de equipamentos culturais, vale certamente a pena determo-nos um pouco a reflectir sobre o modo como, num determinado momento de procura, uma medida legislativa pôde ser tão eficaz nos propósitos de aproveitamento de potencialidades.

Munindo-se de um levantamento, sistemático e exaustivo, destas e de outras casas de espectáculo, construídas num arco temporal que corresponde, *grosso modo*, à primeira metade do Século XX, a autora elabora um estudo que, apesar de centrado no significado dessas obras para a cultura arquitectónica portuguesa, não se alheia dos dados historiográficos e, acima de tudo, nunca as desliga da sua inserção contextual, para que nós, os seus leitores, as entendamos sempre no âmbito da dimensão política, social e cultural do processo.

Subjacente a esta análise está, também, uma subtil reflexão acerca dos valores, simbólicos e de uso, que todos aqueles edifícios carregam, na contemporaneidade. Para a elaborar, são convocadas, de modo regrado, circunstancial e dirigido, as referências mais acertadas, que vão desde os alinhamentos conceptuais da reabilitação até às mais sólidas contribuições teóricas acerca do significado da memória na arquitectura e a consequente atribuição de valor de antiguidade às obras e aos espaços construídos.

Mas é através da interacção constante, madura e equilibrada entre a importância das medidas político-administrativas que presidiram à construção dos cine-teatros em Portugal, a sua distribuição geográfica, o contexto urbano de cada um deles, os autores do projecto e os modelos arquitectónicos presentes, que se vai construindo este livro. O modo como articula a informação recolhida e a faz reverter para a interpretação da circunstância arquitectónica, em conjunto com o carácter rigoroso e fidedigno do levantamento, são atributos que fazem dele, doravante, um documento imprescindível para o estudo da arquitectura e da cidade em Portugal, no Século XX.

JOSÉ ANTÓNIO BANDEIRINHA

NOTA PRÉVIA

Este texto tem como base a dissertação de Mestrado em Engenharia Civil e Arquitectura, especialização em Reabilitação do Espaço Construído, apresentada à Faculdade de Ciências e Tecnologia da Universidade de Coimbra, desenvolvida sob a orientação do professor José António Bandeirinha a quem agradeço a motivação pelo tema, a amizade e empenho na elaboração e produção deste trabalho. À professora Ana Tostões, arguente da defesa pública da dissertação de Mestrado, deixo aqui também o meu agradecimento pela análise crítica e pelo seu contributo para a validação teórica deste trabalho.

O documento original incluía em anexo documental o inventário dos casos de estudo recolhidos, organizado sob a forma de fichas de caracterização, que não foi incluído na presente edição. Como síntese desse anexo, mantém-se apenas as relações dos casos de estudo e os mapas e gráficos de distribuição no tempo e no território.

A recolha dos processos relativos aos projectos dos Cine-Teatros e Cinemas que formaram os casos de estudo deste trabalho não seria possível sem o apoio da Inspecção-Geral das Actividades Culturais (IGAC). Agradeço pessoalmente à Srª Inspectora-Geral das Actividades Culturais, Dr.ª Maria Paula Andrade e ao Director de Serviços de Licenciamento/Divisão de Recintos de Espectáculos, Eng. Joaquim Valente, pela autorização da consulta dos Arquivos e da reprodução dos elementos aí fotografados. Agradeço também ao Eng. Roberto Valadares e restante equipa da Divisão de Recintos de Espectáculos da IGAC, pela disponibilidade e simpatia com que me receberam nas suas instalações. Deixo também o meu agradecimento a todos que contribuíram para o desenvolvimento deste trabalho, pelas diversas contribuições e pela troca de ideias sobre esta e outras investigações.

Agradeço ainda ao Nelson, pela confiança que sempre depositou na concretização deste trabalho. Pelo apoio quotidiano e pela companhia nas viagens por Portugal em busca de Cine-Teatros.

Este livro é dedicado ao Raul e à Teresa, meus pais.

INTRODUÇÃO

Em 1991, no "Colóquio sobre Arqueologia e Recuperação dos Espaços Teatrais" realizado pela Fundação Calouste Gulbenkian/ACARTE[1], alertou-se para o esvaziamento cultural do interior do país devido, em grande parte, ao imenso número de salas de Cine-Teatros encerradas e à ausência de um levantamento nacional rigoroso do património físico existente, quer no que respeita ao número e dimensão de salas como ao seu estado de conservação.

Em 1998, no texto que acompanha a exposição fotográfica "Cine Teatros de Portugal", Jochen Dietrich, o seu autor, afirma: "fotografei mais de 90 Cine-Teatros em todo o país. Vi igrejas que foram transformadas em salas de projecção, e cinemas que se transformaram em locais de culto; encontrei Cine-Teatros perfeitamente decrépitos e outros restaurados com cuidado e muito dinheiro investido; (...) Apenas 60 anos (ou menos) após a sua edificação, muitos dos cinemas tornaram-se velhos, decrépitos e na maior parte abandonados; (...) No entanto, ainda lá se encontra tudo, ainda era possível salvar tudo"[2].

Nos últimos anos a situação alterou-se bastante e o cenário actual não é tão decadente. Hoje, dos exemplos referidos no Colóquio de 1991 por José Manuel Castanheira[3], já muitos foram adquiridos pelas respectivas autarquias, reabilitados ao abrigo de programas nacionais ou europeus[4] e estão em

---

[1] Cf. COLÓQUIO SOBRE ARQUEOLOGIA E RECUPERAÇÃO DOS ESPAÇOS TEATRAIS, Lisboa, 1991 – "Arqueologia e Recuperação de Espaços Teatrais: Compilação das comunicações apresentadas no Colóquio realizado em Outubro 1991". Organização da Fundação Calouste Gulbenkian, ACARTE. [Lisboa]: FCG, 1992.

[2] DIETRICH, Jochen – "Cine Teatros de Portugal". Catálogo Bilingue da exposição Cine Teatros em Portugal. Coordenação de Vítor Lourenço. Leiria: Edição Teatro José Lúcio da Silva e Museu da Imagem, 1998.

[3] CASTANHEIRA; J. Manuel – Inventário dos Teatros em Portugal. In COLÓQUIO SOBRE ARQUEOLOGIA ... – "Arqueologia e Recuperação...". p.11-15.

[4] São exemplos as Rede Nacional de Teatros e Cine-Teatros e a Rede Municipal de Espaços Culturais lançadas pelo Ministério da Cultura no âmbito do Plano Operacional de Cultura em 1999, com o objectivo de dotar as capitais de distrito e as sedes de concelho, respectivamente, com salas de espectáculos. Vejam-se ainda os casos dos Teatros e Cine-Teatros recuperados ao abrigo do Plano Estratégico da Região de Lisboa e Vale do Tejo (PERVLT) e do Plano Operacional Regional (PORVLT) publicados em PORTUGAL. Comissão de Coordenação da Região de Lisboa e Vale do Tejo – "Cine Teatros: valorização cultural, reabilitação do património". Coordenação de António Fonseca Ferreira. Lisboa: CCRLVT, 2002.

funcionamento. No entanto, o referido levantamento desse conjunto ficou por fazer e o conhecimento da realidade patrimonial, como um todo, não foi considerado. Cada caso foi circunstancialmente transformado de acordo com a sua realidade específica.

Assistimos hoje a uma programação cultural menos assimétrica no território nacional mas não se criou a oportunidade de (re)conhecer a importância dos Cine-Teatros enquanto património arquitectónico e cultural e de debater sobre a estratégia da sua reabilitação.

Ao contrário dos estudos da Arquitectura Portuguesa do Século XX, que têm vindo a ser feitos com base nos equipamentos colectivos que resultaram de uma política e encomenda directa do Estado nesse período, têm ficado em segundo plano os equipamentos culturais e de lazer de iniciativa privada, profundamente ligados às manifestações socioculturais, à memória e à identificação das comunidades onde se inserem.

O presente trabalho tem por objecto de estudo a Arquitectura dos Cine-Teatros no período balizado pela promulgação da legislação relativa à construção de salas de espectáculo em Portugal – 1927 e 1959 – que coincide, em termos gerais, com o período politicamente definido por Estado Novo[5]. Estes equipamentos, que materializam a conciliação dos espectáculos de cinema e teatro num edifício único e que surgem em Portugal a partir do final da década de 1920, difundem-se de uma forma quase generalizada nas cidades médias da *província*, designação comummente utilizada à época para além do significado de indicação administrativa mas como expressão de uma antítese em relação a Lisboa, enquanto centro do poder e do império, "proposta pela cultura do regime"[6].

---

[5] Considera-se Estado Novo o período entre 1930 e 1960, tal como Fernando Rosas define: dentro das "quatro décadas de vigência do regime instituído a partir do movimento militar de 28 de Maio de 1926" as datas de 1930 e 1960 como limites de um período mais específico. Cf. ROSAS, Fernando (coord.) – "Portugal e o Estado Novo (1930-1960)". Lisboa: Editorial Presença, 1992. vol. XII de: Nova História de Portugal. Direcção de Joel Serrão e A.H. de Oliveira Marques. p.7.

[6] Como J. António Bandeirinha refere "a expressão provincial, sem equívocos, indefinições ou hesitações era um instrumento indispensável para uma notação caracterial clara e expressiva da totalidade do território". BANDEIRINHA, José António, Cem anos de arquitectura no Centro de Portugal. (versão integral). In "IAPXX, Inventário à Arquitectura do Século XX em Portugal" [online]. Em: http://iapxx.arquitectos.pt/. [consultado em 23.11.2006]. p.1.

A base da investigação reside na especificidade destes equipamentos, obras de promoção privada, que sintetizam uma série de princípios programáticos do cinema em detrimento da herança tipológica dos teatros de cena *à italiana* e que se assumem como o grande equipamento cultural das localidades onde se inserem. Considera-se assim, como momento inicial deste trabalho aquele que L. Soares Carneiro, na sua tese de doutoramento dedicada aos Teatros Portugueses de Raiz Italiana, definiu como a transição de modelos onde, a partir "da conjugação de dois factores – a construção em betão e a rápida difusão dos espectáculos de cinema – os teatros à italiana iriam decair e deixar de ser utilizados conduzindo aos Cine-Teatros"[7].

A pesquisa para este trabalho foi suportada pela análise e leitura de vários autores, quer sobre as temáticas específicas da Arquitectura, do Cinema e da História, quer sobre as memórias de várias localidades onde os Cine-Teatros se instalaram. Não havendo qualquer trabalho específico sobre o tema em questão, estas obras de produção teórica e científica serviram como contributos na contextualização sectorial de cada temática, permitindo uma interpretação crítica e um cruzamento direccionado para uma visão de conjunto sobre a qual se formula o discurso.

A leitura aprofundada dos Decretos-lei que estabeleceram os limites cronológicos do trabalho permitiu retirar as ilações que se julgam importantes para a definição arquitectónica e urbana dos Cine-Teatros. Para o seu enquadramento foi também fundamental o recurso às revistas da época dedicadas à produção arquitectónica e ao cinema.

Por fim, para permitir a análise dos vários Casos de Estudo, as Memórias Descritivas e Justificativas que acompanharam os processos de licenciamento recolhidos no arquivo da Divisão de Recintos de Espectáculos da Inspecção-Geral das Actividades Culturais (IGAC) forneceram, em discurso directo e na voz dos próprios autores dos projectos, a mais importante fonte de elementos a par, claro está, com a análise peças desenhadas originais de cada projecto aí encontrado.

Os desenhos de arquitectura dos projectos recolhidos, encontrados junto dos processos de licenciamento ou de fontes bibliográficas, apresentam-se reproduzidos. No âmbito do presente trabalho não se procedeu ao tratamento gráfico desses elementos, o que permitiria uma visão mais rigorosa na leitura e comparação das escalas e do desenho desses edifícios. Ainda

---

[7] CARNEIRO, Luís Soares – "Teatros Portugueses de Raiz Italiana" (texto policopiado). Porto: [s.n.], 2002. Tese de Doutoramento em Arquitectura apresentada à FAUP. p.21.

assim, revelaram-se como o suporte fundamental do desenvolvimento deste trabalho.

Com o cruzamento dos elementos recolhidos junto de levantamentos e bibliografia relevantes para a historiografia da Arquitectura Portuguesa e na pesquisa efectuada na IGAC foi possível alcançar um resultado de mais de centena e meia de salas de projecção cinematográfica, construídas em Portugal Continental entre 1927 e 1959[8]. Muitas mais serão as salas que ficam de fora deste estudo: algumas por falta de referências, dentro de um quadro estabelecido como base para este trabalho, outras porque esse é um risco natural neste tipo de sínteses, que não ambicionam ter por objectivo um registo exaustivo da totalidade dos casos existentes. O conjunto recolhido foi sujeito a uma análise que permitiu a sua divisão por quatro grupos, definidos de acordo com a relação programática e temporal: Cine-Teatros construídos de raiz (Grupo A); Cinemas (Grupo B); Teatros adaptados a Cine-Teatros (Grupo C) e Edifícios de tipologias distintas adaptados a Cine-Teatro (Grupo D), todos dentro do intervalo temporal estabelecido.

Esta categorização pretende fixar o contexto a partir do qual surgiram os edifícios dos Cine-Teatros, ou seja, perceber em termos quantitativos e qualitativos o que significou o movimento de adaptação de edifícios existentes, teatros ou outros, a salas de cinema e como surgiram os primeiros edifícios de raiz. No entanto, este tipo de delimitação nem sempre é linear e, consequentemente, ausente de falhas ou incoerências. Isto porque há edifícios que começaram por ser teatros e que, mantendo a mesma denominação, foram sujeitos a posteriores projectos de alterações, por vezes tão profundos que não podem mais ser considerados o mesmo edifício. Outros mantêm elementos de edifícios anteriores mas, pelo contrário, mudaram de propriedade, alargaram o seu uso e alteram mesmo a sua designação. Os princípios utilizados tentaram manter o critério da unidade arquitectónica, considerando para o efeito a continuidade do edifício existente.

A classificação funcional também nem sempre é óbvia. Muitos edifícios utilizam a designação de Cine-Teatro mas no fundo eram salões de festa, salas multifuncionais ou salas inseridas em recintos de outra natureza, como sedes de associações recreativas, que englobavam a actividade cinematográfica mas que não possuíam a independência programática necessária para a caracterização comum destes edifícios.

---

[8] Ver Anexo I [Identificação dos Casos de Estudo].

Na Introdução da sua tese, L. Soares Carneiro afirma que "para uma hipotética «História Arquitectónica dos Teatros Portugueses» (...) falta, de todo, o estudo do período dos Cine-Teatros". Este trabalho propõe-se a fazer uma primeira abordagem ao tema, não através de uma análise profunda e de um estudo cronológico dos casos de referência, mas através da proposta de uma base de critérios que sirvam essa análise, permitindo-se assim criar um suporte para "poder ajudar na compreensão e estudo dos edifícios existentes que necessitem de julgamento cuidado para a sua avaliação, classificação patrimonial ou estudo antes da eventual intervenção de demolição, alteração ou reabilitação"[9].

A abordagem seguida não segue uma lógica cronológica da análise dos Casos de Estudo mas sim uma leitura transversal de alguns elementos de permanência definidos. Na realidade, mais do que destacar aqueles edifícios que se revelaram marcantes na historiografia da Arquitectura Portuguesa do século XX ou de compilar a história de alguns edifícios seleccionados pelo seu valor enquanto obra de arquitectura, a proposta apresentada pretende definir os critérios de análise arquitectónica comuns a estes edifícios de modo a criar a base do entendimento de conjunto que permita a elaboração de uma inventariação e sequente estratégia de reabilitação dos Cine-Teatros como um todo, como património no seu conjunto.

Nesse sentido, o trabalho estrutura-se em quatro capítulos e num corpo de anexos onde se apresentam a identificação e relação dos casos de estudo por grupo/data, por distrito e por autor, e os elementos gráficos elaborados que representam a distribuição desses mesmos casos no tempo e no território.

Os dois primeiros capítulos são de contextualização. No primeiro capítulo [Cinema em Portugal: do Animatógrafo ao Cinema Propaganda] analisa-se o ambiente cultural vivido em Portugal no período inicial do século XX e o aparecimento do cinema como evento técnico, social e cultural. Procuram-se perceber quais os equipamentos que serviam para o lazer da sociedade antes do aparecimento do Cinema e o modo como este, enquanto actividade de espectáculo e veículo cultural, alterou os hábitos de ocupação dos tempos livres. Do mesmo modo, em termos técnicos quais as necessidades que o cinema impõe para os edifícios e, como é que a sua evolução tecnológica e a sua difusão são acompanhadas com o surgimento de equipamentos culturais destinados ao cinema. Ensaia-se ainda uma leitura da importância do cinema

---

[9] CARNEIRO, Luís Soares – "Teatros Portugueses de Raiz Italiana". p.26.

como veículo de propaganda ideológica do novo regime político que surge nos finais da década de 1920 e quais as acções que foram desenvolvidas para a sua afirmação.

No segundo capítulo [Equipamentos de Cultura e de Lazer: a iniciativa pública e privada] propõe-se primeiro, com base na promoção oficial de uma rede de Equipamentos Públicos, um enquadramento no âmbito da relação entre o Estado Novo através da política das obras públicas e a arquitectura, ou seja o modo como se fazia representar, enquanto regime, nas obras de promoção directa. Numa segunda fase, analisa-se, por contraponto, os equipamentos que a iniciativa privada promove. Contextualiza-se assim, entre os equipamentos públicos e os equipamentos culturais e de lazer, o aparecimento dos Cine-Teatros, de promoção privada, equipamentos sociais, culturais e de educação e meios de relação de identidade entre as comunidades e de referência urbana nas localidades onde se inseriam.

O terceiro e quarto capítulos analisam de forma concreta a *Evolução* e *Registo* da arquitectura dos Cine-Teatros em Portugal entre 1927 e 1959. Ao longo do terceiro capítulo [*Evolução*: Enquadramento e materialização do programa «Cinema»] apresentam-se os factores externos que se consideram como determinantes e transversais na concepção arquitectónica dos edifícios estudados. Por fim, no último capítulo [*Registo*: leitura de elementos de permanência através dos estudos de caso], com base nos elementos recolhidos que pertencem ao domínio específico da Arquitectura, em especial os projectos originais, desenha-se o mapa de distribuição no território nacional dos Cine-Teatros ao longo das três décadas estudadas e analisam-se as questões de enquadramento urbano, programáticas e formais que se conjugaram na criação de uma imagem de identidade dos Cine-Teatros.

Como consideração final, pretende-se estabelecer as bases para uma reflexão sobre as estratégias de intervenção nos Cine-Teatros construídos em Portugal no século XX. Para essa discussão, pretende-se que a sistematização apresentada possa servir de suporte a uma inventariação completa, essencial para o conhecimento e reconhecimento destes equipamentos como exemplos do património arquitectónico nacional. Perante as suas características analisadas ao longo do trabalho e a realidade actual, propõe-se reflectir sobre os valores intrínsecos e a adaptabilidade a novos usos deste conjunto de edifícios. Numa lógica de reabilitação sustentável, conciliando os aspectos da memória, do significado colectivo, económicos e sociológicos, até que ponto estes equipamentos são adaptáveis a uma reutilização e de que modo essa adaptação pode ser feita.

CAPÍTULO 1
CINEMA EM PORTUGAL: DO ANIMATÓGRAFO AO CINEMA PROPAGANDA

1.1. Os tempos livres e a sociedade: os espaços urbanos de lazer
A sociedade do início do século XX estabelece, para o seu tempo, os seus próprios rituais de sociabilidade dedicados às actividades de lazer. Numa sociedade fruto da revolução industrial, o lazer surge como actividade de contraponto com o trabalho. O tempo livre, até ao momento exclusivo das classes altas, abre-se também às classes trabalhadoras que passam a organizar os seus tempos em função dos rígidos horários de trabalho. Enquanto a aristocracia e a alta burguesia, em continuidade com os costumes herdados do século XIX, sedimentam as temporadas de vilegiatura e de viagem e organizam os seus bailes e *soirées* privadas, a burguesia e o operariado, afirmando-se como classe social, valorizam o ócio e o divertimento de um tempo livre que passam a dispor.

O aproveitamento de um tempo de lazer após um dia de trabalho, a conquista da folga semanal ao domingo e, anos depois, das férias pagas, introduzem novos costumes de aproveitamento do tempo[10]. Para além das distracções caseiras com a leitura, os jogos e mais tarde o gramofone e a rádio, o tempo livre passa a ter uma nova componente social pública: é consagrado aos "prazeres do espectáculo, das visitas, das festas, do jogo e mesmo do *farniente*" e ainda do "próprio passeio" quando destinado a "ver e ser visto"[11]. Instituem-se espaços próprios com respectivos rituais de utilização para a ocupação dos tempos livres equivalentes, agora, aos tempos sem trabalho.

A cidade torna-se o centro dos novos locais de entretenimento, com uma oferta tão diversificada quanto as vontades e possibilidades das várias classes sociais que os procuram. A cultura de lazer democratiza-se e o divertimento passa a ser uma actividade comercial, dirigida para um consumo mais generalizado. Vários são os fenómenos que convergem para a definição de uma

---

[10] Sobre a instituição do horário de trabalho, do domingo como repouso semanal e das férias pagas cf. CORBIN, Alain – "História dos Tempos Livres". Lisboa: Teorema, 2001. p.334-358 e 458-459.

[11] CSERGO, Julia – Expansão e Mutação do lazer citadino. Paris século XIX – início do século XX. In CORBIN, Alain, "História dos Tempos Livres". p.149-151.

cultura urbana de divertimento, dos quais "a regulamentação e a diminuição progressiva dos tempos de trabalho, a elevação do nível de vida e de formação escolar conduzem a uma lenta diversificação das práticas de lazer popular e ao desenvolvimento de uma nova oferta de espectáculos e de bens culturais «de massas»."[12]. O que até ao momento eram actividades informais passam a ser entendidas como "actividades moduláveis susceptíveis de arrastarem uma clientela diversificada"[13]. Em resultado, definem-se os espaços para o lazer citadino, onde as distinções sociais são alcançadas através da diferenciação dos preços de acesso às diversas actividades.

Os grandes equipamentos urbanos de lazer eram os teatros. Segundo a compilação de Sousa Bastos[14], no início do século XX existiam em Portugal cerca de 150 teatros em funcionamento, construídos principalmente ao longo do século XIX. A construção e inauguração do Teatro D. Maria II, em 1846, terá funcionado como o ponto de partida de "movimento generalizado e muito consistente de construção ou adaptação de edifícios destinados ao espectáculo teatral, quase todos dentro da estrutura canónica do Teatro à Italiana"[15]. Para além de Lisboa e do Porto, as duas principais cidades, muitas foram as capitais de distrito ou cidades de dimensão média que, até ao final do século XIX, construíram a sua sala de teatro segundo o modelo clássico de raiz italiana[16].

---

[12] THIESSE, Anne-Marie – Organização dos lazeres dos trabalhadores e tempos roubados (1880-1930). In CORBIN, Alain, "História dos Tempos Livres". p.366.

[13] CSERGO, Júlia – Expansão e Mutação do lazer... In CORBIN, Alain, "História dos Tempos Livres" p.169.

[14] BASTOS, António de Sousa – "Dicionário de teatro português". Coimbra: Minerva, 1994. Edição fac-simile de Lisboa: Imprensa Libanio da Silva, 1908.

[15] CRUZ, Duarte Ivo – "História do teatro português". Lisboa: Verbo, 2001. p.11.

[16] Entre elas destacam-se o Teatro Aveirense (1881); o Teatro Sá de Miranda em Viana do Castelo (1885); o Teatro Garcia de Resende em Évora (1892); o Teatro Circo Príncipe Real em Coimbra (1892); o Teatro Diogo Bernardes em Ponte de Lima (1896). Denominam-se de *Teatros à Italiana*, os edifícios teatrais que mantêm o modelo desenvolvido em Itália a partir do final do século XVI, que se organizam pela articulação dos espaços de cena e de sala. A sala, organizada a partir do eixo da perspectiva, com ponto de fuga no centro do palco, dispunha-se em forma de ferradura com várias ordens de camarotes e a parte central ocupada pela plateia. Os espaços de representação dentro destes edifícios adquirem uma enorme importância assim como sua própria referência urbana. Sobre os exemplos em Portugal cf. CARNEIRO, Luís Soares – "Teatros Portugueses de Raiz Italiana". (texto policopiado). Porto: [s.n.], 2002. Tese de Doutoramento em Arquitectura apresentada à FAUP.

Estas salas ofereciam uma grande variedade de espectáculos entre a ópera, a farsa, a comédia, o drama, a revista, a opereta, a zarzuela, o circo ou a magia, sendo a maioria das companhias teatrais de Lisboa. O resto do país, sem produção própria, organizava espectáculos amadores e aguardava as *tournées* das companhias que actuavam em Lisboa, estando o prestígio das suas salas, e consequentemente de cada cidade, muitas vezes referido pela companhia convidada que representava o espectáculo de estreia.

Em Lisboa concentrava-se o maior número de salas, divididas entre os teatros oficiais e os teatros de bairro, totalizando cerca de 25000 lugares[17]. As grandes salas distinguiam-se pela frequência e pelo tipo de espectáculo que apresentavam. Segundo Oliveira Marques "a ópera tinha lugar no Teatro de S. Carlos e no Coliseu dos Recreios. A opereta ia para o Trindade, o Condes e o Avenida. A revista subia à cena nestes dois últimos. Para o drama e a alta comédia ia-se ao D. Maria ou ao D. Amélia. Para a comédia e o drama popular havia o Trindade, o Ginásio e o Príncipe Real. O circo apresentava-se no Coliseu dos Recreios e no Real Coliseu da Rua da Palma"[18]. No Porto, o Real Teatro de S. João, inaugurado em Maio de 1798, era o local frequentado pela alta sociedade onde se apresentava sobretudo o teatro lírico. As expressões de teatro destinadas a um público mais popular representavam-se no Teatro Baquet (inaugurado em 1859 e destruído num incêndio em 1888) e no Carlos Alberto, de 1897, mas também no S. João, ao domingo à tarde. A distinção social era feita, mais do que pelo lugar em si, pela ritualização da sua frequência e dos espectáculos que apresentava. Como refere Gabriella Turnaturi, utilizando como referência o caso italiano, as várias classes sociais "enchiam os teatros, nomadamente aos feriados. Sentavam-se conforme o seu nível. A burguesia sentava-se na orquestra ou nos camarotes de segunda ou terceira; a aristocracia ocupava os *fauteuils* e os primeiros camarotes"[19]. Os preços acompanhavam essa distinção social, variando de acordo com o tipo de lugares

---

[17] Números apresentados por Oliveira Marques, com destaque para a lotação do Coliseu dos Recreios, construído para os espectáculos de circo, com capacidade para 6000 a 8000 lugares. MARQUES, A.H. de Oliveira (coord.) – "Portugal da Monarquia para a República". Lisboa: Editorial Presença, 1991. vol. XI de: Nova História de Portugal. Direcção de Joel Serrão e A.H. de Oliveira Marques. p.660.

[18] MARQUES, A.H. de Oliveira (coord.) – "Portugal da Monarquia para a República". p.660-661.

[19] TURNATURI, Gabriella – As metamorfoses do divertimento citadino na Itália Unificada (1870-1915). In CORBIN, Alain – "História dos Tempos Livres". p.216.

destinado a um tipo de frequência: os mais elevados destinavam-se aos camarotes e aos *fauteuils* e os mais acessíveis à geral ou varanda[20].

A ida ao teatro, mais do que um entretenimento de lazer, encerrava em si uma importante componente social. O investimento das grandes famílias na reserva dos lugares para as temporadas de ópera e principalmente nas *toilettes* é representativo da importância atribuída à presença nos teatros que se apresentavam como "boas ocasiões para ver e ser visto, para se exibir o corpo e o traje"[21].

Do mesmo modo, também os *boulevards*, os *passeios públicos* e os jardins ou parques se institucionalizam como espaços urbanos de lazer, onde a população, de todas as classes, se exibia nos desfiles de domingo, repousava e estava em contacto com a natureza, dando resposta ao gosto romântico mas também às exigências higienistas e do culto do corpo que se difundiam desde o século anterior. Um pouco por todo o território, onde se verificou a abertura dos novos *boulevards* fruto da expansão urbana de final do século XIX, "ao domingo e feriados era costume ir-se passear para os jardins públicos e para as avenidas e praças mais aprazíveis das cidades e vilas"[22]. Nestes locais, centrais e bastante concorridos, sucediam-se as exibições de bandas, bazares, romarias, festas populares e religiosas e outros acontecimentos que se ofereciam às várias classes sociais. O espaço público era, à falta de outros equipamentos, o local privilegiado para a concentração de espectáculos e divertimentos.

Em todos os aglomerados urbanos existiram ainda pequenos equipamentos de ócio como cafés e casas de chá, tabacarias, salões de jogos, associações recreativas ou clubes que representavam a vontade de estabelecer novas relações sociais, constituindo um cenário para "um quadro de vida mais aberto, consentâneo com uma nova idade (…) que rapidamente conquistou um público também ele ávido de outro tipo de tempo e diversão, mais distendi-

---

[20] No Teatro S. Carlos, no início da década de 1910 os preços variavam entre 4$400 no camarote e os $600 na varanda; no D. Maria entre $920 numa frisa e $170 na varanda e no Teatro da Rua dos Condes entre $500 no camarote e apenas $100 no promenoir, a pé. Dados referidos em MARQUES, A.H. de Oliveira (coord.) – "Portugal da Monarquia para a República". p.663-664.

[21] PÁSCOA, Marta – Lazer e Divertimento. In SOUSA, Fernando de; MARQUES, A.H. de Oliveira (coord.) – "Portugal e a Regeneração (1851-1900)". Lisboa: Editorial Presença, 2004. vol. X de: Nova História de Portugal. Direcção de Joel Serrão e A.H. de Oliveira Marques. p.442.

[22] MARQUES, A.H. de Oliveira (coord.) – "Portugal da Monarquia para a República". p.668.

dos, mais democratizados, mais urbanos"[23]. Nos espaços de convívio, os cafés desempenham um papel fundamental. Localizados muitas vezes junto das zonas centrais das cidades e vilas, são importantes locais de referência da vida social das comunidades, com tradição na vida artística, literária e política já desde o século XVIII.

Destinados também ao convívio e à organização de festas, reuniões, eventos musicais, culturais e beneficientes estavam os clubes e as sociedades recreativas. Estas sociedades reuniam membros que partilhavam profissão, classe ou qualquer outra condição comum e reproduziam, de certo modo, as diversões privadas como os bailes ou os saraus. Eram particularmente caras à nova burguesia comercial, que aqui podiam experimentar as diversões anteriormente reservadas apenas às grandes famílias da aristocracia e distinguirem-se claramente das diversões populares: assumiam, através da escolha dos seus tempos de lazer, o seu novo estatuto de classe. De acordo com Gabriella Turnaturi "a busca de promoção social passa pela maneira de utilizar o lazer e por formas de divertimento escolhidas. As formas de distracção e recreação passam a ser ditadas por uma vontade de respeitabilidade"[24].

Nos novos modos de ocupação dos tempos livres é ainda necessário referir o desporto, principalmente o futebol. Mais do que a prática desportiva, a assistência aos jogos converteu-se, entre todas as camadas sociais, num fenómeno de massas, de tal modo que "em 1930, o futebol, que trinta anos antes não passava de uma entre muitas actividades desportivas, tornara-se, sem contestação, o desporto-rei, mobilizando para a sua prática e para o seu culto milhares de portugueses, onde as classes populares detinham já a maioria"[25].

Se o domingo vai ser preenchido, em parte, graças aos espectáculos públicos, ao convívio, aos passeios e ao futebol, a conquista das férias vai introduzir um novo tempo de lazer à classe média e trabalhadora. A maior adesão às temporadas balneares e às viagens pela província faz com que, principalmente durante o período de verão, os centros de lazer e sociabilidade urbanos se transfiram agora para locais como as praias e as termas.

---

[23] Dias, Manuel Graça – Cultura e lazer. In SEMINÁRIO DOCOMOMO IBÉRICO, 3, Porto, 2001 – "Cultura: origem e destino do Movimento Moderno. Equipamentos e infra-estruturas culturais. 1926-1965": actas. p.93.

[24] Turnaturi, Gabriella – As metamorfoses... In Corbin, Alain, "História dos Tempos Livres". p.211.

[25] Marques, A.H. de Oliveira (coord.) – "Portugal da Monarquia para a República". p.672.

Como refere Felix Ribeiro[26], quando o cinema surge em Lisboa como mais um espectáculo disponível, a cidade dividia os seus divertimentos entre o *Passeio Público*, os bailes campestres do Jardim Zoológico, os bailes de domingo das sociedades recreativas, a Feira de Alcântara, as exibições de bandas militares nos coretos públicos e o teatro. Entre os equipamentos e as actividades que serviam o lazer da sociedade do final do século XIX, o cinema surge então como uma novidade que, pouco a pouco, conquista o seu papel de divertimento e, pelo menos até aos anos 70 com a generalização da televisão, de grande espectáculo de massas do século XX.

1.2. O espectáculo entre as feiras e as primeiras salas

O aparecimento do cinema no final do século XIX vai produzir inúmeras alterações nos hábitos de entretenimento. Num primeiro momento o cinema, apresentado então sob a designação de animatógrafo[27], tem uma aceitação muito popular e adapta-se aos vários locais onde existe uma natural concentração de pessoas, como feiras, circos, esplanadas e restantes salas de espectáculos, com destaque para os teatros. Introduzido no intervalo das actividades em cartaz, o animatógrafo inicia-se, assim, como uma curiosidade "no âmbito dos prodígios modernos" como "já antes fora o fonógrafo, a fotografia, a electricidade e o raio X"[28].

A primeira apresentação do animatógrafo em Portugal realizou-se integrada numa opereta que decorria no antigo Real Coliseu da Rua de Palma, um barracão sem qualquer preocupação espacial ou de conforto, que apresentava todo o tipo de espectáculos. Dias antes da sessão inaugural o *Diário de Notícias* anunciava a apresentação da "nova maravilha da actualidade, o Animatógrafo ou a fotografia animada que em Paris, Londres e Madrid obteve o mais colossal sucesso. Prepare-se o público para apreciar brevemente o mais belo

---

[26] RIBEIRO, M. Felix – "Os Mais Antigos Cinemas de Lisboa 1896-1939". Lisboa: Instituto Português de Cinema / Cinemateca Portuguesa, 1978. p.11.

[27] De um modo geral *cinematógrafo* ou *animatógrafo* passaram a ser designações comummente usadas em Portugal para a referência não só às máquinas de projecção mas também às salas de espectáculos, ainda que por vezes não correspondam exactamente ao aparelho em questão.

[28] BRITO, Margarida Acciaiuoli de – "Os Cinemas de Lisboa: fenómeno urbano do séc. XX" (texto policopiado). Lisboa: [s.n.], 1982. Dissertação de Mestrado em História de Arte apresentada à FCSH da UNL. p.62.

espectáculo de todos os espectáculos"[29]. A partir dessa data, o animatógrafo passa a fazer, de modo mais ou menos constante, parte da programação de algumas casas de espectáculos, como o Coliseu dos Recreios ou o Teatro D. Amélia, mas sem qualquer autonomia, ou seja, sempre integrado em programas de circo ou variedades acrobáticas e musicais. Na realidade "era prática corrente, nessa altura as exibições cinematográficas serem uma espécie de complemento aos espectáculos de então. Casos havia em que estas sessões só eram possíveis de ser vistas durante o intervalo de outros espectáculos"[30].

Nesse sentido, até à primeira década do século XX, o animatógrafo resume-se a um espectáculo de feira, a preços bastante económicos, funcionando em armazéns, em circos, em pequenos salões ou em espaços improvisados nas feiras dos bairros e da periferia das cidades: é o caso da feira de Alcântara, onde em 1902 estreia o Salão Edison, da feira da Avenida ou de Belém, em Lisboa. No Porto, já em 1906 se realizavam sessões regulares no Salão High Life instalado na época, antes da sua passagem para a Cordoaria e da construção definitiva na Praça da Batalha, num barracão de madeira e zinco na feira de S. Miguel, situada no lugar da actual Rotunda da Boavista.

Nas restantes cidades e vilas do país o animatógrafo chegou como um espectáculo itinerante que se instalava, por determinado tempo, em construções próprias ou adaptadas. Em Lamego, como em muitas outras cidades onde existiam salas de teatro, as primeiras sessões do animatógrafo, com início ainda no século XIX, decorrem nas instalações do Teatro Lamecense[31]. Também em Évora, o cinematógrafo é apresentado pela primeira vez em 1898 no Teatro Garcia de Resende mas, a partir de 1900, "é o Rossio de S. Brás que passa a acolher os diversos cinematógrafos que chegam à cidade, durante a feira de S. João"[32]. Em Almada, o primeiro animatógrafo começou a ser montado em 1913 no Largo da Câmara, "uma construção provisória, constituída por chapas de zinco a vedar o recinto e grandes secções de panos de lona a cobri-lo. (...) O salão da plateia ocupava toda a largura do recinto e os assentos

---

[29] Diário de Notícias de 15 de Junho de 1896. Cit. por RIBEIRO, M. Felix – "Os Mais Antigos Cinemas...". p.11.

[30] CABRAL, Fernando – "Cinema em Lamego. Do Mudo aos nossos tempos". [S.l.: s.n.], 1996. p.26.

[31] Sobre o caso de Lamego cf. CABRAL, Fernando "Cinema em Lamego...".

[32] CANIVETE, Antónia – Subsídio para o estudo do Cinematógrafo em Évora 1898 – 1920. "A Cidade de Évora". Boletim de Cultura da Câmara Municipal de Évora. Évora: Câmara Municipal de Évora, nº 5 (2001). p.324.

compunham-se de costaneiras de madeira. (...) A zona de projecção das fitas era a caiada empena esquerda do prédio que limitava o dito Largo. (...) ao centro a cabina de projecção com a máquina e os quadros de distribuição de luz". A fachada "embora rudimentar, era de aspecto muito atraente e convidativo. Iluminado, e bem, a electricidade por um novo motor a petróleo"[33].

Percorrendo as feiras e os espectáculos ambulantes, o animatógrafo alcançou várias cidades do país, num ambiente eminentemente popular, sem envolver grandes preocupações quanto ao espaço em que era apresentado: geralmente resumiam-se a barracões de madeira ou tendas, sem pavimento e com estrados e bancos corridos. Como refere Margarida Acciaiuoli, "nada fazia prever que este novo invento (...) determinasse, pela sua função e destino, a criação de um espaço arquitectónico activo, as salas de cinema"[34].

No entanto, o cinema vai ganhando importância como fenómeno de lazer e atinge um número cada vez maior da população transformando-se "verdadeiramente um divertimento de massas quando os filmes mais longos começaram a contar histórias"[35]. A passagem das curtas-metragens temáticas que caracterizavam as primeiras sessões do animatógrafo a filmes com enredo próprio e, principalmente, o aparecimento do cinema sonoro, vão dinamizar a indústria do cinema e atrair cada vez mais audiências, ao mesmo tempo que chegavam a Portugal as grandes produções americanas e europeias. O interesse no novo espectáculo e o seu desenvolvimento técnico, vão criar uma nova exigência: espaços próprios para a fixação da actividade cinematográfica.

Como resultado da introdução do cinema sonoro, os espaços onde inicialmente o animatógrafo se tinha instalado têm de ser adaptados às novas imposições técnicas. Por exigência do público e apesar dos custos elevados que tal comportava, os proprietários e as empresas exploradoras das salas tiveram de fazer alterações que muitas vezes não se limitavam à aquisição de novas aparelhagens prontas para exibir o cinema sonoro. As cabines de projecção,

---

[33] O primeiro animatógrafo instalado em Almada, o Cine-Pathé, começou a ser montado nos finais de 1913 e funcionou entre Março e Dezembro de 1914. Em 1917 chega a Almada um outro animatógrafo, o Cine-Eclair, que se instala num armazém existente. Cf. ALVES, Eduardo – "Os animatógrafos em Almada". Almada: Câmara Municipal, 1984. [s. p.].

[34] BRITO, Margarida Acciaiuoli de – "Os Cinemas de Lisboa...". p.63.

[35] TURNATURI, Gabriella – As metamorfoses.... In CORBIN, Alain – "História dos Tempos Livres". p.221.

regulamentadas desde 1913[36], têm de obedecer a regras próprias: deviam ser isoladas dos restantes espaços, construídas com materiais incombustíveis e com portas em chapa de ferro, ventiladas através de uma chaminé com saída directa para o exterior e adaptadas com instalações eléctricas específicas, ou seja, implicavam uma alteração estrutural aos edifícios. A licença de exploração cinematográfica para filmes sonoros passa, a partir de então, a ser emitida somente com a realização das obras e a verificação destas condições. Do mesmo modo, com o cinema sonoro a presença do piano ou da orquestra que acompanhava os filmes deixa de fazer qualquer sentido, e consequentemente, os fossos de orquestra existentes nas salas exclusivamente dedicadas ao cinema tornam-se obsoletos mantendo-se, em muitos dos casos em que tal se verifica, apenas por referência cultural.

As salas de cinema tendem a adquirir cada vez maior autonomia e maior escala, de modo a identificarem-se com o novo espectáculo e a serem capazes de receber um maior número de público. Nos Estados Unidos, onde a indústria cinematográfica teve um enorme sucesso, surgem desde a década de 1920 as grandes salas de cinema que ultrapassam os 2000 lugares e representavam uma construção de luxo, com respostas eficazes aos inúmeros requisitos técnicos exigidos. Em Nova Iorque, o *New Roxy Theatre*, inaugurado em 1927 atingia os impressionantes 6000 lugares sentados. Na Europa, onde alguma reticência por parte dos realizadores e a falta de técnica e de meios, levou a que o cinema sonoro tivesse uma entrada mais lenta, a grande maioria das salas apontava para uma lotação média inferior a 500 lugares havendo menos de 50 salas com mais de 2500 lugares[37]. No entanto, o sucesso imediato junto das audiências tornou inevitável a conversão do cinema europeu ao som.

Em Portugal, o aparecimento das primeiras salas de cinema ou animatógrafos dá-se logo na primeira década do século, em Lisboa e no Porto. Em

---

[36] O Decreto de 23 de Junho de 1913 determina as "Prescrições de Segurança para os estabelecimentos de cinematógrafos". Em 1936, no seguimento dos Decreto lei nº 11.462 de 22 de Fevereiro de 1926 e Decreto lei nº 22.047 de 29 de Dezembro de 1932, relativos às instalações eléctricas das salas de espectáculos, aprova-se um regulamento de segurança das instalações eléctricas de casas e recintos de espectáculos, mais uma vez com grande incidência nas normas relativas às cabines de projecção, locais com maior probabilidade de incêndio devido à fácil inflamabilidade das películas à base de nitrato. Junto à cabine, e sem ligação directa com esta, passa a ser obrigatória a existência de um compartimento destinado ao enrolamento de fitas.

[37] Dados retirados da revista "Cinéfilo". Direcção de Avelino de Almeida. Lisboa: Sociedade Nacional de Tipografia (SNT). ano II, nº52 (17.8.1929).

1908 o Anuário Comercial anuncia na Secção de Divertimentos de Lisboa, pela primeira vez, o animatógrafo[38]. No final da década, em 1910, contabilizam-se vinte e um recintos construídos para a projecção do cinema na capital[39]. Estes não eram mais do que pequenos salões que se localizam nas zonas de maior movimento e tradição nocturna das cidades, junto aos teatros, clubes e cafés, "motivados pela curiosidade ou fácil negócio" mas "sem qualquer especificidade ou concepção particular do espaço"[40]. A primeira sala instalada especificamente para o efeito é o Salão Ideal, na Rua do Loreto em Lisboa, inaugurado em 1904. Do ponto de vista da caracterização arquitectónica ou espacial, tem pouco significado, limitando-se à configuração de um recinto com cadeiras dispostas em função de um écran ao qual se opunha a máquina de projecção, mas corresponde à primeira concretização de um edifício dedicado em exclusivo à actividade cinematográfica, ou seja à sua fixação e referenciação a um lugar.

Em Lisboa instalam-se ainda, entre vários salões de menor permanência, o Animatógrafo do Rossio em 1907 ou o Chiado Terrasse em 1908, considerado o primeiro edifício com especificidade estrutural dedicado ao novo programa, reformulado em 1911 por Tertuliano Lacerda Marques. No Porto abre o Salão Pathé em 1907, o Salão Jardim Passos Manuel em 1908 e o Salão Olímpya em 1912. Edifícios dedicados a um novo programa, iam buscar as suas referências aos teatros, introduzindo nas salas de planta rectangular os balcões e a separação dos lugares e nas fachadas decorações de estilo e a inovadora instalação eléctrica. Ganhavam assim, pela sua localização urbana, pela qualidade de construção e decoração e também pela escolha dos filmes exibidos, públicos próprios, conquistando também o interesse da burguesia e das classes sociais mais altas.

O primeiro filme sonoro em Portugal estreia-se em 1930, no Royal Cine, um pequeno cinema de bairro localizado na Graça, em Lisboa[41]. Apenas um

---

[38] Essa edição refere, logo pela primeira vez, 13 animatógrafos a funcionar em Lisboa. Cf. BRITO, Margarida Acciaiuoli de – "Os Cinemas de Lisboa...". p.9 de Notas.

[39] Sobre o número de salas de cinema abertas nesse período cf. MARQUES, A.H. de Oliveira (coord.) – "Portugal da Monarquia para a República". p.664 e BRITO, Margarida Acciaiuoli de – "Os Cinemas de Lisboa...". p. 76, 82 e anexo "Cronologia das primeiras exibições cinematográficas".

[40] BRITO, Margarida Acciaiuoli de – "Os Cinemas de Lisboa...". p.78.

[41] FRANÇA, José Augusto – "Os anos vinte em Portugal. Estudo de factos sócio-culturais". Lisboa: Editorial Presença, 1992. p.406.

ano depois, estreia no S. Luís o primeiro filme português sonoro, *A Severa*, de Leitão de Barros, um importante acontecimento mediático e social na capital portuguesa. Como relata João Bénard da Costa "a publicidade foi tonitruante. (...) Na noite de estreia a multidão encheu a baixa lisboeta, iluminada por grandes projectores ao longo de todo o percurso. E o filme – delirantemente aclamado pelo público e pela crítica – esteve em cartaz mais de seis meses, visto só nesse ano por 200 mil espectadores"[42]. Com a chegada das longas-metragens sonoras estava confirmado o sucesso do cinema nos hábitos portugueses.

Em resposta ao gradual sucesso do cinema como actividade de lazer, praticamente todas as salas de teatro existentes adaptam-se para a instalação, primeiro do animatógrafo e mais tarde, com as imposições da legislação e com o aparecimento do cinema sonoro, da cabine de projecção, implicando muitas vezes a ocupação do antigo camarote central da 1ª ordem. Assim, antigas salas de teatro como o Éden, o Condes, o S. Luís (anterior D. Amélia), o Ginásio e o Trindade, em Lisboa, o Águia de Ouro e o S. João, no Porto, sofrem obras de adaptação ao cinema. Durante a década de 1930, algumas destas acabam mesmo por se converter exclusivamente à actividade cinematográfica, alterando o seu nome para *S. Luís Cine, Cine Ginásio* ou *S. João Cine*. Segundo dados referidos por João Bénard da Costa[43], entre 1927 e 1931 regista-se o maior número de salas de teatro que se adaptaram ao cinema alcançando, só em Lisboa, um total de doze salas. Se até ao momento as salas de cinema não iam para além dos 700 lugares, como era o caso do Chiado Terrasse em Lisboa, a conversão das grandes salas de teatro, com as suas lotações entre os 1200 lugares do S. Luís e os 2000 do S. João, dotou o cinema de uma nova capacidade. Em 1924 é inaugurado o Cinema Tivoli, a grande e luxuosa sala de cinema construída de raiz na capital, dedicada à alta burguesia, com uma lotação de 1140 lugares. Em paralelo, aparecem em Lisboa inúmeros pequenos cinemas de bairro que, segundo Oliveira Marques, correspondem "de certa maneira, aos antigos teatrinhos particulares a às salas de clubes recreativos locais"[44].

---

[42] COSTA, João Bénard da – "Histórias do cinema". Comissariado para a Europália 91. Lisboa: Imprensa Nacional, Casa da Moeda, 1991. p.52.

[43] COSTA, João Bénard da – "Histórias do cinema". p.47.

[44] Em 1932 contam-se 18 cinemas de bairro em Lisboa, que totalizavam 56% dos cinemas existentes na capital. In MARQUES, A.H. de Oliveira (coord.) – "Portugal da Monarquia para a República", p.645.

Este fenómeno alarga-se para além das duas grandes cidades e corresponde a uma primeira afirmação do cinema como espectáculo individualizado. Várias cidades e capitais de distrito, como Aveiro, Beja, Braga, Coimbra, Santarém ou Setúbal, vêem as suas salas de Teatro adaptadas ao cinema. Num país profundamente ruralizado, com poucas e pequenas cidades e limitados meios de comunicação, "o cinema era, assim, um meio de comunicar – e pelo país fora, já nos anos 20, teatros instalavam máquinas de projectar para explorar o novo espectáculo, numa mancha que alastrava e transbordava em ocasiões de feiras ou festas, com exibidores itinerantes, mais populares"[45].

Entre as várias actividades de lazer que caracterizavam os primeiros anos do novo século e marcavam a mudança de costumes, "o cinema imperava, deixando definitivamente de ser animatógrafo, ainda assim chamado em 1921, mas já também adoptando a ambígua designação de cinematógrafo, para informar que era «dia a dia mais frequentado»"[46]. Os cinemas tornam-se enfim, os novos locais de encontro.

Em simultâneo, o cinema começa também a adquirir uma nova importância social que pode ser lida através do aparecimento de várias revistas dedicadas ao tema: em 1917 surge, em Lisboa, a primeira publicação dedicada ao cinema, a *Cine Revista*. Nos anos imediatos seguem-na inúmeras edições: *Animatógrafo, Invicta Cine, Cine Lisboa, Cine Jornal, Cine Teatro, Cinéfilo* (1928 a 1938) ou *Imagem* (1930 a 1936), são alguns dos títulos. Como refere Joaquim Vieira, "um pouco por todo o país, editam-se durante a década [de 1930], breves ou duradouros, pelo menos 50 títulos de revistas ou jornais dedicadas ao cinema, onde as capas são quase sempre preenchidas por fascinantes imagens dos ídolos da tela"[47]. Não só nas capas mas de um modo geral estas edições dedicavam-se à divulgação dos filmes, nacionais e estrangeiros, e das estreias e às biografias e curiosidades sobre os actores, com destaque para as estrelas americanas e europeias das produções que chegavam a Portugal[48].

---

[45] FRANÇA, José Augusto – "Os anos vinte em Portugal...". p.267.

[46] FRANÇA, José Augusto – "Os anos vinte em Portugal...". p.107.

[47] VIEIRA, Joaquim – "Portugal Século XX: crónica em imagens". Lisboa: Círculo de Leitores, 1999. v.III, p.104.

[48] Apesar do seu carácter eminentemente recreativo, algumas das entrevistas e crónicas de fundo destas edições permitem fazer uma leitura sobre a evolução das questões relacionadas com o cinema no país. Segundo João Bénard da Costa, a revista *Cinéfilo*, pela sua maior longevidade é hoje vista como "a fonte mais preciosa para o estudo dos anos 30" enquanto que a *Imagem* e a *Kino*, fundada em 1930 por Lopes Ribeiro, dão duas leituras

Sobre as salas dedicadas ao cinema, grande parte das referências resumia-se a inaugurações, reaberturas e obras de melhoramentos ou adaptações, fazendo um retrato fiel do ambiente desses espaços, em destaque das salas de Lisboa: quais as mais elegantes, as de melhor frequência, o número de sessões, as que fechavam para férias e iniciavam a época, costume que alguns cinemas copiaram ao teatro.

No final da década de 1920, o aparecimento do cinema sonoro foi um dos temas centrais debatidos nas revistas, com destaque para a *Imagem* e a *Cinéfilo*. Foi também nos artigos dessas revistas que cineastas e críticos "vão fazendo sentir a necessidade de se produzirem filmes sonoros entre nós e, decorrente dela, a urgência da construção de um estúdio devidamente equipado"[49]. A discussão sobre o cinema sonoro alarga-se à questão das salas e principalmente à situação nas *cidades de província*. Em 1930, a revista *Imagem*, publica uma "Carta aberta aos portugueses de província" onde, considerando que o "cinema sonoro constitui, mais do que o mudo, um factor cultural de primeira grandeza", incita os habitantes das cidades de *província* a reivindicar "exigindo a imediata instalação de aparelhos sonoros nas (vossas) salas de espectáculos"[50].

Entre 1928 e 1929, a revista *Cinéfilo* realiza um inquérito intitulado "os Cinemas de Província" junto dos seus leitores onde procura saber "quantos cinematógrafos haverá na província, qual o seu movimento quanto a espectáculos e espectadores e que qualidade de filmes é fornecida ao público dos mesmos estabelecimentos"[51]. As respostas, relativas a 102 localidades, permitiam perceber uma realidade muito distinta da capital: a maioria das salas

---

opostas na relação entre o cinema e a influência exercida pelo Estado Novo, ou entre a visão do cinema como "entretenimento" e como "arte". Cf. COSTA, João Bénard da – "Histórias do cinema". p.46.

[49] PINA, Luís de – "História do Cinema Português". Lisboa. Publicações Europa América, 1986. p.71. Da comissão encarregue pelo Governo de "estudar as bases para a criação em Portugal de um estúdio para a produção de fonofilmes" fazem parte Leitão de Barros, Lopes Ribeiro e Chianca de Garcia, precisamente os directores daquelas revistas. Em resultado, é constituída em 1932 a Companhia Portuguesa de Filmes Sonoros Tobis Klangfilm, no Lumiar. Cf. PINA, Luís de – "História do Cinema Português". p.71-76 e COSTA, João Bénard da – "Histórias do cinema". p.48-49.

[50] "Imagem". Direcção de Eduardo Chianca de Garcia. Lisboa: Bertrand, nº 11, (26 de Setembro de 1930).

[51] "Cinéfilo". ano I, nº16 (8.12.1928). As respostas ao inquérito foram publicadas entre o nº18 e o nº28.

apresentava situações de grande precariedade, localizadas em barracões sem qualquer conforto ou segurança. No entanto, o fenómeno já atingia, e limitando-se às respostas recebidas, mais de uma centena de localidades, algumas das quais com mais do que uma sala. Do inquérito é ainda possível perceber que as sessões, quando eram regulares, funcionavam sempre aos domingos independentemente de, em algumas localidades, haver mais do que uma sessão por semana.

Segundo José Augusto França estas revistas dedicadas ao cinema eram "esperadas na capital e de Norte a Sul do país numa sofreguidão cinéfila" que marcava "a vida social portuguesa"[52]. Em paralelo, vários jornais dedicavam ao cinema sessões especiais e colunas de publicidade, enquanto magazines e edições genéricas de actualidades englobavam o turismo, o desporto, o teatro e o cinema como os meios de lazer e de ocupação dos tempos livres, e em especial, do domingo[53].

A chegada do cinema, em particular do cinema revalidado pelo som, e a sua grande popularização "marcam uma viragem na noção de realidade vivenciada pelos espectadores dos animatógrafos e dos Cine-Teatros. A imagem passa a ter um novo valor e a constituir-se uma «verdade», aceite pelo público como indiscutível"[54]. O som e a imagem foram assim as componentes da "mecanização e industrialização das formas de divertimento que tornaram possível a sua «massificação»"[55], ou seja que aproximaram o novo espectáculo de uma enorme variedade de públicos. A facilidade de percepção contribuiu para a sua afirmação como cultura de massas. Em simultâneo, o cinema enquanto "mistura de cultura e divertimento" servia tanto o consumo intelectual como

---

[52] FRANÇA, José Augusto – "Os anos vinte em Portugal…". p.407.

[53] Entre os vários os títulos ilustrativos destaque para "Gazeta de domingo: informações, sports, artes, teatro e cinema", direcção de Manuel R. Arrobas entre 1932 e 1933, Coimbra e "O programa de domingo: cinemas, teatros, dancings, desportos, diversões, turismo, etc", direcção e edição de José Félix Fernandes Nunes em 1935, Lisboa. Em 1925 o primeiro número do jornal "Domingo Ilustrado" afirmava que "o Domingo Ilustrado é logo convidativo pelo seu título. Domingo! Dia de descanso, sem apito de fábricas, sem ponto de repartições, dia de missa e da família, das visitas aos amigos, do passeio, do cinema e do teatro".

[54] PAULO, Heloisa – Documentarismo e Propaganda. As imagens e os sons do regime. In TORGAL, Luís Reis (coord.) – "O Cinema sob o olhar de Salazar". Lisboa: Círculo de Leitores, 2000. p.93.

[55] CSERGO, Julia – Expansão e Mutação do lazer … In CORBIN, Alain, "História dos Tempos Livres". p.187.

popular e "punha em questão a divisão rigorosa dos divertimentos segundo classes sociais"[56].

Essa capacidade de aproximação ao público foi aproveitada pela exploração do cinema como meio informativo. Através de pequenas sessões noticiosas, cedo o cinema começou a ser também utilizado como meio de comunicação. "Pode afirmar-se (...) que a população portuguesa, no primeiro quartel do século XX, foi já profundamente influenciada pelo cinema, quer no campo da cultura, quer no que diz respeito ao conhecimento dos problemas mundiais, pois os espectáculos cinematográficos, constituíram uma janela cada vez mais larga"[57].

Entre as sessões iniciais, os filmes com enredo próprio e as produções em série ganha protagonismo a produção documental, com a apresentação de notícias e actualidades. Ainda na década de 1920, várias das empresas cinematográficas que surgem investem e dedicam-se aos filmes noticiosos e de actualidades que complementava as sessões cinematográficas. Em Portugal, o impulso do cinema documental está directamente relacionado com o instaurar de um novo regime que, adepto de uma promoção política e ideológica, vai encontrar nele uma das bases da sua acção propagandística.

1.3. O cinema ao serviço da propaganda do Estado Novo

A Europa vê surgir, com a Primeira Grande Guerra, os primeiros aparelhos de propaganda do Estado utilizados, por cada um dos seus intervenientes, como meio para alcançar o apoio necessário para a respectiva posição no conflito. No final da guerra, enquanto vários dos Departamentos de Propaganda criados são desmobilizados, os países europeus onde se implantam os regimes totalitários modernos institucionalizam a propaganda como meio de divulgação da nova organização do Estado.

Com a ascensão e consolidação dos modelos autoritários na Europa, em particular Itália, Alemanha e Espanha, a censura e o controlo dos meios de comunicação e da produção artística vão funcionar como instrumentos de promoção de um consenso em torno dos ideais do Estado. Já não se mantêm os discursos utilizados durante a Guerra mas sim de afirmação de um Estado, baseado na ideia de Nação, que defendia a ordem, a tradição e o naciona-

---

[56] TURNATURI, Gabriella – As metamorfoses... In CORBIN, Alain, "História dos Tempos Livres". p.223-225.

[57] AZEVEDO, Manuel de – Cinema em Portugal. In "Dicionário da História de Portugal". vol.1, p.71.

lismo, a unidade nacional e o papel do líder. Ao serviço desses princípios comuns, os meios de comunicação e a arte, nas suas várias vertentes, vão trabalhar imagens e slogans capazes de concretizar esses conceitos e de atingir, de forma rápida e eficiente, o maior número de pessoas. Surge assim, em cada um dos estados europeus uma arte nacional, doutrinária e subordinada ao discurso e à respectiva propaganda ideológica[58]. Segundo Nuno Rosmaninho, a expressão *arte de propaganda*, aplicada aos regimes totalitários europeus do pós guerra, ainda que "filosoficamente paradoxal", justifica-se pelo "inabalável apoio dos estados ditatoriais a uma arte promotora da sua legitimidade e dos seus valores e a correlativa prática censória"[59].

Em Portugal, a partir de 1933 o Estado Novo[60] vai, de igual modo, impor um discurso de ordem e nacionalismo. Há semelhança do que acontecia na Europa, nos denominados estados autoritários, também o regime português, defende uma identidade nacional baseada em valores e acontecimentos históricos, organizando a sociedade em estruturas representativas dos interesses económicos, industriais ou profissionais que condicionavam a participação do cidadão na vida cívica e criando uma estrutura política hierarquizada a partir da figura do chefe do governo. Em contraponto à situação financeira, política e social do país no momento de revolução militar, o novo regime vai defender a ideia de uma nova acção de *regeneração*. Fernando Rosas define esta atitude considerando que, na tentativa de moldar a sociedade aos novos valores, o regime, através de vários organismos sectoriais, "tentará educá-la e formá-la imperativamente na moral nacionalista, corporativa e cristã que

---

[58] Sobre as relações entre a arte o os estados totalitários europeus cf. PORTELA, Artur – "Salazarismo e artes plásticas". Lisboa. Instituto da Cultura e Língua portuguesa, Ministério da Educação e das Universidades, 1982, p.35-48 e ROSMANINHO, Nuno – "O Poder da Arte. O Estado Novo e a Cidade Universitária de Coimbra". Coimbra: Imprensa da Universidade, 2006, p.18-27.

[59] ROSMANINHO, Nuno – "O Poder da Arte...". p.309.

[60] Cf. Estado Novo. In "Dicionário de História do Estado Novo". Direcção de Fernando Rosas e J.M. Brandão de Brito. Lisboa: Círculo de Leitores, 1996. vol. I, p.315. Sobre o mesmo assunto cf. ROSAS, Fernando – "O Estado Novo (1926-1974)". Lisboa: Círculo de Leitores, 1994. vol. VII de: "História de Portugal". Direcção de José Mattoso. p.151-559 e ROSAS, Fernando (coord.) – "Portugal e o Estado Novo (1930-1960)". Lisboa: Editorial Presença, 1992. vol. XII de: Nova História de Portugal. Direcção de Joel Serrão e A.H. de Oliveira Marques. p.21-85.

haveria de presidir à política, às relações de trabalho, aos lazeres, à vida em família, à educação dos jovens ou à cultura em geral"[61].

Tal como no resto da Europa, tais acções e discursos ideológicos necessitaram do papel da propaganda para os veicular. Nas palavras do próprio Salazar, "politicamente só existe o que o público sabe que existe"[62]. A estrutura propagandística, assim frontalmente assumida, inicia-se quase em simultâneo com a institucionalização do Estado Novo. Em 1933, no mesmo ano da aprovação da Constituição, é criado o Secretariado de Propaganda Nacional, o SPN[63].

O Secretariado vai assumir um papel fundamental na definição da própria imagem do regime e consequente mensagem ideológica a transmitir. Era necessário materializar os valores que se queriam como definidores de uma nova unidade nacional, de modo a que fossem facilmente identificados e adoptados pela população e, em simultâneo, criar uma imagem do líder que o aproximasse da população a quem a mensagem devia chegar. Importava ainda dar significação às obras do regime e assegurar que passava para o exterior uma imagem de um Estado moderno, com capacidade de realização e dedicação às artes e às letras. Segundo António Ferro, grande impulsionador da concretização de uma *política de espírito* junto de Salazar e primeiro director do SPN, "a arte, a literatura e a ciência constituem a grande fachada duma nacionalidade, o que se vê lá de fora"[64].

O SPN fica, assim, responsável pela informação e pela formação. Por um lado cabe-lhe, enquanto órgão central dos serviços de propaganda, estabelecer a troca de informação quer interna, entre ministérios, quer externa, para a imprensa, incluindo os serviços informativos que actuassem no estrangeiro; por outro lado, organizar todas as manifestações culturais, populares e edu-

---

[61] ROSAS, Fernando – As grandes linhas da evolução institucional. In ROSAS, Fernando (coord.) – "Portugal e o Estado Novo (1930-1960)". p.141.

[62] Discurso de Oliveira Salazar de 26.10.1933 na inauguração do Secretariado de Propaganda Nacional. Cit. por PORTELA, Artur – "Salazarismo e artes plásticas". p.27.

[63] Criado pelo Decreto nº 23.054 de 25 de Setembro de 1933, na dependência directa do Presidente do Conselho, o SPN viria a firmar-se como um dos mais importantes instrumentos de legitimação do próprio estado. Com o objectivo central de "difundir, coordenar e organizar" a obra realizadas pelo regime, o SPN procura também definir o "pensamento moral que deve dirigir a Nação".

[64] FERRO, António. Cit por BRITO, Margarida Acciaiuoli de – "Os anos 40 em Portugal: o país, o regime e as artes: Restauração e Celebração" (texto policopiado). Lisboa: [s.n.], 1991. Tese de Doutoramento em História de Arte Contemporânea apresentada à FCSH da UNL. p.509.

cativas que se destinem ao desenvolvimento de uma cultura denominada de nacional na definição de uma "uma orientação oficial para a cultura e as artes, explicitamente destinada a «educar o gosto dos Portugueses» no culto dos valores estéticos e ideológicos modelares"[65].

É principalmente nesse último sentido que a acção do SPN se confunde, entre 1933 e 1949, com a do seu director, António Ferro e com a sua *política de espírito*, nome por si referido para uma "política do Estado em favor da cultura". Ferro ambicionava a criação de "uma arte nacionalista, do aprimoramento dos padrões estéticos da sociedade, elevando o padrão cultural do povo e proporcionando aos artistas, dentro desta leitura da arte, uma atmosfera em que lhes seja fácil criar"[66]. Para isso, apoiou e defendeu os contributos vindos das vanguardas artísticas e das novas gerações, com encomendas directas e com a criação das Exposições de Arte Moderna, mas sempre conjugando os valores de modernidade e nacionalidade, de cosmopolitismo e tradição[67].

Com forte inspiração dos modelos de propaganda italianos e numa visão popular de cultura que segue os padrões de "reeducação popular"[68] definidos por alguns países europeus, o SPN realiza, nesse período, inúmeras exposições artísticas e etnográficas e concursos dos mais variados temas; incentiva os ranchos folclóricos, as festas tradicionais e os festivais populares assim como as publicações, as artes gráficas e a produção cinematográfica; cria o Cinema Ambulante (1935), o Teatro do Povo (1936), a Biblioteca Itinerante (1945) e o Museu de Arte Popular (1948). Numa vertente mais intelectual, funda o grupo de bailado Verde Gaio (1940), institui prémios artísticos em várias áreas com destaque para os Prémios Literários e Cinematográficos e lança, em 1941, a revista *Panorama, Revista de Arte e Turismo*. A partir de 1939, engloba o Conselho Nacional de Turismo desenvolvendo, no sentido da promoção do turismo nacional, o programa das Pousadas de Portugal que

---

[65] ROSAS, Fernando – As grandes linhas... In ROSAS, Fernando (coord.) – "Portugal e o Estado Novo (1930-1960)".p.142.

[66] António Ferro. In "Dicionário de História do Estado Novo". p.357.

[67] Sobre o assunto cf., entre outros, PORTELA, Artur – "Salazarismo e artes plásticas". p.51-60.

[68] "No conjunto dos países industrializados, nesta primeira metade do século XX, supõe-se portanto que a cultura popular «tradicional» (a sua versão folclórica) é a solução ideal para a elevação das massas pelo preço de uma ligeira adaptação ao mundo moderno". Cf. THIESSE, Anne-Marie – Organização dos lazeres... In CORBIN, Alain – "História dos Tempos Livres". p.376.

deveriam corresponder à imagem de "conforto rústico, bom gosto fácil e simplicidade amável"[69]. Promove a participação nacional em Exposições Internacionais e participa na organização de Exposições temáticas nacionais[70], com destaque para a Exposição do Mundo Português, em 1940, dentro das comemorações do Duplo Centenário, considerada por muitos como o ponto alto da actividade propagandística do Estado Novo[71]. Estas comemorações, anunciadas pelo Presidente do Conselho em 1938, marcaram uma nova fase na política do Estado Novo, apostada agora em clarificar os contornos ideológicos do regime e fazer correspondê-los aos ideais estéticos que a arte, ao seu serviço, passaria a representar.

Todas estas realizações culturais do SPN tinham como propósito a criação de uma identidade nacional reconhecível, uma imagem de Portugal, ruralista, popular e tradicionalista, valorizando as noções de autoridade, pátria e de história, de família, trabalho e de religião, por um lado e de estado dinâmico, moderno e regenerador, por outro. Eram também a materialização do modelo corporativista do regime, com propagandas sectoriais por actividade. Era, por último, a utilização directa da Propaganda como um instrumento do Governo.

Em 1944, o SPN passa a denominar-se Secretariado Nacional da Informação, Cultura Popular e Turismo (SNI)[72]. Ficam a cargo do SNI atribuições que se encontravam, até ao momento, dispersas por vários organismo como o

---

[69] Discurso do Director do SPN a 27.3.1943. Cit. por LOBO, Susana – "Pousadas de Portugal. Reflexos da Arquitectura portuguesa do Século XX". Coimbra: Imprensa da Universidade de Coimbra, 2006. p.39.

[70] Sobre o assunto cf. ACCIAIUOLI, Margarida – "Exposições do Estado Novo: 1934-1940". Lisboa: Livros Horizonte, 1998. p.29.

[71] Nuno Portas refere-se à Exposição do Mundo Português como o "grande «show» do regime" ou "o grande espectáculo da restauração cultural" destacando o seu "papel ideológico, de propaganda das benfeitorias da situação e do nacionalismo nascente" in PORTAS, Nuno – Evolução da Arquitectura Moderna em Portugal: uma interpretação. In ZEVI, Bruno – "História da Arquitectura Moderna". Lisboa: Edições Arcádia, 1973. p.719. Sobre o carácter propagandístico da Exposição do Mundo Português cf., entre outros, Ó, Jorge Ramos - Modernidade e Tradição. Algumas reflexões em torno da Exposição do Mundo Português. In COLÓQUIO O ESTADO NOVO... – "O Estado Novo ...". vol.2, p.177-185.

[72] O SNI é criado com o Decreto-lei nº 33.545 de 23 de Fevereiro de 1944 e o seu funcionamento interno é regulamentado pelo Decreto-lei nº 34.134 de 24 de Novembro de 1944. Em 1960 o SNI sofre uma remodelação interna e em 1968 muda novamente de nome, para Secretaria de Estado da Informação e Turismo.

registo e licença para jornalistas e agências noticiosas, a censura prévia, o controlo da radiodifusão, a fiscalização e emissão de licenças para espectáculos e recintos[73]. Numa lógica de concentração, o SNI passa a incorporar os Serviços de Censura, alargados a todos os meios de informação e tipos de espectáculo, a Emissora Nacional e a Inspecção dos Espectáculos, ficando com o controlo total dos meios de informação e divulgação.

Dentro dos meios de propaganda ao seu dispor, o cinema foi considerado pelo Estado Novo como um dos instrumento capazes de transmitir a mensagem ideológica e a acção do regime, ou seja, como via de divulgação da obra do estado e via formadora de uma nova identidade nacional. Através da ficção ou do documentário, o cinema foi entendido como "meio indispensável"[74] de divulgação na acção do SPN/SNI.

António Ferro, para além de um empenhado admirador do cinema como expressão artística[75], cedo compreende que, na sua missão de criar uma imagem do país, o cinema era o instrumento com maior apetência e capacidade de influência para criar realidades alternativas: "a sua magia, o seu poder de sedução, a sua força de penetração são incalculáveis. Mais do que a leitura, mais do que a música, mais do que a linguagem radiofónica, a imagem penetra, insinua-se quase sem dar por isso, na alma do homem (...). O espectador é um ser passivo, mais desarmado que o leitor"[76]. É com este espírito que o SPN vai apostar no cinema mas, como esclarece Armindo Morais, "um cinema não somente educativo (no sentido formativo para o fascismo) como também conglutinador e artístico, de um espírito nacional, personalizado, político e rácico"[77].

---

[73] Sobre o assunto Cf. PAULO, Heloisa – "Estado Novo e a Propaganda em Portugal e no Brasil: o SPN/SNI e o DIP". Coimbra: Livraria Minerva, 1994. p.78.

[74] O diploma criador do SPN, na definição das suas atribuições inclui "utilizar a radiodifusão, o cinema e o teatro como meios indispensáveis à sua acção". Cf. Ó, Jorge Ramos – Salazarismo e cultura. In ROSAS, Fernando (coord.) – "Portugal e o Estado Novo (1930-1960). p.398.

[75] Veja-se, por exemplo, as obras de sua autoria como "Hollywood, capital das imagens", Lisboa: Portugal-Brasil 1922 ou "A idade do jazz-band", Lisboa: Portugália, 1924, onde faz a apologia ao novo, ao moderno e à imagem.

[76] FERRO, António – "Teatro e Cinema". Lisboa: SNI, 1950, p.44.

[77] MORAIS, Armindo José Baptista de – Vinte anos de cinema português, 1930-1950. Conteúdos e políticas. In COLÓQUIO O ESTADO NOVO: DAS ORIGENS AO FIM DA AUTARCIA, Lisboa, 1986 – "O Estado Novo das origens ao fim da autarcia 1926-1959". Lisboa: Fragmentos, 1987. vol.2. p.198.

Sem controlar directa e oficialmente as companhias de produção cinematográfica[78], o SPN faz uso do cinema em grande parte através do patrocínio de longas-metragens de ficção, incentivando os temas históricos, regionais e adaptação dos grandes romances nacionais. No entanto, e à imagem do que tinha acontecido na Alemanha e em Itália[79], o maior investimento do SPN na produção cinematográfica, concentra-se no documentário de propaganda.

Em 1927, ainda no período da Ditadura Militar, é determinado por decreto que fosse "obrigatória em todos os espectáculos cinematográficos a exibição de uma película de indústria portuguesa com o mínimo de 100 metros, que deverá ser mudada todas as semanas e, sempre que possível, apresentada alternadamente, de paisagem, e de argumento e interpretação portugueses"[80]. Promulgada com a intenção de promover a produção nacional, a denominada *Lei dos 100 metros* não vingou. Realizadores e distribuidores criticaram fortemente a sua aplicação que obrigava a exibição de curtas-metragens, produzidas sem qualquer critério de qualidade, apenas regidas pela duração[81]. Independentemente destas produções, com a década de 1930, os documentários noticiosos ganham grande protagonismo, com destaque para os que seguem os acontecimentos oficiais.

Quando o SPN inicia a sua produção de documentários, chama para esse efeito alguns dos mais reconhecidos realizadores de cinema portugueses da época. Em 1938 aparece o *Jornal Português*, uma série documental realizada pela Sociedade Portuguesa de Actualidades Cinematográficas (SPAC) para

---

[78] Segundo Armindo Morais a Companhia Portuguesa de Filmes Tobis Klang Film, apesar de ser uma sociedade anónima tem "um elevado investimento do Estado e à frente do Conselho de Produção António Ferro" que no ano seguinte seria nomeado director do SPN. Em 1933 o Decreto lei nº 22.966 de 14 de Agosto isenta a Tobis Portuguesa do pagamento de contribuições e direitos de importação o que visava "facilitar a construção de uma indústria filmográfica em torno do novo estúdio", acabando a Tobis por adquirir quase por completo o monopólio das produções cinematográficas. Cf. MORAIS, Armindo J. Baptista de – Vinte anos de cinema português In COLÓQUIO O ESTADO NOVO... – "O Estado Novo ...". vol.2. p.190-200.

[79] Sobre o assunto cf. TORGAL, Luís Reis – Cinema e Propaganda no Estado Novo: a «conversão dos descrentes». "Revista de História das Ideias. Separata da Revista de História das Ideias". Coimbra: vol.18. (1996). p.290-296.

[80] Artigo 136º. DECRETO nº 13:564. "Diário do Governo. I Série". nº 92. (6 de Maio de 1927).

[81] Cf. O caso dos documentários nacionais. "Cinéfilo". ano I, nº 14 (21.11.1928) e nº 15 (1.12.1928).

o SPN. Reflectindo as prioridades da propaganda oficial, os conteúdos mais visados neste noticiário cinematográfico foram os grandes actos do regime: comemorações, manifestações, homenagens e inaugurações, seguidos de referências ao mundo rural, ao seu quotidiano e às suas tradições, retratados sempre de modo folclórico e tipificado[82].

A grande aposta do documentário como meio de propagação do regime, quer através da divulgação das suas obras como dos momentos marcantes da vida política, necessitava, para produzir o fim a que se dispunha, de alcançar o maior número de espectadores, toda a população. É nesse sentido, complementando o papel formador de *bom gosto* que presidia à *política do espírito* do SPN, que, em 1935, este organismo cria o Cinema Ambulante "que se destina a levar aos confins da província, às pequeninas aldeias perdidas, essa forma moderna de expressão artística e de proveitosa lição das coisas"[83]. Em 1937 inicia as viagens pelo interior do país, tendo no primeiro ano visitado 96 povoações enquanto que, em 1943, já com duas aparelhagens, percorreu 216 povoações, alcançando 390.000 espectadores. Em 1951 tinha atingido as 2655 sessões e os 3.348.420 espectadores[84]. Os números oficiais em 1945 anunciam 2.640 cidades, vilas e aldeias visitadas e 4.000.000 de utilizadores dos espectáculos e serviços ambulantes: cinema, teatro do povo, bibliotecas itinerantes, as missões culturais e os serões para trabalhadores. Os espectáculos, gratuitos e dedicados quase exclusivamente à classe trabalhadora, realizavam-se nas Casas do Povo, Casas de Pescadores, Grémios, Juntas de Freguesia, salas de espectáculos ou ao ar livre. O Teatro do Povo, por seu lado, era desmontável, de pequenas dimensões, e percorria as várias povoações instalando-se, em cada uma delas, num espaço público.

Este foi o meio de levar a imagem do regime a toda a população, em particular àquela que, além de possuir grandes índices de analfabetismo dispunha de pouquíssimos meios de informação. A mensagem que chegava era produ-

---

[82] Sobre os temas do *Jornal Português*, realizado entre 1938 e 1951, com destaque para os várias edições dedicados à Exposição do Mundo Português e à aos números realizados por António Lopes Ribeiro cf, entre vários, TORGAL, Luís Reis – "Cinema e Propaganda no Estado Novo...".p.297 a 304.

[83] "O Estado Novo. Princípios e Realizações". Lisboa: SPN, 1940, p.59.

[84] Números retirados de "Anuário Cinematográfico Português: relativo às épocas 1943/1946 e 1944/1945". Direcção de Cunha Ferreira. Lisboa: Gama, 1946. p.272 e de PORTUGAL. Presidência do Conselho – "25 Anos de Administração Pública: Presidência do Conselho". p.51.

zida e seleccionada para esse propósito. Deste modo, "levando o cinema até aos núcleos de trabalhadores, numa tradução da ideia corporativista, o sistema acaba por favorecer a exibição de documentários fora das salas comerciais e o crescimento da produção «patrocinada» pelo Estado"[85].

Com a promoção do Cinema Ambulante, o regime tinha garantido que a mensagem a transmitir chegava a quase todo o país, sem a necessidade de empreender ou de incentivar à construção de recintos específicos para a exibição cinematográfica, que estavam dependentes da iniciativa privada. A única excepção é o Cinema Central, sala localizada no Palácio Foz e que seria integrada nas instalações do SNI, que exibiu, entre 1940 e 1942, sessões cinematográficas abertas aos membros da Mocidade Portuguesa, da Legião Portuguesa e dos Sindicatos Nacionais. No entanto, havia regulação sobre o licenciamento, construção e fiscalização de todos os recintos destinados a espectáculos públicos, através de legislação própria e principalmente da acção da Inspecção-Geral dos Espectáculos, criada em 1929 dentro do Ministério do Interior[86].

Essa acção de fiscalização incidia também, e em primeira instância, na própria exibição. É proibida, e sujeita a multa, a exibição de espectáculos ou filmes considerados contra a moral, os bons costumes, a educação do povo e as instituições vigentes[87]. Com base na legislação publicada em 1927, que previa a fiscalização dos recintos e a autorização nominal dos espectáculos através de visto do cartaz e do programa, no momento em que a Inspecção-Geral dos Espectáculos inicia as suas funções, fica responsável pela censura das obras teatrais e fitas cinematográficas, pelo serviço de fiscalização de espectáculos, de concessão de licenças de funcionamento e aplicação de taxas a qualquer

---

[85] PAULO, Heloisa – Documentarismo e Propaganda. As imagens e os sons do regime. In TORGAL, Luís Reis (coord.) – "O Cinema sob ...". p.104.

[86] Com destaque para o Regulamento de construção, reconstrução ou alterações de casas destinadas a espectáculos públicos, publicado no Decreto nº 11.091 de 18 de Setembro de 1925 e mais tarde integrado no Decreto nº 13.564 de 6 de Maio de 1927, que reunia todas as disposições legais relativas a espectáculos públicos, ambos ainda sob a vigência da Inspecção Geral dos Teatros, criada em 1836 sob a tutela do Ministério da Instrução Pública.

[87] Nos sucessivos decretos sobre exibição teatral e cinematográfica surgem várias deliberações que proíbem e regulam sobre filmes contra a moral. Cf. Artigo 1º da Lei nº 1.748 de 16 de Fevereiro de 1925; artigo 13º do Decreto nº 10.573 de 26 de Fevereiro de 1925; artigo 98º, alínea 13 e artigo 133º do Decreto nº 13.564 de 6 de Maio de 1927.

manifestação artística ou casa de espectáculos, ou seja com vigilância sobre toda a exibição cultural.

Quando, a partir de 1944, o SNI integra os Serviços de Censura passa a dominar a ingerência do poder na produção artística. No cinema e no teatro, para além dos instrumentos de fiscalização como as licenças de exibição e os vistos de censura, a cargo da Inspecção dos Espectáculos, a produção passou a ser controlada pelo meio financeiro, através da emissão do subsídio directo: criou-se o Fundo do Cinema[88] e o Fundo do Teatro[89].

Desde cedo que António Ferro defendia a criação de uma Lei de Protecção do Cinema Nacional pela necessidade de impulsionar a indústria cinematográfica portuguesa, em complemento dos prémios, isenções e empréstimos. É nesse sentido que a Lei de Protecção do Cinema ressalva "a importância do cinema na vida dos povos modernos, o seu poder de insinuação nos espíritos, a sua influência como meio educativo, a sua força como instrumento de cultura popular" e se propõe a "estimular a realização de filmes portugueses" e, para tal, a "dispensar à defesa da produção um interesse efectivo através de medidas adequadas"[90].

Na realidade, a materialização dessa ideia, através da definição do Fundo do Cinema Nacional, esteve mais ao serviço dos meios de controlo da produção do que da sua expansão. O Fundo era financiado, com a excepção de dotações ou donativos excepcionais, pelas receitas da taxa de exibição paga por emissão de cada licença de exibição que, por sua vez, pressupunha o visto da Comissão de Censura. Por outro lado, só podiam aceder ao Fundo os filmes que cumprissem a definição de filme português, ou seja, para além de falado em português, fosse "representativo do espírito português, quer traduza a psicologia, os costumes, as tradições, a história, a alma colectiva do povo, quer se inspire nos grandes temas da vida e da cultura universais"[91]. Segundo

---

[88] O Fundo do Cinema Nacional é criado na Lei de Protecção do Cinema, pelo Decreto lei nº 33.062 de 27 de Dezembro de 1946 do SNI, que seria o seu administrador, e promulgado apenas dois anos mais tarde pela Lei nº 2.027 de 18 de Fevereiro de 1948. As normas de administração do Fundo são estabelecidas no Decreto-lei nº 37.369 de 11 de Abril de 1949.

[89] O Fundo de Teatro é criado e regulamentado pela Lei nº 2.041 de 16 de Junho de 1950.

[90] Preâmbulo. DECRETO-LEI nº33.062. "Diário do Governo. I Série". nº 295 (27 de Dezembro de 1946).

[91] Artigo 11º. LEI nº 2.027. "Diário do Governo. I Série". nº 39 (18 de Fevereiro de 1948).

Armindo Morais, "a concessão destes subsídios pelo agora SNI (órgão administrador do fundo) depende das modificações sugeridas, que terão de ser escrupulosamente seguidas. O SNI fiscalizará e orientará superiormente todas as obras que concorrerem a este fundo[92]".

Do mesmo modo que o cinema português não se conseguia impor face às grandes produções do cinema estrangeiro, em particular o americano, o teatro nacional enfrentava a mesma crise de audiências. A aplicação da política do subsídio na produção de filmes e peças teatrais portuguesas, sem qualquer outro investimento nas infra-estruturas e nos meios de distribuição, "não só não resolveu os problemas da indústria como criou mecanismos restritivos e favoreceu a estatização do cinema"[93]. No "Anuário Cinematográfico de 1946", Fernando Fragoso aponta o reduzido número de salas de cinema em Portugal como um grave problema para o desenvolvimento do Cinema Nacional uma vez que não é suficiente para amortizar os custos da produção e da distribuição. Segundo o autor, "quaisquer medidas de protecção para o cinema nacional não terão eficiência, enquanto se não eliminarem as razões que impedem a livre construção de salas cinematográficas"[94].

A legislação e a fiscalização exercida sobre o cinema e as salas de cinema, em concreto, pode assim ser entendida como fruto de uma vontade de disseminação pelo território nacional de um equipamento moderno que, em simultâneo, afirmava a ideia de progresso e eficácia pretendida pelo regime e difundia, principalmente com o cinema, um dos seus produtos de propaganda. Referindo-se à situação ibérica no mesmo período, Antón Capitel[95] afirma que "nas duas nações peninsulares constroem-se muitas salas de cinema e inclusive, muitos edifícios dedicados por completo ao cinematógrafo. Era o novo espectáculo, o mais popular da época e muito de acordo com a nova era de massas que se consolidava; além disso, gozava da aprovação das ditaduras, que também podiam contar com as delícias do cinema, para além do futebol, como novo «ópio do povo». O cinema era convenientemente

---

[92] MORAIS, Armindo J. Baptista de – Vinte anos de cinema português... In COLÓQUIO O ESTADO NOVO... – "O Estado Novo ...". vol.2. p.195.

[93] PINA, Luís de – "História do Cinema Português". p.115.

[94] FRAGOSO, Fernando – Criação de mais cinemas e melhoramentos dos actuais. In "Anuário Cinematográfico Português...". p.55.

[95] CAPITEL, Antón – 1925-1965: diversidad urbana de los edificios culturales en el ámbito ibérico. In SEMINÁRIO DOCOMOMO ... – "Cultura: origem e destino ...". p.134.

censurado, desde logo, mas oferecia-se sistematicamente como espectáculo e era protegido como indústria".

De forma directa, o regime não interveio na criação de espaços para a representação do teatro ou do cinema, apenas a condicionou através dos mecanismos legais que pôs ao seu dispor. Ainda que fazendo uso dos meios necessários para a controlar, deixou a edificação de infra-estruturas de espectáculos ao cuidado da iniciativa privada, apostando na construção de uma sólida rede de equipamentos públicos para instalar os serviços do Estado.

CAPÍTULO 2

EQUIPAMENTOS DE CULTURA E DE LAZER: A INICIATIVA PÚBLICA E PRIVADA

2.1. Os equipamentos na política das Obras Públicas

2.1.1. As áreas de acção do programa das Obras Públicas

A par com o papel desempenhado pela propaganda e a política cultural do SPN/SNI, o regime apoia a sua acção *restauradora* num vasta política de obras públicas que representa a imagem desejada de um estado renovado, eficiente e moderno. Como refere José António Bandeirinha "face à vontade férrea de construir um Estado cada vez mais forte, era inevitável que a encomenda oficial fosse a mais expressiva e fosse também, em exclusivo, uma emanação directa do poder central e centralizado"[96]. O resultado dessa promoção foi, por isso, uma das principais notícias que a propaganda, através da informação, dos documentários e das edições comemorativas, difundiu.

Retomando a dinâmica de fomento e infra-estruturação iniciada pelo fontismo e em contraponto ao período da 1ª República que assistiu a uma diminuição do investimento estatal na realização de obras de vulto, o programa lançado pelo Ministério das Obras Públicas e Comunicações (MOPC) concentra-se na dinamização e construção de infra-estruturas e equipamentos e numa entusiástica acção de intervenção nos monumentos nacionais, que vai ser a grande obra no âmbito dos equipamentos culturais. Constituído por decreto em 1932, o MOPC reúne "sob a mesma direcção os principais serviços relativos à produção nacional, o que permitirá estabelecer uma orientação única, com maior benefício para o país"[97]. Nesse sentido, integra a Direcção-Geral dos Edifícios e Monumentos Nacionais (DGEMN), organismo que reunia desde 1929 a tutela das obras nos edifícios e nos monumentos nacionais bem como nos edifícios particulares onde estivessem instalados serviços públicos.

---

[96] BANDEIRINHA, José António, Cem anos de arquitectura no Centro de Portugal. (versão integral). In "IAPXX, Inventário à Arquitectura do Século XX em Portugal" [online]. Em: http://iapxx.arquitectos.pt/. [consultado em 23.11.2006]. p.9.

[97] DECRETO-LEI nº 21.454. "Diário do Governo. I Série". (7 de Julho de 1932). Em 1946, o Decreto lei nº 30.061 de 27 de Dezembro, desdobra o MOPC em Ministério das Obras Públicas (MOP) e Ministério das Comunicações.

Enquadrada no novo ministério, a DGEMN vai, de acordo com Maria João Neto, servir os propósitos político-culturais do regime ao transmitir a "perfeita compatibilidade entre o binómio passado e tradição histórica versus modernidade e progresso"[98]. Para além do seu importante trabalho na intervenção dos monumentos nacionais[99], que se assume como um dos principais meios de afirmação dos valores nacionalistas do novo regime, a Direcção passa a desempenhar um papel centralizador na promoção e realização das obras de Estado.

Na realidade, o investimento na construção de equipamentos e infra-estruturas, praticamente abandonado desde o final do século XIX, correspondia a um programa urgente e necessário ao desenvolvimento económico e ao combate ao desemprego, num país ruralizado, com um baixo nível de industrialização e uma economia demasiado dependente das relações externas e coloniais. É neste contexto que as Obras Públicas são um dos sectores da administração pública do novo regime com maior área de influência e maior dotação orçamental, acrescida pela gestão do Fundo de Desemprego ao qual podia recorrer. A Lei da Reconstituição Económica, de 1935, valida a política do MOPC, reservando-lhe uma parte considerável do investimento a executar até 1950[100]. Apesar do carácter propagandístico que revestia o programa das Obras Públicas, elas correspondem a um dos aspectos da política de fomento do Estado Novo e resultaram, com o lançamento da indústria cimenteira e com a dotação de uma rede rodoviária expressiva[101], nas bases do crescimento

---

[98] NETO, Maria João Baptista – "Memória, Propaganda e Poder – o Restauro dos Monumentos Nacionais (1929-1960)". Porto: FAUP Publicações, 2001. p.18.

[99] Sobre a acção da DGEMN nos monumentos nacionais cf. RODRIGUES, Jorge – A Direcção-Geral dos Edifícios e Monumentos Nacionais e o Restauro dos Monumentos Medievais durante o Estado Novo. In PORTUGAL. Direcção-Geral dos Edifícios e Monumentos Nacionais – "Caminhos do Património". p.69-82.

[100] Cf. NUNES, Ana Bela; BRITO, José Maria Brandão de – Política Económica, Industrialização e Crescimento. In ROSAS, Fernando (coord.) – "Portugal e o Estado Novo (1930-1960)". Lisboa: Editorial Presença, 1992. vol. XII de: Nova História de Portugal. Direcção de Joel Serrão e A.H. de Oliveira Marques. p.317-318.

[101] Segundo os dados oficiais, entre 1927 e 1938 construíram-se 1621 quilómetros de estradas nacionais e efectuaram-se obras de reparação em 5564 quilómetros, com um investimento de 1.249.000 contos. No mesmo período abriram-se 1772 quilómetros de estradas secundárias. Em 1953, os valores referidos para as despesas do estado desde 1928, no capítulo de "estradas e pontes" atingia os 4.141.549 contos, sendo o parcial mais elevado com 35,61% do total. Dados retirados de "O Estado Novo. Princípios e Realiza-

industrial observado a partir da década de 1950, apostando essencialmente no desenvolvimento da indústria de base e da rede energética nacional.

O conjunto de acções do MOPC intervém nas áreas que se definiram como estruturais para a *restauração económica*: construção e reparação da rede rodoviária e ferroviária, desenvolvimento da rede de comunicações postal e telefónica, obras de hidráulica agrícola, geral e urbana e dos serviços de melhoramentos rurais, construção de edifícios para instalação de serviços da administração e renovação dos monumentos nacionais mas também de resposta aos programas de carácter social e cultural, como a construção das casas económicas, de estabelecimentos assistenciais e de equipamentos de ensino. Como refere Ana Tostões, o programa das intervenções desencadeadas pelo MOPC teve o objectivo duplo de "dotar o país tão carenciado de novos equipamentos públicos e, simultaneamente, afirmar, de modo mais mediático e perene, a imagem de um novo regime"[102]. A promoção de uma rede de equipamentos públicos, não só em Lisboa, mas em todo o território nacional surge, assim, num sinal de desenvolvimento do país, como necessidade de estruturação do território desde a aldeia, à sede de concelho, à capital de distrito até à capital.

Este esforço construtivo, permitiu não só desenvolver a rede de infra-estruturas, mas fazê-lo ao mesmo tempo que se transmitia uma imagem de renovação e se imprimiam nas localidades do território nacional os símbolos do novo poder e do progresso material que o regime queria representar. Com a elaboração dos Planos de Urbanização[103], a partir de 1934, passa a ser projectada uma nova imagem de cidade, onde era frequente encontrar a referência ao "centro cívico preexistente para o qual se organiza o espaço de forma a

---

ções". Lisboa: SPN, 1940. p.25-29 e PORTUGAL. Presidência do Conselho – "25 Anos de Administração Pública: Ministério das Obras Públicas". Lisboa: Imprensa Nacional, 1953. p.33-36,104-111.

[102] TOSTÕES, Ana – Em direcção a uma nova monumentalidade: os equipamentos culturais e a afirmação do movimento moderno. In SEMINÁRIO DOCOMOMO IBÉRICO, 3, Porto, 2001 – "Cultura: origem e destino do Movimento Moderno. Equipamentos e infra-estruturas culturais. 1926-1965": actas. p.19.

[103] O Decreto lei nº 24.802 de 21 de Dezembro de 1934 define os Planos Gerais de Urbanização a elaborar pelas Câmaras Municipais e remetidos para aprovação final à Direcção Geral dos Serviços de Urbanização e ao Conselho Superior de Obras Públicas. Sobre o assunto cf. LÔBO, Margarida Souza – "Planos de Urbanização. A época de Duarte Pacheco". FAUP Publicações, 1995.

receber obras arquitectónicas de carácter oficial"[104]: os grandes equipamentos colectivos, com destaque para o Tribunal ou Palácio da Justiça, Paços do Concelho, Estação dos Correios e Agência da Caixa Geral de Depósitos. Localizadas nos novos núcleos administrativos, estas eram as estruturas socioeconómicas de referência às quais cumpria impulsionar as zonas de expansão dos projectos de extensão urbana ou, pelo contrário, consolidar o centro urbano existente. Correspondem "às instituições chave em que assenta o regime e cada um deles está ligado univocamente a uma prática social essencial que condiciona o seu funcionamento ao mesmo tempo que serve para mostrar à Nação a eficácia do Poder"[105]. Com os Planos de Urbanização, o regime possui um instrumento para criar uma imagem uniformizada das cidades e vilas, através da composição do seu *centro*, que corresponde, de algum modo, à imagem das estruturas de representação do regime, com larga escala de alcance pelas localidades mais distantes dos centros de poder.

Assim, o rosto da política das obras públicas incluía a distribuição pelo território nacional de novos edifícios públicos que recebiam os serviços dos vários ministérios: no domínio da Justiça, as cadeias comarcãs, os estabelecimentos prisionais centrais e os palácios da justiça; na Saúde, os hospitais civis, sanatórios e dispensários para apoio à luta contra a tuberculose e centros termais; no Ensino, a rede de escolas primárias, de liceus e escolas profissionais e os conjuntos universitários de Coimbra e Lisboa; e no Turismo, as colónias de férias para a Federação Nacional para a Alegria do Trabalho (FNAT), hotéis e pousadas. Ao cargo directo da DGEMN, através dos seus Serviços Centrais ou da Delegação das Novas Instalações de Serviços Públicos, ficaram as obras de construção ou adaptação de edifícios existentes para o estabelecimento de vários organismos do estado[106].

---

[104] COSTA, Sandra Vaz – A palavra tornada pedra. In TOSTÕES, Ana (coord.) – "Arquitectura Moderna Portuguesa 1920-1970". Coordenação Executiva do Departamento de Estudos IPPAR, Manuel Lacerda e Miguel Soromenho. Lisboa: Instituto Português do Património Arquitectónico e Arqueológico (IPPAR), 2003. p.45.

[105] ACCIAIUOLI, Margarida – A utopia de Duarte Pacheco. In FUNDAÇÃO CALOUSTE GULBENKIAN – "Os Anos 40 na Arte Portuguesa". 2ª ed. Lisboa: Fundação Calouste Gulbenkian, 1982. vol I, p.52.

[106] Para além dos edifícios particulares construídos em Lisboa para albergar serviços centrais, como é o caso da Casa da Moeda, de Jorge Segurado (1932-1941), do Instituto Nacional de Estatística (1931-1935) e das Estações Marítimas de Alcântara e da Rocha do Conde de Óbidos, de Pardal Monteiro (1934-1948), entre vários, também se promovem dentro destes serviços as estações fronteiriças, os postos de despacho, os postos de viação

Dentro deste vasto leque de programas de equipamentos e serviços sociais, os equipamentos dedicados à cultura e ao lazer eram assim absorvidos num contexto muito mais vasto de estruturação territorial[107]. A iniciativa pública preocupava-se, em primeira instância, por criar uma imagem referenciada de estado, onde pudesse imprimir os seus valores representativos. A sua grande acção no âmbito da cultura centrava-se na intervenção nos Monumentos Nacionais. Os equipamentos públicos ligados à divulgação da cultura e ao lazer, à excepção das escolas e dos liceus e também do programa das Pousadas, não entravam como prioridade nessa rede de escala nacional: museus e bibliotecas por um lado, estádios e grandes pavilhões, por outro, eram equipamentos reservados para as grandes cidades.

A intervenção directa do Estado em equipamentos dedicados à cultura, se não se contabilizarem os edifícios de carácter escolar, resume-se às intervenções de conservação e restauro realizadas no Teatro Nacional D. Maria II e principalmente no Teatro Nacional S. Carlos, à construção da Biblioteca Pública de Braga no antigo Paço Episcopal e à instalação de vários Museus em edifícios de carácter histórico[108]. Construído de raiz foi o Museu de Arte Popular, instalado em 1948 num dos pavilhões da Exposição do Mundo Português que integrava a secção da Vida Popular da autoria de Reis Veloso, adaptado com projecto museológico de Jorge Segurado e com obras de arte

---

e trânsito, as agências da Caixa Geral de Depósitos, Crédito e Previdência e as Estações de Correios.

[107] Até 1953 as obras relativas à Instalação de serviços correspondiam a 8,73% do total do montante despendido nas realizações do Estado a cargo do MOPC, o quarto valor mais elevado, atrás dos investimentos em estradas e obras de hidráulica fluvial e marítima. Em quinto lugar encontravam-se os Estabelecimentos de ensino com 6,92% do valor total e apenas com 1,64% os Estabelecimentos culturais e monumentos. É de notar que deste valor as intervenções directas em monumentos a cargo da DGEMN ocupam 87,5%, sendo substancialmente menor o valor dedicado à instalação de Museus, Bibliotecas Públicas ou intervenções em Teatros. No valor total das despesas são residuais as percentagens dedicadas aos Equipamentos e instalações desportivas e aos Equipamentos de turismo, no caso a edificação de nove Pousadas que aparecem com a designação de *Edifícios não especificados*, por pertencerem à tutela do SPN. Dados retirados de PORTUGAL. Presidência do Conselho – "25 Anos de Administração Pública: Ministério das Obras Públicas". p.52-53 e quadros anexos.

[108] Dos quais se destacam as obras de ampliação do antigo Palácio dos Condes de Alvor onde estava instalado o Museu Nacional de Arte Antiga (também denominado por Museu das Janelas Verdes), o Museu Nacional dos Coches ou a reinstalação do Museu Soares dos Reis no antigo Palácio dos Carrancas do final do século XVIII.

de alguns dos artistas plásticos que colaboravam com o SPN. O espaço e a exposição são organizados de acordo com a divisão do país em regiões, reflectindo os valores da política de espírito do SPN e a estética ruralista do Estado Novo. Do mesmo modo, nos edifícios de lazer, excluindo a rede das Pousadas de Portugal, podem-se apenas referir os equipamentos desportivos como o Estádio Nacional inaugurado em 1944 com projecto de Jacobetty Rosa ou o Estádio 28 de Maio em Braga.

2.1.2. Promoção e representação do Estado nos equipamentos públicos

A promoção e realização centralizada de uma rede nacional de equipamentos tiveram por base um eficiente processo de gestão do MOPC, em grande parte dependente da figura do seu ministro, o engenheiro Duarte Pacheco. De modo a tornar operativo todo o conjunto de acções são criadas, dentro do Ministério, distintas comissões, delegações e juntas para áreas de trabalho específicas que reuniam técnicos de várias especialidades[109], a quem competia fazer um levantamento da situação territorial, estudar os modelos e apresentar propostas viáveis, económica e construtivamente. Para conseguir uma rápida e eficaz resposta e permitir uma construção em série e em larga escala por todo o país, as diversas Comissões implementaram a execução dos projectos tipo, alguns dos quais com variantes por regiões, que planificavam e sistematizavam o programa previamente elaborado[110].

Noutras situações, menos tipificáveis ou dirigidas para edifícios a localizar nas grandes cidades e capitais de distrito eram desenvolvidos projectos especiais adaptados ao terreno, implantação e dimensão de cada caso, mas que ainda assim partilhavam a base de um programa e esquema tipológico

---

[109] Em 1953 o MOP organizava-se em 7 serviços de carácter permanente e 10 comissões e juntas de carácter eventual. Dentro da Direcção Geral dos Edifícios e Monumentos Nacionais e da Direcção Geral dos Serviços Hidráulicos, dois dos serviços permanentes, existem ainda mais seis organismos específicos. No total das suas secções conta com 458 engenheiros e 60 arquitectos contra os 91 engenheiros e 7 arquitectos que integravam os serviços em 1928. Dados retirados de PORTUGAL. Presidência do Conselho – "25 Anos de Administração Pública: Ministério das Obras Públicas". p.16-18.

[110] É o caso das Estações de Correios desenvolvidas por Adelino Nunes para a Comissão Geral de Construções e Redes Telefónicas e Telegráficas, das Cadeias Comarcãs de Cottinelli Telmo para a Comissão das Construções Prisionais, dos Dispensários distritais e concelhios de Vasco Regaleira e Carlos Ramos ou ainda dos Projectos Tipo Regionalizados de Escolas Primárias desenvolvidos por Rogério de Azevedo e Raul Lino, num total de quarenta e quatro projectos de edifícios escolares divididos por nove zonas distintas do país.

comum. É o caso do concurso dos Liceus lançado pelo Ministério da Instrução Pública em 1930[111] ou dos Palácios da Justiça, onde não havendo projectos tipo, havia um programa tipificado definido pelo Ministério da Justiça e distribuído por um número limitado de arquitectos[112], onde se sistematizavam uma série de princípios funcionais e estéticos que realçavam os valores de monumentalidade juntamente com o emprego de materiais típicos da identidade regional. Numa outra lógica, as Pousadas Regionais, desenvolvidas com projecto próprio, conjugavam a dinamização do turismo enquanto sector de promoção dos valores nacionais e da afirmação das identidades regionais defendido pelo SPN através da utilização de materiais e modelos estilísticos de cada região.

Deste modo, com uma uniformização programática e uma valorização das identidades locais, o Estado Novo encontrou nos equipamentos a construir por todo o país mais um veículo ideológico dos valores da tradição e da ruralidade. No momento de consolidação das suas políticas, o regime passa a querer associar às obras que promove princípios estilísticos que considera mais familiarizados com os seus pressupostos ideológicos como a autoridade e a ordem, por um lado, e o culto da nacionalidade e da tradição, por outro. Esta expressão oficial vai estar presente principalmente nos equipamentos de encomenda pública de representação directa do estado, condicionados pela procura de valores que se identifiquem com os pressupostos ideológicos que caracterizam, mas acaba por se estender aos equipamentos de carácter menos simbólico e às obras de promoção privada. Enquanto os conjuntos urbanos apelavam a uma simetria e monumentalidade na organização dos eixos e dos edifícios, a imagem destes era de algum modo padronizada com o recurso a um leque de dispositivos formais, remetendo para uma via decorativa regional ou monumental. Nuno Teotónio Pereira caracteriza duas correntes distintas[113]: a "monumentalidade retórica como expressão

---

[111] Sobre o assunto cf. MONIZ, Gonçalo Canto – "Arquitectura e Instrução. O projecto moderno do liceu 1836-1936". Coimbra: edarq, 2007. p.141-146.

[112] Com destaque para Raul Rodrigues de Lima, Januário Godinho e João Faria da Costa. A partir da década de 50 são ainda chamados Augusto Baptista, Carlos Ramos e Castro Freire, entre outros. Sobre o assunto cf. NUNES, António Manuel – "Espaços e imagens da Justiça no Estado Novo. Templos da Justiça e Arte Judiciária". Coimbra: Edições Minerva, 2003. p.93-132.

[113] Cf. PEREIRA, Nuno Teotónio; FERNANDES, J. Manuel (colab.) – A arquitectura do Estado Novo de 1926 a 1959. In COLÓQUIO O ESTADO NOVO: DAS ORIGENS AO FIM

do poder do Estado", evocando o sentido de "autoridade e de ordem" e o "tradicionalismo arcaizante como exaltação dos valores nacionais" materializado na incorporação de elementos de arquitectura regional, elevados agora à "categoria de nacional". A primeira associada aos grandes edifícios públicos, que exprimiam o poder e a autoridade do estado e a segunda aos edifícios públicos de menor dimensão, localizados nas pequenas vilas. A sobreposição das duas corresponde ao modelo híbrido dos edifícios públicos de dimensão intermédia, localizados nas capitais de distrito e aos prédios urbanos de habitação.

Em 1936, a revista *Arquitectura Portuguesa* publica um artigo intitulado "O problema dos Edifícios Públicos. Para a sua solução utilíssimo seria seguirmos o exemplo do estrangeiro"[114], onde estabelece três categorias para o edifício público: os *"Palácios do Estado"*, que "pelo seu simbolismo" exigem um "ambiente monumental"; os *"edifícios autónomos"* identificados por "uma arquitectura apropriada" e os *"edifícios que albergam serviços públicos estatais de menor dimensão"* que deveriam ser, proporcionalmente, mais modestos, numa clara hierarquização do valor de representação dos equipamentos públicos e do grau de monumentalidade que deveriam apresentar.

Dentro da vasta rede de infra-estruturas promovida pelo MOP, os equipamentos que chegam a várias cidades do país eram a face mais visível e mais próxima das comunidades da acção do regime. Nesse sentido, seja através do programa, da escala ou da linguagem, os equipamentos públicos e colectivos do Estado Novo vão comunicar o valor simbólico inerente ao estatuto e à própria definição de obra pública. São, na verdade, a "resposta a uma desejada monumentalidade"[115] enquanto capazes de representar e integrar o sentido de estado do novo regime. Se esta carga ideológica era naturalmente aceite para os edifícios que recebem as instituições mais representa-

---

DA AUTARCIA, Lisboa, 1986 – "O Estado Novo das origens ao fim da autarcia 1926-1959". Lisboa: Fragmentos, 1987. vol.2, p.328.

[114] "A Arquitectura Portuguesa e Cerâmica e Edificação: revista mensal técnica industrial e edificação". Lisboa: ano XXIX, nº 13 e 14 (Abril e Maio de 1936). p.39-40. Este artigo é referido, no contexto do programa nacionalista do Estado Novo e da bipolarização do modelo monumentalizante e do modelo ruralizante, por ROSMANINHO, Nuno – "O Poder da Arte. O Estado Novo e a Cidade Universitária de Coimbra". Coimbra: Imprensa da Universidade, 2006. p.50.

[115] TOSTÕES, Ana – Em direcção... In SEMINÁRIO DOCOMOMO ... – "Cultura: origem e destino ...". p.17.

tivas do Estado (os referidos *Palácios de Estado*, que seriam os Tribunais e as Câmaras, mas também as Estações dos CTT e os edifícios da CGD), durante esse período ela surge, igualmente, nos edifícios de carácter social e cultural, aqueles classificados de *edifício autónomo* como as escolas e os liceus. Sobre este aspecto, Ana Tostões acusa o paradoxo da situação quando defende que, em Portugal, "o equipamento social, através dos programas de obras públicas, foi entendido fundamentalmente através dos seus valores de representação"[116].

É nesse sentido que os equipamentos colectivos desenvolvidos no âmbito da política das Obras Públicas ligados ao ensino, ao turismo e à difusão da cultura, ainda que de forma menos rígida, foram também, a par com os edifícios oficiais de representação do poder, veículo de expressão de uma vontade de Estado, contendo em si os valores de monumentalidade e nacionalismo que o regime queria instaurar. Em casos como os edifícios das cidades universitárias, dos quais o mais emblemático será a construção da Cidade Universitária de Coimbra, lançada em 1943, ou nos edifícios escolhidos para a instalação de Museus e Arquivos, quase nunca feitos de raiz mas optando por edifícios de valor histórico e linguagem clássica, a carga simbólica vai remetê-los para um universo muito mais próximo dos edifícios institucionais do que dos restantes equipamentos educativos ou assistenciais. Estes, por outro lado, pelo seu carácter eminentemente utilitário, foram o campo de obras estatais mais liberto para aceitar as experiências modernas.

De acordo com Juan Antonio Cortés[117] "além da habitação, que é o grande tema da arquitectura moderna (...) os programas que sem serem absolutamente novos, atraem a atenção dos arquitectos de vanguarda, são os que se relacionam com a saúde e o ensino". Os edifícios construídos para dar resposta às novas propostas sanitárias e educativas são "seguramente, os que mais tendem a ser realizados seguindo os princípios de modernidade arquitectónica", onde "melhor se podem aplicar os princípios funcionalistas e racionalistas e, ao mesmo tempo, a confluência de três ideias motrizes: repetição, economia e higiene". Em Portugal, os equipamentos

---

[116] TOSTÕES, Ana – Em direcção... In SEMINÁRIO DOCOMOMO ... – "Cultura: origem e destino ...". p.18.

[117] CORTÉS, Juan António – Os lugares públicos e os novos programas. Usos versus representação. In "Arquitectura do Movimento Moderno: Inventário Docomomo Ibérico 1925-1965". [s.l.]: Associação dos Arquitectos Portugueses, Fundação Mies van der Rohe e Docomomo Ibérico, 1997. p.164.

escolares, em particular os liceus, foram lançados logo nos primeiros anos do regime como marca de uma obra moderna[118]. O discurso da funcionalidade e de regularidade repetitiva associado às potencialidades estruturais da utilização do betão armado, que marcava o discurso teórico do Movimento Moderno internacional, encaixava nos propósitos de mudança requisitados para estes equipamentos. Ainda assim, a regulação por uma estrutura de composição axial e muitas vezes simétrica, o uso de volumes de grande simplicidade geométrica caracterizados por amplas superfícies lisas e espaços vazios de escala não doméstica, reflectem precisamente o modelo "moderno, temperado pela monumentalidade e pelos valores de dignidade que integram o sentido da obra pública"[119] e que, desse modo, "acabou por servir os intuitos representacionais do Estado Novo"[120].

No início da década de 1930, no momento em que se dá o arranque do programa das Obras Públicas, começavam a consolidar-se as primeiras experiências de construção com o recurso ao uso do betão armado e segundo os modelos que as vanguardas europeias praticavam desde o início do século XX.[121] Essas obras, materializadas essencialmente em grandes equipamentos construídos em Lisboa e no Porto, eram a resposta a novos programas de carácter utilitário e inovador, libertas, por isso, de referências estéticas anteriores.

Em contraponto à expressão formal dos primeiros anos do século XX, o Estado Novo, no período inicial das Obras Públicas, aceita a renovação de imagem que a arquitectura desenvolvida nos primeiros anos da década de 1920 vinha experimentando como linguagem para a materialização dos seus

---

[118] Desses concursos resultam obras como o Liceu de Beja (1930-1936), de Luís Cristino da Silva ou o Liceu Dr. Júlio Henriques, hoje José Falcão, de Coimbra (1930-1936), com projecto de Carlos Ramos, Jorge Segurado e Adelino Nunes. Sobre o assunto cf. MONIZ, Gonçalo Canto – "Arquitectura e Instrução...". p.131-207.

[119] TOSTÕES, Ana – Em direcção... In SEMINÁRIO DOCOMOMO ... – "Cultura: origem e destino ...". p.19.

[120] CALDAS, João Vieira – Cinco Entremeios sobre o Ambíguo Modernismo. In BECKER, Annete; TOSTÕES, Ana; WANG, Wilfried (org.) – "Arquitectura do século XX: Portugal". München, New York: Prestel; Frankfurt am Main: Deutsches Architektur-Museum; Lisboa: Portugal-Frankfurt 97: Centre Cultural de Belém, 1997. p. 25.

[121] Nuno Portas considera que este é o "único momento em que se repercute neste país, e quase sem atraso, um movimento de vanguarda internacional". Cf. PORTAS, Nuno – Evolução da Arquitectura Moderna em Portugal: uma interpretação. In Zevi, Bruno – "História da Arquitectura Moderna". Lisboa: Edições Arcádia, 1973, p.708.

projectos, apoiando o desenvolvimento da nova geração de arquitectos pela primeira vez chamada a envolver-se nos grandes projectos públicos. Interessava-lhe associar a acção do regime, principalmente dentro dos campos que considerava terem menor valor simbólico, a novos materiais e novas técnicas construtivas, eficazes e modernas[122]. Neste contexto, Nuno Portas[123] define duas etapas no ciclo de betão armado em Portugal: a primeira, dominada por Duarte Pacheco, corresponde à década de 30 e às grandes obras do MOPC, em especial os edifícios para os serviços públicos construídos na capital, onde "a estrutura do betão armado é decisiva para a forma arquitectónica: as possibilidades tecnológicas são assumidas como factor cultural"; a segunda, a partir da década de 1960, sob a influência do ministro da economia Ferreira Dias e das grandes infra-estruturas produtivas como as barragens, os viadutos e as pontes, onde se "volta a assistir a novas tentativas de reencontro da expressão arquitectónica e da agilidade cultural." Entre elas, destaca-se o período onde a "política cultural do regime se oporá crescentemente ao funcionalismo, em nome da monumentalidade e do nacionalismo".

Entre as décadas de 1930 e 1960, o Programa das Obras Públicas lançado pelo MOPC teve o seu maior impacto na implementação de um conjunto de grandes equipamentos públicos. Na sua presença por todo o território nacional o regime encontra o meio de relacionamento com as comunidades, na forma como representa neles, através do valor simbólico de obra pública, o sentido e o poder do Estado. No quadro da arquitectura produzida em Portugal, Ana Tostões destaca a importância dos equipamentos enquanto edifícios "de carácter público ou privado [que] destinam-se a uma utilização colectiva que potencia uma formalização de carácter simbólico, constituindo-se como marcas no território, como elementos de referência no desenho da cidade"[124].

---

[122] Segundo Nuno Teotónio Pereira, a permissividade do regime com as experiências modernistas que surgem neste período deve-se à premente necessidade de construção "em contraste com o arrastamento das obras públicas durante a República" e à falta, neste período inicial do regime, de "base doutrinal e da perspectiva totalitária, que só mais tarde adquiriu contornos precisos". Cf. PEREIRA, Nuno Teotónio; FERNANDES, J. Manuel (colab.) – A arquitectura do Estado Novo de 1926 a 1959. IN COLÓQUIO O ESTADO NOVO... – "O Estado Novo ...". Lisboa: Fragmentos, 1987. vol.2. p.324.

[123] PORTAS, Nuno – O ciclo do betão em Portugal. In FUNDAÇÃO CALOUSTE GULBENKIAN – "Arquitectura de Engenheiros...". [s.p.].

[124] TOSTÕES, Ana Cristina – "Os Verdes Anos na Arquitectura Portuguesa dos Anos 50". Porto: FAUP Publicações, 1997. p.94.

2.2. Os equipamentos da iniciativa privada

2.2.1. Os programas de carácter colectivo

Enquanto o Estado desenvolve uma forte política de Obras Públicas, centrando as suas forças na promoção de uma série de equipamentos públicos que albergavam os serviços do Estado e davam resposta às carências infra-estruturais do país, a iniciativa privada apostava nos novos programas dedicados às actividades de lazer que se materializam em equipamentos urbanos de carácter colectivo.

Normalmente associados a programas inovadores e destinados a usos informais, estes novos equipamentos, dedicados à ocupação dos tempos livres, fins-de-semana e mesmo férias, são a resposta às necessidades emergentes de uma sociedade em transformação. O despoletar deste fenómeno coincide com o momento em que se assiste, em todos os campos que caracterizavam os hábitos urbanos, a uma renovação estilística "propondo novas imagens, aceitando as formas que por todo o mundo iam sendo praticadas e divulgadas"[125]: nos stands, nas revistas, nas lojas e na publicidade. Sobretudo a partir dos anos 50, "com a vulgarização das férias, com o incremento dos transportes, com a difusão do cinema e a expansão da imprensa mundana, foi-se instalando uma verdadeira indústria de *loisir*"[126] que se repercutiu numa arquitectura de novos programas constituindo-se, ela própria, num fenómeno urbano.

A resposta a esta nova encomenda reflectia a vontade, por parte do promotor mas também do utente, de uma linguagem que respondesse à ideia de modernidade e assumisse o seu carácter cosmopolita. Por outro lado, o sentido inovador de alguns destes programas e a consequente ausência de referências formais directas transmitem uma enorme liberdade arquitectónica, aceitando novos modelos e linguagens para o que, em grande parte, contribuiu a aplicação do betão armado e das suas potencialidades estruturais.

Os valores de funcionalidade e racionalidade que estão associados a estes programas de carácter lúdico, fazem conjugar de modo inédito a resposta programática, as soluções técnicas e a utilização de novos elementos formais como a iluminação, o vidro ou os *letterings*, e um novo sentido de monumen-

---

[125] TOSTÕES, Ana Cristina – Arquitectura Moderna Portuguesa. In TOSTÕES, Ana (coord.) – "Arquitectura Moderna Portuguesa …". p.109.

[126] FONSECA, José Manuel – A luta ideológica e a mitificação da importância. In SEMINÁRIO DOCOMOMO … – "Cultura: origem e destino…". p.118.

talidade muito associado à imagem urbana do edifício. Estes equipamentos de promoção privada dedicados às actividades de lazer, afastados das relações oficiais directas, tinham de afirmar a sua monumentalidade não por carácter representativo do poder, mas por serem os grandes equipamentos colectivos de carácter e fruição social, de representação e identidade da própria sociedade. Como afirma Ana Tostões "a história demonstra que os equipamentos sempre estiveram ligados a uma ideia de representação, de monumentalidade. Foram, ao longo dos tempos os espaços onde a comunidade se revia"[127]. Segundo a mesma autora, reportando-se à afirmação de uma *nova monumentalidade* proposta na revisão do Movimento Moderno, nestes espaços abertos ao público faz-se a aproximação a uma monumentalidade definida pelo carácter colectivo de representação do "espírito de um tempo", como "a expressão humana dos mais elevados desejos culturais colectivos"[128].

Surgem assim cafés, clubes, lojas, hotéis, piscinas, casinos, cinemas e cine-teatros, equipamentos urbanos de carácter público aceites como "espaços de liberdade edificados no ambiente repressor e paternalista do salazarismo", libertos, por isso, de carga ideológica ou de valores representativos associados aos equipamentos de promoção pública. Em alguns dos exemplos "desse tipo de programas" encontram-se "a afirmação da modernidade, em Portugal"[129]. Referindo-se aos cinemas, José Fernando Gonçalves entende que, enquanto "símbolos de prestígio e modernidade, os cinemas construídos nos anos quarenta em Portugal, são marcados pela monumentalidade das formas sempre actualizadas à luz do desenho moderno. Elementos de referência na

---

[127] TOSTÕES, Ana – Em direcção a uma nova monumentalidade: os equipamentos culturais e a afirmação do Movimento Moderno. In SEMINÁRIO DOCOMOMO ... – "Cultura: origem e destino...". p.17.

[128] SERT, Josep L.; LÉGER, Fernand; GIEDION, Sigfried – Nine points on Monumentality. In OCKMAN, Joan – "Architecture culture, a documentary anthology, 1943-1968". New York: Rizzoli, 1996. p.29 e 30. Cit. por TOSTÕES, Ana – Em direcção... In SEMINÁRIO DOCOMOMO ... – "Cultura: origem e destino ...". p.26.

[129] CALDAS, João Vieira – Fragmentos de um discurso moderno. In SEMINÁRIO DOCOMOMO... – "Cultura: origem e destino ...". p.96. No seu texto, João Vieira Caldas define quatro grupos tipológicos que considera caracterizarem o tema dos equipamentos de cultura e ócio: os cafés, restaurantes e snack-bares; os cinemas e cine-teatros, os casinos e as piscinas de lazer, sendo os dois primeiros aqueles que melhor representam a prevalência da iniciativa privada.

cidade que se quer moderna eram o último reduto à altura, onde a linguagem moderna era, senão compreendida, pelo menos tolerada"[130].

Estes equipamentos de lazer que a partir da década de 1920 começam a surgir por todas as cidades do país eram "sempre situações novas, no sentido programático, referidas a um modelo de cidade mais cheia, compartilhada, compacta, alegre. (...) eram sempre espaços iluminados, que pontuavam a cidade, o centro das cidades, (...) espaços que se prolongavam das montras dos cafés para os grandes átrios dos cine-teatros, das escadarias públicas para os balcões e varandas dos fumadores." Estes são os novos espaços públicos, os "lugares de encontro, discussão, vida democrática, obrigando ao confronto entre as diversas classes sociais (...) diluindo estigmas ou privilégios"[131]. Orientados para uma verdadeira utilização pública, os equipamentos colectivos de resposta aos programas de cultura e de lazer, assumem-se assim como os espaços vocacionados para a estruturação da vida em comunidade, onde melhor se pode experimentar uma nova dimensão cívica da arquitectura.

No período que se segue ao Congresso Nacional de Arquitectura de 1948, já em pleno clima político do pós guerra, em que uma nova geração de arquitectos procurava, agora com consciência ideológica e social, uma arquitectura actual, em sintonia com a capacidade estrutural e espacial da nova utilização do betão armado de novas influências plásticas, fruto de uma reflexão teórica sobre o valor do contexto e das tradições da arquitectura portuguesa e capaz de dar uma resposta funcional aos novos programas de uma sociedade em transformação, a encomenda directa de grandes obras de carácter público desloca-se do poder central para a iniciativa municipal ou particular, permitindo uma resposta aberta a esses novos princípios. Como refere Ana Tostões, os equipamentos colectivos projectados durante a década de 1950 "contribuíram para um novo entendimento do papel do utente, com base na convicção do papel da arquitectura como meio de garantir o bem estar e a felicidade da colectividade"[132]. Foi novamente, tal como já tinha acontecido na década de 1920, neste tipo de equipamentos de utilização colectiva, onde se destacam os espaços dedicados à cultura e ao lazer que se encontrou um "pretexto para

---

[130] GONÇALVES, José Fernando – Cinema Batalha. FIGUEIRA, Jorge; PROVIDÊNCIA, Paulo e GRANDE, Nuno (comissariado) – "Porto 1901-2001, Guia de Arquitectura Moderna". Porto: Ordem dos Arquitectos (SRN), Livraria Civilização Editora, 2001. fasc.9.

[131] DIAS, Manuel Graça – Cultura e lazer. In SEMINÁRIO DOCOMOMO ... – "Cultura: origem e destino...". p.93.

[132] TOSTÕES, Ana Cristina – "Os Verdes Anos...". p.94.

o desenvolvimento dos princípios do funcionalismo, enquanto organismos complexos na articulação clara das funções"[133] e do novo entendimento da arquitectura como factor social.

Inaugurado em 1941, o Coliseu do Porto é um desses equipamentos que "ao sentido monumental do primeiro modernismo desenvolvido nas obras públicas representativas do regime (...) acrescenta, com valor significante, o sinal cosmopolita que integra os valores vivos da comunidade"[134]. Quase duas décadas depois será novamente um equipamento de cultura de promoção privada a reunir o conceito de monumentalidade e de espaço colectivo. Construído ao longo da década de 1960, o edifício da Sede e Museu da Fundação Calouste Gulbenkian resulta numa obra moderna, de enorme integração com a paisagem que, em simultâneo representa o papel da "arquitectura ao serviço da comunidade e da cultura"[135].

2.2.2. A promoção dos novos equipamentos de recreio

Seguindo o exemplo que vinha já da promoção das Salas de Espectáculos e Teatros no final do século XIX, a idealização e a construção da nova geração de equipamentos de recreio é, quase na sua maioria, de iniciativa privada e local, segundo um "modelo «capitalista» (...) que se baseou sistematicamente em iniciativas locais de comerciantes, proprietários e outros «notáveis»"[136].

Motivados não só pelo aspecto comercial mas acima de tudo pelo prestígio que estava associado a estes espaços e aos eventos que neles se organizavam, empresários isolados ou associados em grupos empresariais e sociedades de acções criados para o efeito empenhavam-se profundamente na angariação de fundos, aquisição do local, projecto e construção. Na realidade, não só em Lisboa e no Porto mas também nas cidades de dimensão média, estes eram, muitas vezes, os únicos locais de encontro adequados a uma burgue-

---

[133] TOSTÕES, Ana Cristina – "Os Verdes Anos...".p.94.

[134] TOSTÕES, Ana – Coliseu do Porto. FIGUEIRA, Jorge; PROVIDÊNCIA, Paulo e GRANDE, Nuno (comissariado) – "Porto 1901-2001...". fasc.11.

[135] DUARTE, Carlos – A sede da Fundação. "Arquitectura: revista mensal de arte e construção". Direcção de Francisco Costa. Lisboa, nº 111 (Outubro 1969). Cit. por TOSTÕES, Ana Cristina – "Os Verdes Anos...".p.187. Sobre o Edifício e Jardins da Sede e Museu da Fundação Calouste Gulbenkian cf. TOSTÕES, Ana; CARAPINHA, Aurora; CORTE-REAL, Paula – "Gulbenkian. Arquitectura e Paisagem". Lisboa: Fundação Calouste Gulbenkian. Serviços Centrais, 2007.

[136] CRUZ, Duarte Ivo – "Teatros de Portugal". Lisboa: Inapa, 2005. p.43.

sia em ascensão e que se interessava pelos prazeres de uma nova sociabilidade. A partir de meados do século XIX, "a explosão do gosto pela actividade teatral e pela actuação amadora" faz aumentar os pedidos de "cedência de espaços, para a instalação de novos teatros, na generalidade adaptados em construções existentes e propriedade de entusiastas ou sociedades culturais e recreativas"[137]. Com as salas de espectáculos que surgem ao longo do século XX, nomeadamente os Cinemas e Cine-Teatros, o fenómeno vai ser bastante semelhante ainda que essas construções passem a ser prioritariamente edifícios novos, construídos para o efeito.

Assim, a intervenção de grandes proprietários e pessoas influentes, de colectividades e associações e até de grupos de pequenos burgueses associados está presente, desde sempre, nas iniciativas da construção dos vários equipamentos de lazer, nomeadamente daqueles relacionados com os espectáculos, cujo nome ficava, em muitos casos, associado ao do seu promotor[138]. Entre esse grupo de agentes é muito frequente encontrar a influência dos novos burgueses regressados do Brasil, precisamente pela sua vontade de afirmação e reconhecimento: no Minho estão presentes, entre vários exemplos, no processo do Teatro Diogo Bernardes de Ponte de Lima (1893) ou do Cine-Teatro de Fafe (1923) fruto da iniciativa de José Summavielle Soares, neto de emigrante brasileiro, mas também no Teatro Constantino Nery de Matosinhos (1906) ou no Teatro Politeama inaugurado em Lisboa em 1913, propriedade de Luís António Pereira, empresário enriquecido no Brasil.

Também se conhecem iniciativas de industriais que apostam na construção de uma sala de espectáculos dedicada aos trabalhadores e famílias da área de influência da sua fábrica. O primeiro terá sido o Teatro Stephens cujo edifício original foi construído em 1786, integrando o conjunto de equipamentos da Real Fábrica de Vidros da Marinha Grande, mais tarde denominada de Fábrica Escola Irmãos Stephens. Também a Fábrica de Porcelana da Vista Alegre, instalada em Ílhavo em 1824, tinha no seu complexo um teatro destinado aos trabalhadores. Ainda no século XIX a empresa *Mason & Barry, Lda* que explo-

---

[137] CARNEIRO, Luís Soares – "Teatros Portugueses de Raiz Italiana" (texto policopiado). Porto: [s.n.], 2002. Tese de Doutoramento em Arquitectura apresentada à FAUP. vol. II, p.477.

[138] Vejam-se os casos do Teatro Mascaranhas Gregório (1909) em Silves, do Teatro Valadares (1898) em Caminha, do Teatro Ribeiro Conceição (inaugurado em 1929 no antigo Hospital do séc. XVII) em Lamego ou, já na década de 1940, o Teatro Narciso Ferreira, em Riba d'Ave.

rava a Mina de São Domingos, no concelho de Mértola, manda instalar um edifício autónomo para funcionar como teatro. Já no século XX, o Teatro dos Recreios Desportivos da Amadora, posteriormente transformado em Cine-Teatro, começou precisamente como uma casa de espectáculos criada pelos industriais José Santos Mattos e António Correia, proprietários da Fabrica de Espartilhos Santos Mattos & Ca, dentro do limite das instalações da fábrica. O cinema Royal Cine, inaugurado em 1929 no bairro popular da Graça, em Lisboa, com projecto de Norte Júnior, deve-se à iniciativa de Agapito Serra Fernandes também proprietário do vizinho bairro industrial Estrela de Ouro, promovido para alojar os trabalhadores da sua fábrica. Por fim, na década de 1940 a família de Narciso Ferreira, fundador da indústria têxtil do Vale do Ave, manda construir em Riba d'Ave vários equipamentos onde se destacam o Quartel de Bombeiros, o Mercado e o Teatro que receberá o seu nome.

Ainda que sem a mesma tradição conhecem-se também exemplos em que a promoção ou a aquisição desses equipamentos conta com a participação das Misericórdias locais ou das Câmaras Municipais: é o caso do Teatro Bernardim Ribeiro, de Estremoz (1921) ou do Teatro Aveirense, inaugurado em 1881 através da iniciativa da *Sociedade Construtora e Administrativa do Teatro Aveirense* constituída entre privados e a Câmara[139]. No entanto este fenómeno ganha alguma expressão nas primeiras décadas do século XX quando, em resposta a novas regulamentações sobre Casas de Espectáculos, muitas sociedades proprietárias vêem-se sem capacidade financeira para promover novas obras. Um dos exemplos será o Teatro Mouzinho da Silveira de Castelo de Vide, que "deverá ter sido, como em outros casos, adquirido pela autarquia que visava evitar o encerramento, face à falta de meios ou de interesse da sociedade proprietária para o pôr e condições de cumprir a legislação de 1927 que visava um grande reforço das condições de funcionamento e segurança dos teatros e cinemas"[140]. Também o Teatro de Borba, construído na segunda metade do século XIX, era já em 1935 denominado de *Teatro Municipal* e a Câmara apresenta-se como requerente no pedido de obras de adaptação a Cine-Teatro, que deu entrada na Inspecção dos Espectáculos em 1948.

Nas pequenas cidades e vilas as Associações Recreativas, as Sociedades Filarmónicas, os Grémios ou ainda as Associações dos Bombeiros Voluntários

---

[139] Sobre este último cf. DIAS, Francisco da Encarnação – "Teatro Aveirense – História e Memórias". Aveiro: Fedrave, 1999.
[140] CARNEIRO, Luís Soares – "Teatros Portugueses de Raiz Italiana". vol II, p.817, nota 312.

transformavam-se nos promotores dos espaços de convívio locais: os salões, os clubes, as sedes e os quartéis eram os locais de reunião onde se concentravam os momentos de recreio e festividades[141]. Difundidos pelo país, primeiro pelos ideais republicanos e mais tarde pela política corporativista do Estado Novo, estes pequenos grupos associativos alcançam uma grande parte da pequena burguesia, do operariado e da população rural. Muitas vezes associava-se e esses edifícios a construção de um *bufete* ou de uma sala de espectáculos com espaço próprio: é o caso, entre vários, do edifício da sede do Club de Cernache do Bonjardim (1885), da Sociedade Harmonia em Santiago do Cacém (1875), da Sociedade Recreativa Ouriquense (1898) ou ainda do Teatro Club da Póvoa do Lanhoso, inaugurado em 1903 e doado por um proprietário local, que dividia o edifício com o quartel dos Bombeiros no piso térreo. De igual modo, já na década de 1930, construiu-se na Murtosa um edifício que integrava o Teatro, a sede dos Bombeiros, a sede dos Escuteiros, a Escola e a Junta de Freguesia.

Com o aparecimento dos espectáculos ambulantes de cinema estes locais ganham mais uma valência. Do mesmo modo, a iniciativa para a construção de equipamentos de recreio passa a centrar-se na construção de salas de espectáculos capazes de receber de forma permanente o cinema que se afirmava como uma actividade com forte desenvolvimento e que atraía grandes audiências. O preço relativamente barato das sessões permitia abranger um maior número de espectadores, tornando a exploração das salas de cinema uma actividade rentável[142].

Algumas das primeiras salas dedicadas ao animatógrafo são impulsionadas por grupos especializados, fotógrafos e empresários da distribuição e projecção cinematográfica, muitas vezes associados a comerciantes e investidores: é

---

[141] A participação na promoção de equipamentos de recreio por parte de vários grupos culturais e recreativos teve uma enorme repercussão no território nacional. L. Soares Carneiro dedica um capítulo da sua dissertação de doutoramento aos inúmeros teatros ligados a esses grupos que não tinham uma lógica comercial directa. Sobre o assunto cf. CARNEIRO, Luís Soares – "Teatros Portugueses de Raiz Italiana". vol. II, cap.XIV, p.687-835. Para o presente trabalho, não foram inventariadas as salas de espectáculos incluídas em clubes, sedes de associações, grémios ou sociedades recreativas.

[142] Segundo dados referidos por A.H. de Oliveira Marques, em 1924 um bilhete de plateia num cinema lisboeta de média categoria custava 2$00 e 3$00, menos de metade do correspondente preço num teatro popular. In MARQUES, A.H. de Oliveira (coord.) – "Portugal da Monarquia para a República". Lisboa: Editorial Presença, 1991. vol. XI de: Nova História de Portugal. Direcção de Joel Serrão e A.H. de Oliveira Marques. p.666.

o caso do Salão Ideal em Lisboa, a primeira sala instalada em exclusivo para a projecção de cinema em Portugal. Como refere Margarida Acciaiuolli, seja "pela evidente dificuldade de aquisição e manuseamento da técnica como também pelo imediato interesse de homens ligados a eventos similares" justifica-se porque, nesse período inicial, "electricistas como Costa Veiga, fotógrafos como João Freire Correia ou operadores como Bobone, se lançam na posse desta «máquina», apoiados muitas vezes num capitalista"[143]. Quando o cinema se afirma como uma actividade com algum prestígio encontram-se figuras como Lima Mayer, grande proprietário dos terrenos onde a Avenida da Liberdade foi aberta[144] ou o Conde de Sucena, proprietário do Palácio Foz na Praça dos Restauradores, na promoção das mais importantes salas: o Tivoli (1924) e o novo Éden Teatro, inaugurado em 1937. Localizado também em plena Avenida da Liberdade, o cinema S. Jorge (1950), que viria a afirmar-se como um das mais importantes salas de espectáculos da capital, é fruto do investimento de uma empresa britânica, a *Rank*, proprietária dos cinema da marca ODEON pela Europa e América.

Para os cinemas de bairro, a iniciativa ficava a cargo de comerciantes ou das associações desses mesmos bairros, à imagem das cidades de menores dimensões. Tal como acontecia nestas, a sua situação menos central parecia valorizar, à escala local, a sua importância social e também urbana.

Com o avançar no século XX, o ambiente cosmopolita das cidades é marcado pela existência dos seus equipamentos de recreio. Tal como os cafés, os casinos e os salões, os cinemas surgem como edifícios com autonomia tipológica e uma arquitectura de representação urbana que, em simultâneo, exigem requisitos técnicos e espaciais específicos para o programa a que se destinam. Em resposta a essa nova actividade de lazer "os cinemas eram edifícios especialmente construídos para cinemas. Não apenas a sua imagem arquitectónica mas também a sua localização tornavam-nos proeminentes na cidade e importantes referências no espaço urbano. Como importantes equipamentos

---

[143] BRITO, Margarida Acciaiuoli de – "Os Cinemas de Lisboa: fenómeno urbano do séc. XX" (texto policopiado). Lisboa: [s.n.], 1982. Dissertação de Mestrado em História de Arte apresentada à FCSH da UNL. p.77.

[144] Em 1917 é publicado um decreto que obrigava os proprietários de lotes na Avenida à sua ocupação. Sobre o assunto cf. BRITO, Margarida Acciaiuoli de – "Os Cinemas de Lisboa...". p.104-105.

urbanos, os cinemas localizavam-se nas principais ruas e praças e constituíam eles próprios importantes marcos de referência urbana"[145].

Em Lisboa, onde o fenómeno tem maior escala, o crescimento urbano da cidade é referenciado pela implantação desses novos equipamentos. Assiste-se, nas décadas de 1920 e 1930, à construção de novas salas de cinema, que se afirmam como as novas referências urbanas da cidade, acompanhando o crescimento e a afirmação de novas artérias ou bairros. Na Avenida da Liberdade, inauguram o Tivoli e o Capitólio; nos Restauradores, ao Coliseu, ao Olímpia e aos antigos teatros Condes, Politeama e Éden, junta-se o Ódeon; no Chiado, o S. Luís transforma-se em sala de cinema.

Até à década de 1920, o exclusivo das actividades de lazer lisboetas centrava-se na Baixa e no Chiado, onde se localizavam os clubes, os cafés e os teatros. A inauguração do Cinema Tivoli, com projecto de Raul Lino, em plena Avenida da Liberdade, foi um dos primeiros fenómenos que deslocou esse antigo centro da vida urbana e introduziu na ida ao cinema uma nova importância social. Como refere Margarida Acciaiuoli "se, na verdade, o novo cinema se situava fora do perímetro onde, ainda em 1924, se desenrolavam os hábitos citadinos, ele e a residência que lhe dera sentido, haveriam de alterar esses antigos limites de utência urbana, ao proporem (...) uma outra realidade espacial que no fundo não ultrapassava aquela que outrora fora ocupada (e definida) pelo Passeio Público"[146]. Propriedade de Frederico de Lima Mayer, a nova sala de cinema e festas, rapidamente adquiriu o estatuto de destaque na elegância e luxo dos espaços e no nível social da assistência que a frequentava. Seguindo os costumes que vinham da tradição do teatro e da ópera, "ir ao Tivoli, tornou-se então, numa realidade sociológica que não poderia ter mais a sua tradução literal (...) era simultaneamente ser visto nele, através dele e dos que ali se viam"[147].

Também os bairros menos centrais vêem a sua importância afirmada pela construção da *sua* sala de cinema: o Trianon Palace ou Palácio no Arco do Cego, o Lys na Avenida Almirante Reis, o Europa e o Paris em Campo de Ouri-

---

[145] TEIXEIRA, Manuel C. – Arquitectura e Cinema. In PORTUGAL. Cinemateca Portuguesa, Museu do Cinema – "Cinema e Arquitectura". Organização da Cinemateca Portuguesa. Colaboração de António Rodrigues. Lisboa: Cinemateca Portuguesa, Museu do Cinema, 1999. p.30.

[146] BRITO, Margarida Acciaiuoli de – "Os Cinemas de Lisboa...". p.114.

[147] BRITO, Margarida Acciaiuoli de – "Os Cinemas de Lisboa...". p.112.

que, o Promotora e o Palatino em Alcântara ou o Royal Cine na Graça[148]. Nas palavras de José Augusto França "um sinal da importância dos novos bairros, cujo desenvolvimento populacional exigia satisfação de lazeres, é-nos dado pelos cinemas que começaram, nos anos 30, a surgir fora do centro da cidade, já com os mínimos cuidados de arquitectura"[149].

Já na década de 1950 o Cine-Teatro Império, o Monumental e o Cinema Roma vão-se afirmar como edifícios quarteirão, que pontuavam a cidade nos novos locais de referência urbana, nas extensões para norte e nordeste.

Dentro do universo dos equipamentos de recreio, os cinemas ganham um enorme protagonismo substituindo, nas cidades e nos bairros, o papel dos Teatros enquanto grande equipamento de referência. É neste contexto que um grande número de pequenas e médias cidades de Portugal assistem, entre os anos de 1930 e 1960 ao surgimento de uma nova sala de espectáculos, de promoção privada, que invariavelmente se denominará de *Cine-Teatro*.

---

[148] Sobre de salas de cinema em Lisboa, cf., entre vários, BRITO, Margarida Acciaiuoli de – "Os Cinemas de Lisboa..."; RIBEIRO, M. Felix – "Os Mais Antigos Cinemas de Lisboa 1896-1939". Lisboa: Instituto Português de Cinema, Cinemateca Portuguesa, 1978.

[149] FRANÇA, José Augusto – "Lisboa: Urbanismo e Arquitectura". Instituto de Cultura e Língua Portuguesa, Ministério da Educação e Ciência, 1980. p.95.

CAPÍTULO 3

EVOLUÇÃO: ENQUADRAMENTO E MATERIALIZAÇÃO DO PROGRAMA «CINEMA»

3.1. A regulamentação da construção de salas de espectáculos

3.1.1. Os serviços técnicos da Inspecção dos Espectáculos

Em 1929 é criada, dentro do Ministério do Interior, através do Decreto nº 17.046 de 29 de Junho, a Inspecção-Geral dos Espectáculos (IGE), substituindo os serviços da Inspecção-Geral dos Teatros, existentes desde 1836[150]. Perante a visão oficial que considerava que "enquanto o teatro se debate numa crise que não só o tem feito desviar da sua função primordial educativa e de instrução como ameaça os interesses materiais da classe dos artistas, o cinema, que quase exclusivamente vive da indústria estrangeira, tem tomado extraordinário desenvolvimento sem contudo atender ao seu fim essencialmente moralizador, educativo e social"[151], a IGE é pensada como órgão de fiscalização e regulamentação de todos os serviços da indústria do espectáculo. Constituída por vários órgãos que organizam as várias tarefas de fiscalização, censura e registo, destaca-se o papel do Conselho Técnico a quem cabe apreciar todos os "projectos e memórias descritivas da construção, reconstrução ou alteração das casas e recintos destinados a espectáculos, de acordo com as normas regulamentares"[152].

Nesse mesmo ano, saem duas portarias do Ministério do Interior que obrigam a apresentação de certidões passadas pela IGE para a concessão de licença

---

[150] A Inspecção-Geral dos Teatros (IGT) é criada em 1836 no âmbito da Reforma do Teatro Nacional apresentada por Almeida Garrett que propunha também a edificação de um Teatro Nacional, que viria a ser inaugurado em 1846 com a designação de Teatro Nacional D. Maria II. Com a IGT é criado o primeiro órgão de inspecção na área dos Espectáculos, incluindo os recintos. Anos mais tarde, com a reformulação dos ministérios que se segue à Constituição de 1933, a própria IGE vai passar para a tutela do recém criado Ministério da Educação Nacional (Lei nº 1941 de 11 de Abril de 1936) passando a denominar-se apenas de Inspecção dos Espectáculos (IE).

[151] Preâmbulo. DECRETO nº 17:046 A. "Diário do Governo. I Série". nº 146. (29 de Junho de 1929).

[152] Artigo 7º. DECRETO nº 17:046 A. "Diário do Governo. I Série". nº 146. (29 de Junho de 1929).

de funcionamento ou de aprovação de projectos de construção de qualquer sala de espectáculos[153]. Em 1944, a já então denominada de Inspecção dos Espectáculos (IE), passa para a dependência do SNI[154] e, no ano seguinte, surgem dois novos decretos que, para além de redefinirem a constituição do Conselho Técnico e da Comissão de Censura reafirmam também que qualquer construção, modificação ou adaptação de qualquer sala de espectáculos depende da aprovação dos respectivos projectos pelo Conselho Técnico da IE[155]. Desta forma, a partir da década de 1930, a IE vai receber e apreciar todos os projectos relativos a construção ou alteração de qualquer recinto de espectáculos em Portugal. Segundo os dados oficias[156], entre 1945 e 1950, foram submetidos ao Conselho Técnico cerca de 1432 processos para apreciação de projectos de teatros, cinemas, praças de touros, esplanadas, campos de jogos, sociedades de recreio, salões de baile e construções ambulantes. Em 1953, contabilizam-se 12 empresas de teatro inscritas e em exploração, contra 322 dedicadas ao cinema.

Os requerimentos para o pedido de autorização da construção de uma nova sala de espectáculos, com o tipo de actividade discriminada, eram dirigidos ao Inspector dos Espectáculos e precediam o requerimento para a aprovação do projecto. Na realidade, a autorização para a construção de uma nova sala de espectáculos estava dependente da existência, na mesma localidade, de um outro recinto e da população que este iria servir. No caso da autorização ser concedida e de o projecto não dar entrada no período estipulado, se surgisse um novo requerimento, o anterior requerente era informado e era-lhe dado um prazo limite para a entrega do projecto, sob o risco de perder a autorização para o requerente seguinte. Tal procedimento estava na base do controlo,

---

[153] A Portaria nº 6501 de 26 de Novembro de 1929 determina que os Governos Civis e Administrações dos Concelhos não concedam licença de funcionamento de qualquer clube ou sociedade de recreio sem que os peticionários apresentem certidão passada pela Inspecção-Geral dos Espectáculos e a Portaria nº 6502 de 26 de Novembro de 1929 determina que as Câmaras Municipais não aprovem qualquer projecto de construção ou alterações relevantes a casas de espectáculos ou recintos de divertimentos sem que os requerentes apresentem certidão passada pela Inspecção-Geral dos Espectáculos.

[154] Artigo 5º do Decreto-lei nº 34.134 de 24 de Novembro de 1944 que regula o funcionamento interno do SNI.

[155] Decreto nº 34.590 de 11 de Maio de 1945 e Decreto nº 35.165 de 23 de Novembro de 1945, respectivamente.

[156] Dados retirados de PORTUGAL. Presidência do Conselho – "25 Anos de Administração Pública: Presidência do Conselho". Lisboa: Imprensa Nacional, 1953. p.62-63.

pela IE, do número e tipos de sala que se encontravam em funcionamento. A partir de 1959, estes procedimentos passam a ser regulamentados através do regime de *Condicionamento da Abertura de Salas de Cinema e Cine-Teatros*[157].

O papel da IE na fiscalização do processo de licenciamento e construção destes edifícios é fundamental para perceber o nível de controlo exercido não apenas do ponto de vista do cumprimento das regras de segurança, mas da própria concepção espacial e formal das salas de espectáculos. Vários dos desenhos que constituíam os processos que deram entrada nos serviços da Secção Técnica da IE[158] aparecem profundamente corrigidos e rasurados, com indicações que não se limitam aos aspectos relacionados com a segurança e o cumprimento das várias normas, nomeadamente a constituição da cabine de projecção, a localização dos depósitos de água ou dos locais destinados aos bombeiros. Muitas das propostas apresentadas pelas correcções dos técnicos da IE revelam a vontade de representação do Estado na imagem destes edifícios.

No caso do Cine-Teatro de Alcácer do Sal (fig.1), foram necessários sete aditamentos ao projecto de 1947 com alterações simplesmente nos alçados para dar resposta ao parecer da Secção Técnica da IE onde se pede a revisão destes "a fim de lhes fazer desaparecer o género industrial com que se apresentam e que não está de acordo com a finalidade a que a construção se destina"[159].

No processo do Cine-Teatro de São Brás de Alportel[160], os desenhos dos alçados surgem profundamente corrigidos, propondo uma ideia de simetria em relação à entrada na fachada principal, num gesto puramente formal na procura de uma imagem mais monumentalizante (fig.2). Também em Idanha-a-Nova, um parecer da Repartição de Estudos de Urbanização do MOP, em resposta ao ante-projecto do Cine-Teatro Avenida, refere a necessidade de "revisão dos alçados"[161].

---

[157] Cf. DECRETO-LEI nº 42.660. "Diário do Governo. I Série". (20 de Novembro de 1959) e DECRETO nº 42.661"Diário do Governo. I Série". (20 de Novembro de 1959).

[158] Esses processos, pelos menos os referentes aos recintos que ainda estão em funcionamento actualmente, encontram-se nos arquivos da Divisão de Recintos da Inspecção-Geral das Actividades Culturais (IGAC).

[159] IGAC, Processo nº 15.01.0001 "Cine-Teatro de Alcácer do Sal".

[160] IGAC, Processo nº 08.12.0001 "Cine-Teatro de São Brás de Alportel". Peças desenhadas do Projecto de licenciamento com carimbo de entrada na Secção Técnica da IE de 3.3.50.

[161] Parecer da Repartição de Estudos de Urbanização do MOP (23.5.1951). IGAC, Processo nº 05.05.0015 "Cine-Teatro Avenida, Idanha-a-Nova".

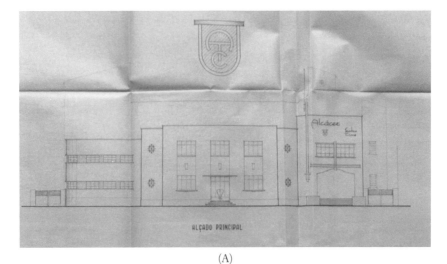

(A)

(B)

FIG. 1. Cine-Teatro de Alcácer do Sal. Alçado Principal. Projecto de licenciamento. 1947 (A); Aditamento. 1951 (B). [IGAC]. Autor: "Martins Júnior, Lda"

Por outro lado, desde 1927, ainda sobre a tutela da Inspecção-Geral dos Teatros, que se determina que qualquer inauguração ou reabertura de uma sala de espectáculos estava proibida sem que esta fosse previamente vistoriada[162]. Essas vistorias, determinantes para a emissão da licença de funcionamento, verificavam a execução da obra e o cumprimento das normas de segurança, determinavam a lotação máxima da sala, por vezes diferenciada para os diferentes tipos de espectáculos e descriminavam os lugares cativos para a fiscalização e as entidades oficiais[163].

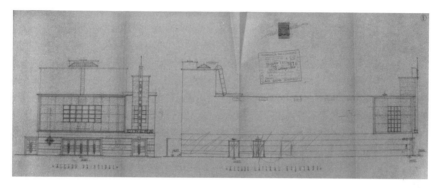

Fig. 2. Cine-Teatro de São Brás de Alportel. Alçados. Projecto de licenciamento. 1950. [IGAC]

No próprio ano em que foi criada, a IGE realiza um inquérito a nível nacional para reunir informação sobre os recintos de espectáculos existentes. Em resposta, chegam aos serviços técnicos, entre 1929 e 1930, inúmeros levanta-

---

[162] O artigo 86º do Decreto nº13.564 de 6 de Maio de 1927 define que "é proibida a inauguração de casas e recintos de espectáculos ou divertimentos públicos de qualquer natureza sem que previamente sejam vistoriados por uma comissão constituída pela autoridade administrativa ou seu delegado, por um representante da Inspecção-Geral dos Teatros e, nas terras onde tal seja possível, pelo delegado ou sub-delegado de saúde, por um arquitecto, por um engenheiro ou construtor civil e pelo comandante de bombeiros da localidade ou, não havendo, da povoação mais próxima". Cf. DECRETO nº 13:564. "Diário do Governo. I Série". nº 92. (6 de Maio de 1927).

[163] O Artigo 163º do Decreto nº13.564 de 6 de Maio de 1927, define o número e tipo de lugares a reservar para o Inspector-Geral dos Teatros e restantes elementos oficiais e de fiscalização que tinham direito a lugar cativo. Esses lugares tinham de constar na planta de lotação obrigatória nas salas de espectáculo, não podendo ser vendidos. Cf. DECRETO nº 13:564. "Diário do Governo. I Série". nº 92. (6 de Maio de 1927).

mentos desenhados de teatros existentes[164], alguns deles em funcionamento desde o séc. XIX, mas cujo processo ainda não tinha sido iniciado nos respectivos serviços de fiscalização. Entre inúmeros exemplos conta-se o Teatro Diogo Bernardes de Ponte de Lima, inaugurado em 1896, o Teatro da Mina de São Domingos (fig.3) ou o Teatro Oliveirense de Oliveira de Azeméis, datado de 1855 mas com registo de entrada na IGE em 1929 com a entrega da *Memória Descritiva sobre o Cine-Teatro Oliveirense* acompanhada do *Projecto do Teatro Oliveirense*[165]. Este processo de actualização, a par com os pedidos de exploração da actividade cinematográfica em recintos já existentes, inicia uma série de novas vistorias para reconhecimento desses locais.

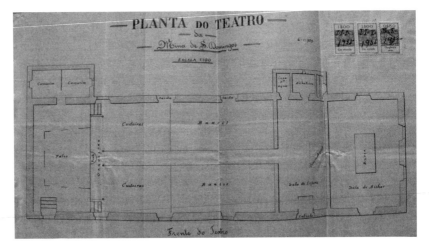

FIG. 3. Teatro da Mina de São Domingos. Planta. 1929. [IGAC]

---

[164] Em resultado desta medida, muitos destes desenhos são o registo mais antigo de inúmeras salas de espectáculos existentes em Portugal desde o séc. XIX, alguns dos quais cuja data de construção e autoria permanecem desconhecidos. Na sua tese de doutoramento L. Soares Carneiro faz várias referências ao Inquérito aos Teatros Portugueses realizado pela IGE em 1929. Cf. CARNEIRO, Luís Soares – "Teatros Portugueses de Raiz Italiana" (texto policopiado). Porto: [s.n.], 2002. Tese de Doutoramento em Arquitectura apresentada à FAUP.

[165] IGAC, Processo nº01.13.0001, "Cine-Teatro Caracas – Oliveira de Azeméis".

Em resultado, a própria acção fiscalizadora da IE originava a abertura de uma série de novos procedimentos. As vistorias efectuadas às salas de espectáculos já existentes para verificação das instalações eléctricas associadas à instalação de cabines de projecção[166] e das normas de segurança introduzidas pelo Decreto nº 13.564 de 1927 decretaram o encerramento de vários recintos de espectáculos e consequente abertura de processos de alterações que muitas vezes acabavam em novos edifícios. Um dos casos mais emblemáticos é o do antigo Éden Teatro, inaugurado em 1915 nos Restauradores em Lisboa que, localizado num primeiro andar e sem saída directa para a rua, foi mandado encerrar em 1928 face à nova legislação, dando origem, anos mais tarde, ao novo Éden Teatro, projecto da autoria de Cassiano Branco[167].

A fim de obterem licença de exploração cinematográfica, várias salas de teatro existentes, quer em Lisboa quer nas restantes localidades do país, apresentaram junto da IE *Projectos de Adaptação a Cinematógrafo*, que se limitavam a apresentar o projecto para a instalação da cabine de projecção, segundo a nova legislação. Com este processo, e após as respectivas vistorias da IE, muitas das antigas salas existentes, passaram a denominar-se, também elas, de Cine-Teatros. Foi o que sucedeu ao Teatro António Pinheiro de Tavira em 1930, ao Teatro Tasso da Sertã (fig.4), em 1937, ao Teatro Diogo Bernardes de Ponte de Lima, em 1938, ao Teatro Stephens da Marinha Grande, em 1933, que poucos anos mais tarde foi mandado encerrar e procedeu a obras totais do edifício, sobre a estrutura do existente, ou ao Teatro Farense, já com cabine instalada, que em 1931 apresenta um pedido de alterações na cabine para ser instalado o cinema sonoro, "satisfazendo as condições impostas pelos decretos 11.462 de 22 de Fevereiro de 1926 e 13.564 de 6 de Maio de 1927"[168].

A verdade é que no final da década de 1920 muitas casas de espectáculos funcionavam já com a denominação de Cine-Teatros pelo simples facto

---

[166] Definidas no Decreto-lei nº 11.462 de 22 de Fevereiro de 1926 e Decreto-lei nº 22.047 de 29 de Dezembro de 1932.

[167] Devido à existência de estabelecimentos comerciais no piso térreo, o novo edifício tem ainda de lidar com a falta de contacto com a rua em toda a extensão do lote, dificultando o sistema de acessos a partir da rua. Sobre o processo da adaptação do antigo Éden Teatro a Cine-Teatro cf. BRITO, Margarida Acciaiuoli de – "Os Cinemas de Lisboa: fenómeno urbano do séc.XX" (texto policopiado). Lisboa: [s.n.], 1982. Dissertação de Mestrado em História de Arte apresentada à FCSH da UNL. p.162-174.

[168] Requerimento de 9 de Outubro de 1931. IGAC, Processo nº 08.05.0001 "Cine-Teatro S. António".

de incluírem nas suas programações a projecção cinematográfica, ainda que esporádica. Na resposta a um outro inquérito, realizado pela revista *Cinéfilo* entre 1928 e 1929[169], pode-se depreender que existiam recintos a funcionarem como cinemas, alguns deles sob a designação de Cine-Teatro, em mais de 100 localidades no país apesar de alguns se limitarem a simples barracões de madeira ou zinco. A acção da IE vai por um lado reduzir o número de estabelecimentos com licença de funcionamento e, em simultâneo, obrigar a que aqueles que se mantêm abertos ao público, cumpram as normas de segurança, de construção e de instalações técnicas.

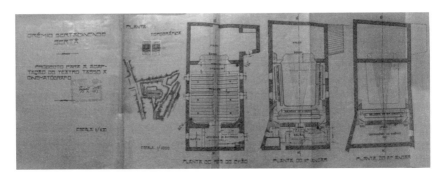

FIG. 4. Teatro Tasso, Sertã. Projecto de Adaptação a Cinematógrafo. 1937. [IGAC]

Por outro lado, muitas das salas existentes que encerraram pelo não cumprimento das normas de segurança ou por vontade de ampliação da lotação ou de instalação de novos sistemas eléctricos e aparelhagens de projecção do cinema sonoro, como o Teatro Rosa Damasceno de Santarém, o Teatro Luísa Todi de Setúbal ou o Teatro Virgínia em Torres Novas, entre vários, acabaram por dar origem, ao longo das décadas seguintes, aos novos Cine-Teatros, que mantendo ou não a localização, recuperam o nome das anteriores salas.

---

[169] Inquérito realizado junto dos leitores intitulado "Os cinemas de Província" in "Cinéfilo". Direcção de Avelino de Almeida. Lisboa: Sociedade Nacional de Tipografia (SNT), ano I-II, nº16-28. (ver cap. 1.2).

Comparando o levantamento dos Teatros apresentado por Sousa Bastos em 1908[170] com a listagem das salas com exibição cinematográfica compilada no Anuário Cinematográfico Português editado em 1946[171], muitos dos nomes são semelhantes, apenas antecedidos do prefixo *Cine*. Na realidade, tratando-se ou não do mesmo edifício, a manutenção do nome e/ou do local é uma tradição constante, por homenagem ou por memória, na substituição dos anteriores espaços que se foram tornando obsoletos ou simplesmente pequenos.

A IE, através dos serviços da Secção Técnica, desempenhou assim um papel centralizador no licenciamento e na fiscalização de todos os recintos de espectáculos construídos a partir da década de 1930, em Portugal[172]. O seu papel regulador sobre a construção e gestão das salas de espectáculos será em grande parte fruto da aplicação da nova legislação de 1927 que reúne e define as regras de construção e de segurança para as salas de espectáculos.

3.1.2. 1927-1959: os reflexos do Decreto nº 13.564

Em Maio de 1927 é promulgado o Decreto nº 13.564 que reúne, no mesmo documento, uma série de disposições relativas aos espectáculos em geral mas também à construção, reconstrução e alteração dos recintos a eles destinados[173]. Os princípios aí definidos são fundamentais na formalização dos edifí-

---

[170] BASTOS, António de Sousa – "Dicionário de teatro português". Coimbra: Minerva, 1994. Edição fac-simile de Lisboa: Imprensa Libanio da Silva, 1908. p.309-375.

[171] "Anuário Cinematográfico Português: relativo às épocas 1943/1946 e 1944/1945". Direcção de Cunha Ferreira. Lisboa: Gama, 1946. p.177-215.

[172] Em 1979, com o Decreto lei nº 489-C/79 de 21 de Dezembro que define a aprovação da lei orgânica do Ministério da Cultura e da Ciência, as funções relativas à inspecção dos espectáculos e divertimentos públicos e dos recintos a eles destinados ficam integrados na Direcção Geral dos Espectáculos (DGE). Em 1995, com a publicação do Decreto-lei nº 315/95 a DGE deixa de ter actuação no licenciamento de recintos de espectáculos que passa, pelo Decreto-lei nº 80/97 para a Inspecção-Geral das Actividades Culturais (IGAC).

[173] O Decreto nº 13.564, publicado no Diário do Governo, I série, nº 92 de 6 de Maio de 1927 para além das disposições relativas às salas de espectáculo, determina a constituição e funcionamento da Inspecção-Geral dos Teatros e tem secções dedicadas a vários temas: atribuições policiais, Conselho Teatral, vistorias, actividade de empresas, artistas e autores, contratos, distribuição de filmes, vigilância contra incêndios, espectadores, reserva de lugares e venda de bilhetes. A secção de dedicada às salas de espectáculos integra grande parte do *Regulamento Geral de construção, reconstrução ou alterações de casas destinadas a espectáculos públicos* que havia sido publicado no Decreto nº 11.091 de 18 de Setembro de

cios a partir de então. Segundo Luís Soares Carneiro, este "é o grande decreto que vai modelar e instituir os Cine-Teatros"[174].

Relativo a todas "as casas ou recintos destinados a espectáculos públicos", nomeadamente "teatros, animatógrafos, salões de baile e de música, praças de touros, hipódromos, campos de jogos e estádios", o decreto ocupa grande parte do seu texto com determinações relativas às salas de espectáculos aplicáveis aos Teatros e aos Cine-Teatros. No entanto, a realidade é que a partir dessa data Portugal não vê surgir nenhuma sala exclusivamente dedicada ao teatro e daí que grande parte da aplicabilidade da nova legislação seja dirigida para a construção dos Cine-Teatros, as salas de cinema que conjugavam o mesmo espaço com os requisitos técnicos do teatro. A própria descrição geral do tipo de peças que compõem o processo de licenciamento, de aprovação obrigatória por parte da então Inspecção-Geral do Teatros, está claramente vocacionado para este tipo de recintos que integravam as duas componentes: refere-se ao "palco", "camarins e mais dependências", "coxias e número de lugares destinados aos espectadores" e à "construção e colocação de cabines"[175].

De um modo geral, o novo decreto introduz as regras que vão estar na base da construção de destes edifícios: o uso de materiais incombustíveis, que associa a construção das salas de cinema e Cine-Teatros ao uso do betão armado; a localização e dimensionamento das saídas em função da lotação, que obriga, na maioria dos casos, à localização em lotes com acesso a mais do

---

1925. Cf. DECRETO nº 13:564. "Diário do Governo. I Série". nº 92. (6 de Maio de 1927) e DECRETO nº 11:091. "Diário do Governo. I Série". nº 200. (18 de Setembro de 1925).

[174] CARNEIRO, Luís Soares – "Teatros Portugueses de Raiz Italiana". vol. II, p.1222.

[175] O Artigo 20º determina que o projecto a entregar na Inspecção-Geral dos Teatros, acompanhado do respectivo requerimento, deveria ser constituído pelas seguintes peças: "planta topográfica na escala de 1:1000 e num raio de 100m do local em que se pretende realizar a construção; plantas na escala de 1:100 das fundações, coberturas e pavimentos, assim como do palco e suas dimensões, colocação dos subterrâneos, camarins e mais dependências, devendo também indicar as coxias e o número de lugares destinados aos espectadores; alçados na escala de 1:100; cortes necessários para a compreensão do projecto na escala de 1:100; detalhes das principais peças arquitectónicas e de construção numa escala de 1.20; planta de distribuição dos esgotos e bocas de incêndio, na escala de 1:100; memória descritiva e justificativa". O nº2 do mesmo artigo ressalva que "Quanto à montagem de instalações eléctricas, construção e colocação de cabines, proceder-se há de harmonia com o disposto no Decreto nº 11:462 de 22 de Fevereiro de 1926". DECRETO nº 13:564. "Diário do Governo. I Série". nº 92. (6 de Maio de 1927).

que um arruamento, a limitação da totalidade do edifício ao uso exclusivo, não autorizando a localização de salas de espectáculos em edifícios mistos e a distinção física entre as zonas públicas e as zonas técnicas que vai ter enormes repercussões na organização e imagem exterior dos Cine-Teatros.

Em relação ao primeiro ponto, o decreto, não se referindo directamente ao uso do betão armado, indica que "o edifício será construído com materiais incombustíveis"[176]. Num momento em que começava a vulgarizar-se a utilização das estruturas em betão armado[177] e num tipo de edifícios onde as dimensões estruturais eram relativamente exigentes, esta referência tornou indispensável a utilização do betão armado na construção das salas de espectáculo. João Vieira Caldas vai mais longe e afirma que "os cinemas podem mesmo ter dado um contributo significativo na sua difusão, já que a nova legislação do final dos anos vinte obrigava as salas de espectáculo a utilizarem estruturas de betão armado, tendo mesmo, por questões de segurança, proibido a continuação de funções dos espaços existentes, muitas vezes meros barracões de madeira que ardiam constantemente"[178].

Na realidade, eram frequentes os casos de incêndios nas antigas salas de teatro e nos animatógrafos ambulantes, instalados em locais públicos. Um dos mais graves foi o do Teatro Baquet, inaugurado no Porto em 1859 num lote situado entre a Rua de Santo António e a Rua Sá da Bandeira e destruído num incêndio de grandes proporções em 1881[179]. Foi também o que sucedeu

---

[176] Artigo 31º, Decreto nº 13:564. Também, no ponto 7 do artigo 20º refere-se que a memória descritiva que acompanha o projecto deverá incluir os "cálculos de resistência das principais peças da sua estrutura (que serão sempre de natureza incombustível)". DECRETO nº 13:564. "Diário do Governo. I Série". nº 92. (6 de Maio de 1927).

[177] Em 1918 são aprovadas pelo Decreto nº 4.036 de 28 de Março as "Instruções regulamentares para o emprego do betão armado" lançando as bases técnicas para a utilização corrente dessa nova tecnologia. Em 1935 são substituídas pelo "Novo Regulamento do Betão Armado", publicado no Decreto nº 25.948 de 16 de Outubro de 1935.

[178] CALDAS, João Vieira – Fragmentos de um discurso moderno. In SEMINÁRIO DOCOMOMO IBÉRICO, 3, Porto, 2001 – "Cultura: origem e destino do Movimento Moderno. Equipamentos e infra-estruturas culturais. 1926-1965": actas. p.99.

[179] Segundo L. Soares Carneiro, no rescaldo deste incêndio são publicados no Diário do Governo os resultados de uma vistoria às condições de segurança dos teatros do Porto que tinha sido realizada por uma Comissão especificamente criada anos antes e é organizada uma nova Comissão de Inspecção que apresenta um Regulamento que, ainda que publicado em Diário do Governo, não chega a funcionar como lei. Cf. CARNEIRO, Luís Soares – "Teatros Portugueses de Raiz Italiana". vol. II, p.610.

ao antigo Real Teatro de São João que deu lugar ao Teatro de São João projectado por Marques da Silva ou ao Teatro D. Amélia de Lisboa, em 1914, depois reconstruído e denominado de Teatro S. Luís.

Apesar da aplicação deste requisito coincidir com alguma sistematização na utilização do sistema construtivo em betão armado, uma grande parte das construções de Cine-Teatros acabaria por optar por um sistema misto com paredes portantes em alvenaria de pedra e apenas elementos como a laje dos pisos superiores, o balcão, as escadas, a cabine de projecção ou o depósito de água em betão. A cobertura da sala era vulgarmente construída com estrutura metálica e revestida a telha ou a placas de fibrocimento do tipo *Lusalite*, também incombustível.

Para além do inovador projecto do Capitólio, inaugurado em 1931 e que "representa a primeira utilização do sistema pilar-viga aplicado a um edifício não industrial"[180], só a partir da década de 1940 se começa a generalizar a construção destes equipamentos num sistema total de estrutura porticada em betão armado com o preenchimento dos vãos em alvenaria. Um exemplo é o edifício do Cinearte, sala de cinema localizada em Lisboa com projecto de arquitectura de Raul Rodrigues Lima e de estruturas de Ângelo Ramalheira. A cumplicidade entre a concepção espacial e estrutural do edifício revela-se na apresentação conjunta do projecto na revista *A Arquitectura Portuguesa e Cerâmica e Edificação*[181]. Aqui descreve-se a organização do edifício e o sistema construtivo em estrutura porticada de betão armado com o recurso a consolas tipo viga *Vierendeel*. A introdução das capacidades estruturais do betão na concepção espacial e formal dos edifícios permitia o desenho dos balcões sem apoio intermédio, de palas e volumes em consola e de grandes vãos nos alçados, preenchidos a panos de vidro.

De um modo geral, são os critérios de segurança que estão na base do conjunto das novas determinações regulamentares, em especial as referentes à localização e condições de construção dos edifícios de espectáculos. Eram também determinados uma série de outros procedimentos relativos ao funcionamento dos edifícios, nomeadamente na vigilância contra incên-

---

[180] Sobre o sistema construtivo desenvolvido com o Engenheiro Bellard da Fonseca, cf. TOSTÕES, Ana Cristina – "Cultura e tecnologia na Arquitectura Moderna Portuguesa" (texto policopiado). Lisboa: [s.n], 2002. Tese de doutoramento em Engenharia do Território apresentada ao IST da UTL. p.173 e 174.

[181] "A Arquitectura Portuguesa e Cerâmica e Edificação: revista mensal técnica industrial e edificação". Lisboa: 3ª série, ano XXXIII, nº 61 (Abril 1940).

dios (com as inspecções do corpo de bombeiros e a permanência do piquete durante os espectáculos) e na utilização por parte dos espectadores e das empresas exploradoras.

O próprio enquadramento urbano dos edifícios fica condicionado com as determinações relativas ao "número de fachadas de saída" em função da lotação: para uma lotação inferior a 500 lugares, a sala de espectáculos pode ter apenas uma fachada orientada para a via pública desde que tenha, pelo menos oito metros; com uma lotação superior a 500 lugares é obrigatória a existência de "duas fachadas para ruas diferentes, podendo uma, com 8 metros, pelo menos, de largura, ser privativa a outra pública e nas condições indicadas"[182].

Deste modo, é frequente encontrar Cinemas e Cine-Teatros, localizados em gavetos, em frentes de praça ou mesmo em lotes isolados, ocupando um lugar de destaque na malha urbana. Para dar cumprimento a esta nova regra, tornava-se quase impossível a localização de um destes recintos em frente urbana contínua, sem recorrer à abertura de um acesso privativo lateral, com características de rua, até porque era ainda necessário um acesso directo à zona de palco e camarins, independente do acesso público[183]. Todas as dimensões dos acessos, escadas, corredores e das portas de saída para o exterior eram definidos em função do número de utentes[184]. Para melhor controlar a distância da sala à saída, evitando a sua localização em pisos muito elevados ou em caves, determina-se que "os pavimentos destinados ao público não podem estar abaixo do nível da rua pelo qual o edifício tiver as sua principais entradas e o pavimento da plateia não pode estar acima do mesmo nível mais de 2 metros"[185].

No entanto, o decreto também teve reflexos directos na configuração dos Cine-Teatros enquanto equipamento urbano, nomeadamente com a dispo-

---

[182] Artigo 24º. DECRETO nº 13:564. "Diário do Governo. I Série". nº 92. (6 de Maio de 1927).

[183] Artigo 67º. DECRETO nº 13:564. "Diário do Governo. I Série". nº 92. (6 de Maio de 1927).

[184] "As portas de saída para o exterior hão-de ser distribuídas por todas as ruas confinantes e calculadas no mínimo de 80 centímetros de largura por cada 100 espectadores, não podendo ter uma largura inferior a 2 metros e sendo obrigatória uma porta de saída para cada 250 pessoas ou fracção deste número" e "a largura das comunicações (escadas e corredores) terá por base um mínimo de 1,50m por cada grupo de 250 pessoas". Cf. Artigos 33º, 34º e 35º. DECRETO nº 13:564. "Diário do Governo. I Série". nº 92. (6 de Maio de 1927).

[185] Artigo 32º. DECRETO nº 13:564. "Diário do Governo. I Série". nº 92. (6 de Maio de 1927)

sição que proibia, "dentro dos edifícios destinados a espectáculos públicos, a existência de quaisquer estabelecimentos ou instalações estranhas à sua exploração, excepto botequins, venda de tabacos, flores, bombons, jornais ou congéneres, em dependências apropriadas"[186]. Nesse sentido, a nova legislação implicou a construção de edifícios exclusivamente dedicados a Cinema ou Cine-Teatros, enquanto que nas restantes cidades da Europa surgem, desde cedo, os cinemas a ocupar a cave ou o rés-do-chão de edifícios mistos. A única excepção era a localização dos salões de festas ou dos *bufetes* anexos aos edifícios principais que, muitas vezes tinham acessos independentes e directos à rua, permitindo o seu uso autónomo mas usufruindo da dinâmica e da centralidade destes equipamentos.

Margarida Acciaiuoli considera que, pela falta de flexibilidade que impunha, "a proibição da construção de salas em edifícios de funcionalidade mista (fosse ela a habitação ou outro qualquer comércio) mostrava-se desde finais da década de vinte completamente obsoleta"[187]. Em contraponto, no centro da cidade de Madrid, em 1933, inaugura o emblemático edifício Carrión, que incluía entre os pisos de escritórios, habitação e comércio, uma moderna sala de cinema, o Cinema Capitol.

Em 1946, num artigo publicado no "Anuário Cinematográfico", Fernando Fragoso responsabiliza esta medida de incrementar os custos de construção de uma sala de cinema e de não contribuir, nesse sentido, para o aumento do número de salas no país e consequente desenvolvimento do cinema nacional. Nas suas palavras, "em Portugal, as exigências que pesam sobre a construção de salas de cinema são quase proibitivas. Enquanto lá fora, as salas cinematográficas funcionam no rés-do-chão de grandes imóveis – no nosso país só são permitidas as salas funcionando em edifício próprio, que não pode ser utilizado para outras instalações. (...) Ora se formos a Paris, a Londres, a Madrid ou a Barcelona veremos que são raríssimos os cinemas em cujos prédios não há escritórios, hotéis, casas de habitação (...) e nem por isso as salas deixam de oferecer garantias para o público e restantes locatários"[188].

Em relação à organização interna do edifício, determinam-se uma série de regras sobre a disposição da sala (cadeiras, coxias e orquestra) e do palco

---

[186] Artigo 26º. DECRETO nº 13:564. "Diário do Governo. I Série". nº 92. (6 de Maio de 1927).

[187] BRITO, Margarida Acciaiuoli de – "Os Cinemas de Lisboa...". p.163.

[188] FRAGOSO, Fernando – Criação de mais cinemas e melhoramentos dos actuais. In "Anuário Cinematográfico Português...". p.58.

(dispositivos técnicos, caixa de palco e sub-palco, *foyer* de artistas e camarins) e respectivos materiais de construção. Define-se que "os edifícios de teatro compõem-se de três partes distintas, as duas primeiras destinadas ao público e a última aos trabalhadores cénicos: a primeira compreende o vestíbulo e seus anexos, a segunda a sala de espectáculos e seus acessórios e a terceira o palco abrangendo camarins, arrecadações e demais dependências", devendo "as primeiras duas partes do teatro ser completamente isoladas da terceira" com excepção "da abertura do proscénio"[189]. A separação entre a sala de espectáculos e a zona do palco era feita através da existência de uma parede isoladora em ferro que deveria elevar-se um metro acima da cobertura do edifício.

O reflexo desta relação entre palco e sala é determinante na volumetria e esquema estrutural característicos dos Cine-Teatros: "dois corpos perfeitamente distintos, com saídas independentes e divididos entre si por uma parede de betão: de um lado a sala, o *foyer*, corredores, escadarias e dependências; do outro lado, o palco, os camarins e anexos"[190].

A Cabine de Projecção, remetida para a legislação de Instalações Eléctricas das Salas de Espectáculos definida no Decreto lei nº 11.462 de 22 de Fevereiro de 1926 passa a ser obrigatoriamente construída em materiais incombustíveis, com ventilação directa e complementada por um compartimento anexo e independente, destinado ao enrolamento de fitas denominado de cabine de enrolamento e por um posto de vigia dos bombeiros. A localização deste conjunto de compartimentos será, na sua relação com o balcão, fundamental na organização interna das salas e dos acessos aos pisos superiores: na sua maioria vão-se situar ao fundo da sala, acima do balcão ou entre este e a geral.

Estas premissas, comuns a todos os Cine-Teatros construídos até à década de 1960, reflectem-se directamente na distribuição funcional destes edifícios. Na realidade, o Decreto nº 13.564 regulamentou a construção dos Cine-Teatros durante trinta anos. Apenas em 1959 foi revogado com a publicação do Decreto-lei nº 42.660[191].

---

[189] Artigos 27º e 28º. DECRETO nº 13:564. "Diário do Governo. I Série". nº 92. (6 de Maio de 1927).

[190] BRITO, Margarida Acciaiuoli de – "Os Cinemas de Lisboa...". p.166.

[191] O Decreto-lei nº 42.660 integra dois regulamentos publicados no Decreto nº 42.661 e nº 42.662: o Regulamento dos Espectáculos e Divertimentos Públicos e o Regulamento das Condições Técnicas e de Segurança dos Recintos de Espectáculos e de Divertimentos. Cf. DECRETO-LEI nº 42 660. "Diário do Governo. I Série". (20 de Novembro de

A alteração estrutural da nova legislação reside numa medida relativa às condições para a abertura de novas salas de cinema e Cine-Teatros. Enquanto se promove, com o contributo dos Cine-Teatros, o aumento do número de palcos para a actividade teatral e o auxílio que estes "são susceptíveis de prestar, conjuntamente, ao fomento de manifestações artísticas ainda pouco frequentes entre nós, como os concertos musicais e os bailados artísticos"[192], apresenta-se o regime de *Condicionamento para a construção e reabertura dos recintos de cinema e Cine-Teatros*. Elaborado por uma comissão criada para o efeito, este regime tinha por objectivo evitar "o excesso de lotação de recintos de cinema em relação às necessidades locais"[193] e, consequentemente o que era considerado como "investimento inútil"[194].

O aumento do número de palcos era impulsionado pelo fim da proibição da instalação de recintos de espectáculos em edifícios mistos. Dando razão aos argumentos apresentados em 1946 por Fernando Fragoso, aceita-se agora que "a prática é corrente noutros países e as cautelas exigidas quanto às condições técnicas e de segurança dos recintos permitem a sua adopção entre nós sem quaisquer receios"[195]. A aposta era essencialmente vocacionada para as "localidades em que, pela sua diminuta população, não era economicamente viável a construção de um recinto dentro dos condicionalismos até aqui vigente"[196].

Em contraponto, a fim de evitar "o surto de construções de novos cinemas (...) sobre localidades onde já existam recintos de capacidade mais que suficiente para a respectiva população"[197], o regime impôs que "a instalação de novos recintos de Cinemas ou Cine-Teatros e a reabertura daqueles que

---

1959); DECRETO nº 42 661"Diário do Governo. I Série". (20 de Novembro de 1959) e DECRETO nº 42 662"Diário do Governo. I Série". (20 de Novembro de 1959).

[192] Nº8 do preâmbulo. DECRETO-LEI nº 42 660. "Diário do Governo. I Série". (20 de Novembro de 1959).

[193] Artigo 21º. DECRETO nº 42 661"Diário do Governo. I Série". (20 de Novembro de 1959).

[194] Nº4 do preâmbulo. DECRETO-LEI nº 42 660. "Diário do Governo. I Série". (20 de Novembro de 1959).

[195] Nº3 do preâmbulo. DECRETO-LEI nº 42 660. "Diário do Governo. I Série". (20 de Novembro de 1959).

[196] Nº3 do preâmbulo. DECRETO-LEI nº 42 660. "Diário do Governo. I Série". (20 de Novembro de 1959).

[197] Nº4 do preâmbulo. DECRETO-LEI nº 42 660. "Diário do Governo. I Série". (20 de Novembro de 1959).

estiveram encerrados durante mais de dois anos dependem de autorização da Presidência do Conselho, sob parecer da Comissão de Condicionamento de Recintos de Cinema"[198]. Desse modo, a autorização para a instalação de novos Cine-Teatros dependia, do número de habitantes e de recintos existentes por localidade, bem como da relação entre o número de espectáculos realizados e da sua frequência. Eram também considerados factores como a importância das localidades, localização dos recintos e das condições locais e seus movimentos turísticos.

Cada vez que um requerimento para a autorização de reabertura ou construção de um novo Cinema ou Cine-Teatro dava entrada na Inspecção dos Espectáculos, competia ao Grémio Nacional das Empresas de Cinema, informar as empresas proprietárias e exploradoras de recintos semelhantes na mesma localidade, que se poderiam pronunciar. O documento comprovativo da autorização para a instalação de um novo recinto passa a fazer parte dos documentos a entregar no pedido de aprovação do projecto.

A nova legislação mantém a obrigatoriedade da emissão da Licença de Recinto, que passa agora a ser emitida anualmente, havendo a possibilidade de emissão de licenças provisórias. A nova Licença de Recinto, emitida após a respectiva vistoria, é obrigatória para o funcionamento de qualquer recinto e para a realização de espectáculos ou divertimentos públicos. A emissão das Licenças de Recinto a partir desta data, actualiza os dados referentes a todos os recintos, nomeadamente a classificação da categoria do recinto, a sua lotação ou o tipo de espectáculo autorizado: cinema ou cinema e teatro. Fica, desta forma, definido superiormente por via do programa, a distinção oficial dos edifícios entre Cinemas e Cine-Teatros.

Independentemente da aplicação do regime de Condicionalismo para os Cinemas e Cine-Teatros, o fim da proibição da construção destes recintos em edifícios mistos deu origem ao aparecimento de salas de cinema em caves ou o rés do chão de edifícios de comércio e habitação. Tal como se previa, este impulso sentiu-se essencialmente em Lisboa e nas grandes cidades, onde já havia outras salas, dando origem aos *cine-estúdios* ou às *multi-salas*. A construção de cinemas integrados em edifícios de outra natureza que apenas necessitavam de uma sala e de um átrio prescindido de uma fachada urbana ou a adaptação das antigas salas em vários espaços menores seguiu os exemplos de

---

[198] Artigo 15º. DECRETO-LEI nº 42 660. "Diário do Governo. I Série". (20 de Novembro de 1959).

rentabilização e sobrevivência que vinham de França e de Inglaterra a partir dos anos 60[199].

Iniciou-se, assim, "uma tendência que alterou profundamente a relação dos cinemas com a cidade. Localizados em caves ou partes de casa, os cinemas deixaram de ser referências urbanas, foram-se os grandes cartazes que faziam parte da própria paisagem da cidade (...). Tornaram-se invisíveis, fundamentalmente funcionais, fornecedores de um serviço"[200].

3.2. *Arquitecturas para o cinema*[201]: resposta ao novo programa

Durante a década de 1920, o cinema adquire uma independência funcional como espectáculo e entra em definitivo nos novos hábitos urbanos de lazer, "torna-se pouco a pouco um vício. Proporciona muitos prazeres e é muito barato"[202]. Nesse momento, definem-se as suas necessidades programáticas específicas que vão exigir uma materialização arquitectónica própria.

As primeiras experiências de autonomia tipológica reduzem-se a simples salas construídas em edifícios sem qualquer requisito próprio, com uma frente urbana indistinta e onde se organizavam, num espaço amplo, umas filas de cadeiras e um fundo branco ou, mais recorrentemente, seguem o modelo e a imagem dos teatros de cena à italiana. Margarida Acciaiuoli reconhece que "encarado como uma curiosidade de feira, deixado ao abandono de incipientes distribuidores (...) o cinema em Portugal não se podia fazer traduzir imediatamente em edificações fora dos quadros em que era entendido. Por outro lado, a pesada herança de uma arquitectura local" reduzia a "teatros, barracões de feira e agenciamentos improvisados em salões pré-existentes" as primeiras experiências de "sedentarização do cinema"[203].

---

[199] Sobre o assunto Cf. SEABRA, Augusto M. – Cinemas: do maxi o mini. "Expresso. Revista". (15 de Novembro 1986). p.13R-17R.

[200] TEIXEIRA, Manuel C. – Arquitectura e Cinema. In PORTUGAL. Cinemateca Portuguesa, Museu do Cinema – "Cinema e Arquitectura". Organização da Cinemateca Portuguesa. Colaboração de António Rodrigues. Lisboa: Cinemateca Portuguesa, Museu do Cinema, 1999. p.32.

[201] Expressão utilizada por Josep Maria Montaner referindo-se "à necessidade de abordar uma nova tipologia urbana: os cinemas". In MONTANER, J. Maria – Revitlización de la arquitectura moderna: fragilidad y precisión funcional. In SEMINÁRIO DOCOMOMO ... – "Cultura: origem e destino...". p.202.

[202] "Como se ia ao cinema há 25 anos?", Entrevista de Eduardo Frias. "Ilustração". Direcção de João da Cunha de Eça. Lisboa: Bertrand, nº 1, ano 5 (1930). p.39.

[203] BRITO, Margarida Acciaiuoli de – "Os Cinemas de Lisboa...". p.213.

O interesse crescente no novo espectáculo sustentado pela passagem de pequenas sessões a filmes com enredo próprio e, principalmente, pelo aparecimento do cinema sonoro impõe, de modo definitivo, a independência funcional do cinema de tal modo que, em 1930, a lotação das salas de cinema de Lisboa ultrapassa já a dos teatros[204]. Em simultâneo com este fenómeno eram definidas normas técnicas em resposta a uma preocupação sobre a segurança e exploração dos espaços e sobre as técnicas e condições de projecção dos filmes. Consequentemente, surgem as primeiras teorizações sobre o espectáculo e sobre as suas necessidades tipológicas, quando até aqui se limitava a receber o modelo das várias arquitecturas de espectáculo, com destaque para o teatro, sem criar uma referência própria.

Segundo Francis Lacloche "a partir de 1920, as primeiras teorias sobre a concepção geral das salas sucedem-se, (...) nas revistas de arquitectura, nos livros e em conferências"[205]. Neles defende-se que, tendo em consideração as questões da melhor visibilidade, nos cinemas "deve ser abandonada a forma de ferradura dos teatros, absolutamente imprópria, e deve-se adoptar como forma geral o rectângulo com o écran num dos lados menores. Mas, a forma convencional é a trapezoidal onde o écran se localiza na base menor, a base maior é ligeiramente curva servindo de directriz às filas de cadeiras que serão concêntricas. Se houver galerias, devem seguir a mesma curva de modo a que todos os olhares dos espectadores convirjam naturalmente para o centro do écran"[206].

Paralelamente começam a surgir uma série de regras sobre distâncias, ângulos e proporções quer da sala como da sua relação com o écran, que garantam a melhor visibilidade a todos os espectadores. Um artigo publicado na *Revista Oficial do Sindicato Nacional dos Arquitectos*[207], em 1938, apresenta um extracto de uma comunicação de Adrienne Gosrka sobre o tema onde a

---

[204] Em 1930 registam-se 20.000 lugares em salas de cinema contra 15.000 lugares nos grandes teatros da capital. Dados referidos em MARQUES, A.H. de Oliveira (coord.) – "Portugal da Monarquia para a República". Lisboa: Editorial Presença, 1991. vol. XI de: Nova História de Portugal. Direcção de Joel Serrão e A.H. de Oliveira Marques. p.664.

[205] LACLOCHE, Francis – "Architectures de cinemas". Cit. por VETTER, Andreas – Refuges d'illusions techniques: deux salles de cinéma de Paul Auscher. "Histoire de l'Art". Paris. nº 17/18 (Maio 1992). p.57.

[206] VERGNES, E. - Notices sur la construction des cinémas. In LEFOL, G. – "Cinémas: Vues extérieures et intérieures-détails-plans". Cit. por VETTER, Andreas – Refuges d'illusions... ."Histoire de l'Art". Paris. nº 17/18 (Maio 1992). p.57.

[207] "Revista Oficial do Sindicato Nacional dos Arquitectos". Lisboa: SNA, nº 1 (1938).

autora defende que para a organização da sala, quer em planta quer em corte, o écran é o centro de referência. As exigências relacionadas com a visibilidade implicavam ainda que a projecção, que funcionava quase sempre por reflexão sobre um fundo opaco, fosse o mais axial possível, instalando a cabine, com todas as regras de segurança que estava implícitas devido à inflamabilidade das películas, ao cimo do anfiteatro, centrada em relação ao écran.

Também as questões da acústica desempenham um importante factor nas reflexões teóricas sobre a sala de cinema. Já em 1958, a revista *Arquitectura* publicava um artigo denominado *A acústica das salas e a sua forma*[208] que terminava com recomendações sobre a construção das salas, de modo a optimizar as condições acústicas: "é aconselhável esquissar a planta em forma de trapézio o que assegura, aliás, grande capacidade tanto para plateias como balcões" e "assegurar que o caminho percorrido pelo som não exceda os 17 metros" tendo em atenção que "superfícies convexas ou em forma de dente de serra são muito favoráveis" e "as formas côncavas são desfavoráveis".

Em 1924, no ensaio intitulado *Les Cinemas*[209], Robert Mallet-Stevens, critica a constante utilização nas salas de cinema de elementos arquitectónicos herdeiros das salas de teatro. No cinema, como simples projecção sobre "uma parede com um rectângulo pintado de branco", em que a sala se encontrava obscurecida, interessava garantir a melhor visibilidade e tornava desadequados os lugares em camarotes e frisas laterais ou muito próximos do écran. Do mesmo modo, considera dispensáveis os *foyers*, destinados no teatro ao convívio nos grandes tempos de intervalo, os vestiários, os camarins e todos os adereços de cena.

No entanto, se a substituição das ordens de camarotes pela predominância do balcão se verifica de forma quase genérica, o cinema vem substituir o teatro como espectáculo de lazer e, nesse sentido, mantém os dispositivos necessários para o convívio e os protocolos de sociabilidade: o *foyer*, o vestíbulo e os salões de festas continuam presentes em muitas das salas de cinema para complemento da actividade social.

A resposta tipológica ao programa dos cinemas coincide com a introdução da utilização do betão armado que, inicialmente imposto por razões de segu-

---

[208] ZIEGLER, Karl – A acústica de salas e a sua forma. "Arquitectura: revista mensal de arte e construção". Lisboa: nº 62 (Setembro de 1958). p.59.

[209] Publicado no catálogo da exposição "L'art dans le cinéma français", Musée Galliéra, Paris. Cit. por VETTER, Andreas – Refuges d'illusions... "Histoire de l'Art". Paris. nº 17/18 (Maio 1992). p.53-63.

rança pela recente legislação sobre salas de espectáculos, passa a ser usado como instrumento de concepção formal e espacial, relacionando a estrutura, o programa e uma nova imagem exterior, assumidamente depurada. Em simultâneo, desenvolve-se a utilização do vidro combinado com caixilharia em perfis metálicos, do tijolo de vidro e do vidro decorativo assim como da iluminação em néon como elemento do projecto, integrada no desenho da sala ou nas fachadas, que, associados entre si, vão permitir evidenciar a modernidade da estrutura e da imagem destes edifícios.

Para além de assegurar grandes vãos livres no interior e de permitir a construção do balcão, paralelo ao écran e sem apoios intermédios, o uso do betão favorece as formas direitas e regulares e as grandes superfícies lisas nas fachadas, que assumem em primeiro lugar, uma função publicitária. Os amplos panos de parede funcionavam como suporte preferencial da publicidade e do anúncio do filme em exibição. Segundo Andeas Vetter[210], a publicidade desempenha um papel primordial no cinema que deve ser tido em conta na contribuição da arquitectura, da decoração e da iluminação exterior para uma maior "sedução visual". Também Adrienne Gorska afirma que "é necessário que a arquitectura faça corpo com o reclamo luminoso. A fachada deve ser estudada para ser vista indiferentemente de dia ou de noite e para um objectivo de atracção do público"[211].

Aceites como construções com carácter moderno e cosmopolita, os cinemas encaram todos estes princípios teóricos e demarcam-se, através de referências arquitectónicas próprias, dos teatros e restantes salas de espectáculo. Nesse momento o cinema encontrava uma "linguagem arquitectónica específica" apoiada em "referências modernistas (…) que levaram a aproximações de identidade tipológicas que pela sua extrema clareza e obvieidade constituíam sinais de imediata leitura"[212].

No interior, os camarotes e a planta em forma de ferradura são, gradualmente, abandonados dando lugar à tribuna e ao balcão paralelo ao écran ou ligeiramente concêntrico, afirmando a estrutura e a forma da sala em função de uma melhor visibilidade e acústica. A cabine de projecção localiza-se ao centro, inserida no balcão ou um nível acima. Os grandes espaços de convívio

---

[210] VETTER, Andreas – Refuges d'illusions… "Histoire de l'Art". Paris. nº 17/18 (Maio 1992).p.60.

[211] Extracto de uma comunicação de Adrienne Gorska. Cf. "Revista Oficial do Sindicato Nacional dos Arquitectos". Lisboa: SNA, nº 1 (1938). p.18.

[212] BRITO, Margarida Acciaiuoli de – "Os Cinemas de Lisboa…". p.186.

mantêm-se mas agora sem recorrer a uma decoração excessiva mas antes integrando o desenho do mobiliário.

O exterior passa a exibir grandes paredes cegas que encerram a sala e servem de suporte à publicidade, à iluminação e ao *lettering*. A entrada é sempre um acontecimento de excepção, assinalada ou por palas ou através de átrios exteriores, que fazem a transição para o vestíbulo interior e englobam as bilheteiras, também elas quase sempre exteriores. Paradoxalmente, a imagem exterior é mais facilmente aceite do que as alterações na organização interna, decorrentes de uma adaptação directa ao novo programa: os camarotes laterais, o fosso de orquestra, mesmo após o aparecimento do cinema sonoro, e a boca de palco, com o correr da cortina no início da sessão, têm resistência em desaparecer, preferindo assumir os estereótipos herdados do ritual da ida ao Teatro do que o entender e optimizar o funcionamento do cinema.

Por outro lado, os novos gostos e hábitos urbanos rapidamente aceitavam uma imagem moderna para estes edifícios que correspondiam, afinal, a um programa novo. Como referia Mallet-Stevens "sendo um monumento essencialmente novo pelo seu destino (...) de todas as construções contemporâneas, o cinema deveria apresentar o carácter mais moderno"[213].

Dentro de um primeiro ciclo de edifícios que experimentam esta *arquitectura para o cinema*, com referências formais e espaciais distintas das convencionais salas de teatro, o caso mais emblemático é o Capitólio, referido por vários autores como a primeira obra modernista em Portugal[214], salão music-hall da autoria de Cristino da Silva, inaugurado em 1931 em Lisboa, e poucos anos mais tarde adaptado definitivamente, com projecto do mesmo arquitecto, a Cine-Teatro. Localizado na Avenida da Liberdade, no interior do Parque Mayer, um recinto popular de variedades aberto em 1922, apresenta um programa inicial bastante inédito para a época que integrava além do salão de variedades, uma cervejaria e um cinema esplanada na cobertura, ao qual se acedia através de tapetes rolantes. Conforme Cristino da Silva refere na

---

[213] MALLET-STEVENS, Robert – Les Cinemas. Catálogo da exposição "L'art dans le cinéma français", Paris: Musée Galliéra, 1924. Cit. por BRITO, Margarida Acciaiuoli de – "Os Cinemas de Lisboa...". p.133.

[214] Entre vários cf. FRANÇA, José Augusto – "Lisboa: Urbanismo e Arquitectura". Instituto de Cultura e Língua Portuguesa, Ministério da Educação e Ciência, 1980. p.98; PORTAS, Nuno – Evolução da Arquitectura Moderna em Portugal: uma interpretação. In ZEVI, Bruno – "História da Arquitectura Moderna". Lisboa: Edições Arcádia, 1973. p.709 e TOSTÕES, Ana Cristina – "Cultura e tecnologia ...". p. 172.

memória descritiva do projecto, "o edifício compõe [se] de um grande salão destinado a cervejaria com uma área de 500 m2 que inclui uma caixa de palco para o perfeito funcionamento de um espectáculo de «féerie». (...) A grande esplanada com um estrado para variedades destina-se a espectáculos para a época de verão, instalada sobre a laje"[215].

O novo edifício explora as capacidades construtivas do sistema porticado de betão na sua concepção: um edifício de forma rectangular rebocado a branco, com grandes envidraçados entre a estrutura e, originalmente, de cobertura plana que funcionava como terraço. Na fachada principal, revelam-se o *lettering* vertical centrado entre duas torres de vidro, iluminadas, e a pala, em balanço, que assinala a entrada e protegia as bilheteiras.

Para adaptação definitiva ao cinema em 1935, o edifício sofre várias obras que culminam com o encerramento lateral da sala e a construção de uma cabine de projecção, de um balcão, ainda com galerias laterais, e de um corpo de *foyer* lateral.

Das importantes salas que inauguram nos anos seguintes, destaque ainda para o Éden Teatro, projecto desenvolvido por Cassiano Branco e finalizado por Carlos Dias, inaugurado em 1937 ou o Cinearte, de Raul Rodrigues Lima, de 1940, ambos em Lisboa, e para o Coliseu do Porto, projecto de várias fases de Cassiano Branco, Júlio de Brito, Charles Siclis e Mário Abreu, inaugurado já em 1941.

No Éden, localizado em plena praça dos Restauradores as fachadas assumem, com panos de parede cega, o papel de expositor publicitário de grandes dimensões[216]. No Cinearte, o plano principal da fachada remata numa torre

---

[215] Cit. por TOSTÕES, Ana Cristina – "Cultura e tecnologia ". p.173.

[216] A nova sala, inaugurada em 1937, introduz diversas inovações estruturais e técnicas: para além de resolver a entrada e as ligações do átrio com um complexo sistema de escadas, introduz acessos individualizados por elevadores para cada *foyer*, sistemas mecânicos de elevação do palco e da orquestra, soluções de condicionamento acústico e de climatização. Ainda antes da sua inauguração, a revista "A Arquitectura Portuguesa e Cerâmica e Edificação" publica um extenso artigo sobre a nova sala, atribuindo a autoria total do projecto a Carlos Dias, e centrando-se, em parte, na polémica lançada em torno do impacto das grandes superfícies encerradas que serviam como fachada publicitária em plena Praça dos Restauradores, no centro de Lisboa, justificando-a, tal como se fazia em vários exemplos internacionais, no controlo acústico do interior. Cf. "A Arquitectura Portuguesa ...". 3ª série, nº 15 (Junho 1936).

cilíndrica em tijolo de vidro de modo a "dominar toda a construção"[217] e que, quando iluminada, funcionava ela própria como sinalização do edifício. Também no projecto de Cassiano Branco para o Coliseu "o alçado principal constituiu um elemento de arquitectura de feição especial: o seu aspecto inteiramente moderno pretende expressar permanentemente um espectáculo de formas arquitectónicas, de luz e publicidade"[218]. Em todos eles destacam-se os envidraçados, as torres e o *lettering* que convergem para o carácter de uma modernidade lúdica das fachadas mas também uma nova concepção espacial que relaciona a estrutura, o programa e uma nova imagem exterior, assumidamente depurada.

Os cinemas de bairro, apesar do seu cariz mais popular, também procuravam dar uma resposta moderna ao novo programa e assumirem-se como uma referência urbana. Nesse sentido, estes edifícios, de menor escala e com menos meios, apostam mais facilmente nos elementos de caracterização exterior do que na organização interna.

Em Lisboa, o cinema Lys, inaugurado em 1930 apresenta uma imagem exterior caracterizada pela sua singular implantação em gaveto sem qualquer decoração nas paredes e na cúpula. O cinema Paris, inaugurado um ano mais tarde, caracteriza-se pela pala sobre os três vãos de entrada, pela janela saliente, em forma ondulada e pelo *lettering* vertical perpendicular à fachada. Ambos os casos, apesar das suas fachadas bastante depuradas, apresentam uma planta bastante tradicional com o balcão prolongando-se até à boca de cena e com a construção da caixa de palco. No Porto, o Cinema Júlio Dinis, inaugurado uma década mais tarde, apresenta também uma fachada encerrada, no alinhamento da rua, enquadrada por uma pala e uma torre, que servia de suporte publicitário.

Estas primeiras obras significam um ponto de ruptura com o entendimento das salas de cinema como uma apropriação do modelo herdado dos teatros, como ainda tinha sido o caso do Tivoli, de 1924, de Raul Lino onde, apesar da utilização do betão armado como material estrutural, este não teve qualquer reflexo espacial e o desenho da sala, das escadarias, do hall e sobretudo da fachada ainda estão muito próximos do teatro de cena à italiana. O

---

[217] LIMA, Raul Rodrigues – Cinearte. "Revista Oficial do Sindicato Nacional dos Arquitectos". Lisboa. nº 12 (Janeiro/Fevereiro 1940). p.333.

[218] BRANCO, Cassiano cit. por TOSTÕES, Ana – Coliseu do Porto. FIGUEIRA, Jorge; PROVIDÊNCIA, Paulo; GRANDE, Nuno (comissariado) – "Porto 1901-2001, Guia de Arquitectura Moderna". Porto: Ordem dos Arquitectos (SRN), Livraria Civilização Editora, 2001. fasc.11.

maior feito do Tivoli foi, precisamente, o conseguir aproximar o cinema de uma classe social mais alta que passou a reconhecer, com este novo espaço, a importância e o estatuto do cinema como espectáculo.

Ao longo da década de 1950, o papel de grande equipamento urbano, central e emblemático e o desenvolvimento técnico do cinema, com os grandes écrans do *cinemascope*[219], traduzem-se na escala e no prestígio dos novos cinemas construídos. Em Lisboa, o Cinema S. Jorge, propriedade a uma cadeia de cinemas inglesa mas com projecto de Fernando Silva, inaugurado em 1950 e localizado no centro de uma das mais cosmopolitas vias da cidade, recebe o Prémio Municipal de Arquitectura atribuído pela primeira vez a um equipamento de lazer. Com esta atribuição estava valorizado não só um edifício de linguagem moderna mas também o programa, exclusivamente lúdico, confirmando a aceitação plena das actividades de lazer da sociedade. Este edifício representa, de modo exemplar, todos os preceitos arquitectónicos específicos do cinema: a sala com forma trapezoidal, a relação ligeiramente côncava dos lugares com o écran e o balcão seguindo a mesma direcção; a relação do *foyer* de entrada com a sala e a redução dos elementos apenas à função do cinema, excluindo a caixa de palco; no exterior, o átrio coberto pela pala de entrada com as bilheteiras soltas e a fachada cega, acompanhada ao nível da rua por várias vitrines publicitárias.

No Porto, logo em 1947, o Cinema Batalha, de Artur Andrade, revela-se como uma "obra emblemática de uma arquitectura que se afirma moderna (…) tanto mais significativa quanto se implanta num lugar estratégico do centro da cidade, numa afirmação evidente de recusa de compromisso com a história"[220].

A especificidade dos edifícios destinados ao cinema foi também tema de reflexão e de reconhecimento dentro das revistas de arquitectura e também das revistas cinéfilas que se editavam em Portugal. Entre as décadas de 1930 e 1950 são vários os projectos de cinemas nacionais e internacionais publicados nas revistas *Arquitectura* e *A Arquitectura Portuguesa e Cerâmica e Edificação*.

---

[219] Processo técnico de cinema, difundido a partir de 1953, composto por uma tela panorâmica com proporção aproximada de 1x2.65m na qual se regista a película através de uma óptica hemisférica que conseguia transmitir a sensação de profundidade acompanhada por som estereofónico resultante de vários altifalantes colocados em diferentes pontos da sala.

[220] GONÇALVES, J. Fernando – Cinema Batalha 1944-1947, Artur Andrade (1913). In SEMINÁRIO DOCOMOMO … – "Cultura: origem e destino …". p.122.

Para além de projectos como o cinema Europa[221] de Raul Martins, o cinema S. Jorge[222], o Cine-Teatro Virgínia de Fernando Schiappa de Campos e o cinema Avis[223] de Maurício de Vasconcelos, o Éden[224], o Teatro Rosa Damasceno[225] de Amílcar Pinto em Santarém ou o Cinearte[226], eram frequentes os artigos de reflexão teórica sobre as salas, a acústica e os sistemas construtivos.

Em Outubro de 1938 a revista *Arquitectura Portuguesa* dedica a secção "A arquitectura de Hoje pelo Estrangeiro" ao tema das salas de espectáculos[227] e nos anos seguintes, em 1939 e 1940, dedica a capa da edição de três números quase consecutivos[228] a cinemas estrangeiros: Cinema Paris-Soir de Charles Siclis, Cinema Augustus em Turim de E. Pellegrini e o conjunto de três salas estúdio num edifício de cinemas em Marselha, reflectindo o interesse no tema e a actualidade que este representava. As soluções que alguns destes projectos incluíam, em pisos subterrâneos ou em edifícios multifuncionais, não podiam, à luz da legislação nacional, ser directamente aplicados mas influenciavam a reflexão sobre o tema e introduziam novas referências arquitectónicas. Do mesmo modo, a *Revista Oficial do Sindicato Nacional dos Arquitectos* no seu primeiro número, em 1938, ilustra um artigo com imagens dos Cinemas *Cinéac*, em França, que haviam sido reproduzidas na revista francesa *L'Architecture d'Aujourd'hui* e apresenta, na capa do nº 12, o Cinearte, num desenho que realça a sua imagem nocturna, com a torre de vidro fortemente iluminada.

No campo das revistas cinéfilas, as questões relacionavam-se não tanto com os projectos mas com a vivência destes espaços. Elegiam as salas mais confortáveis, anunciavam as obras de melhoramentos e a aquisição de novas máquinas, em paralelo com as observações sobre os filmes e a frequência de cada sala. As maiores preocupações com o cinema enquanto equipamento revelam-se na revista *Cinéfilo*, com vários artigos e estatísticas sobre as salas

---

[221] "Arquitectura". nº23 (Fevereiro 1927).
[222] "Arquitectura". nº 35 (Agosto 1950).
[223] "Arquitectura". nº 59 (Julho 1957).
[224] "A Arquitectura Portuguesa ...". 3ª série, nº 15 (Junho 1936).
[225] "A Arquitectura Portuguesa ...". 3ª série, nº 46 (Janeiro 1939).
[226] "A Arquitectura Portuguesa ...". 3ª série, nº 61 (Abril 1940).
[227] "A Arquitectura Portuguesa ...". 3ª série, nº 43 (Outubro 1938). p.20-21.
[228] "A Arquitectura Portuguesa ...". 3ª série, nº 48 (Março 1939), nº 56 (Novembro 1939) e nº 60 (Março 1940).

de cinema nas grandes cidades da Europa e dos Estados Unidos[229] mas, acima de tudo, com o levantamento das salas de cinema existentes na *província* realizado através do inquérito, entre 1928 e 1929, com o objectivo de poder recolher informação sobre o número e a qualidades das salas existentes fora de Lisboa[230].

Na realidade, enquanto nas principais cidades surgem salas dedicadas exclusivamente ao cinema, no resto do país estes novos equipamentos ganham a forma de Cine-Teatros. Entre as décadas de 1930 a 1960 num universo de 172 salas de espectáculo construídas ou adaptadas, apenas 21% foram dedicadas em exclusivo ao cinema[231]. Todas as restantes representam esses edifícios onde, construídos de raiz ou adaptados, se realizou a síntese arquitectónica entre os princípios programáticos do cinema e aqueles que serviam a função teatro. Essas condicionantes levaram a que os Cine-Teatros construídos em Portugal tivessem, dentro do que se poderia entender como uma *arquitectura para o cinema*, uma maior especificidade.

3.3. Cine-Teatros: espaços entre o cinema e o teatro

Instalado nos maiores centros urbanos desde a primeira década do século XX, pelo resto do país, "fora das grandes cidades, o espectáculo cinematográfico divulgou-se também rapidamente, permitindo uma melhor rentabilização dos espaços teatrais, convidando o público a sair de casa e abrindo-lhe horizontes novos e insuspeitados"[232]. Nas localidades onde existiam teatros, o cinema "apodera-se deles na sua maioria"[233]; onde não existisse uma sala de espectáculos, a construção de um novo cinema tinha de ser complemen-

---

[229] Com destaque para o artigo "Os templos da Arte Muda" de José da Natividade Gaspar apresentado na edição de 22 de Dezembro de 1928, onde se referem salas dos Estados Unidos, Brasil e Europa. Segundo dados apresentados na revista, em 1929, o total de salas na Europa e nos Estados Unidos ultrapassava as 47000. "Cinéfilo". ano I, nº 18 (22.12.1928) e ano II, nº 66 (23.11.1929).

[230] Inquérito "Os Cinemas de Província" que reúne a informação relativa às salas de cinema existentes em 102 localidades. Cf. "Cinéfilo". ano I e II, nº 18 a nº 28 (1928-1929).

[231] Dados retirados do levantamento que esteve por base da realização do presente trabalho, para o qual se consideraram as salas de espectáculo que se apresentam em anexo. Ver Anexo I [Identificação dos Casos de Estudo – Grupo B] e Anexo III [Gráfico 1 a 3].

[232] MARQUES, A.H. de Oliveira (coord.) – "Portugal da Monarquia para a República". p.665.

[233] MARQUES, A.H. de Oliveira (coord.) – "Portugal da Monarquia para a República". p.665.

tada com os dispositivos capazes de receber também o teatro: palco, caixa de palco, teia, pano de ferro, proscénio, fosso de orquestra e camarins. Tal facto, não só incrementava a área, o custo e a dificuldade técnica destas construções como conduziu à construção, de forma quase generalizada nas cidades de dimensão média do país, deste tipo de edifícios, capazes de conciliar no mesmo espaço os programas de cinema e teatro: os Cine-Teatros.

Esta medida surge, por um lado, por uma óbvia necessidade de rentabilização dos espaços de recreio que aproveitam as estruturas existentes para receber o cinema enquanto actividade comercial de maior procura mas também de uma vontade oficial que, com o mesmo propósito, não quis deixar de associar o teatro, enquanto agente cultural, ao cinema entendido e reforçado como meio educativo e de promoção.

Em 1946, Fernando Fragoso esclarece que "no louvável propósito de proteger o Teatro, foi estabelecido superiormente que só seria autorizada na província a construção de cine-teatros – e que se indefeririam, pura e simplesmente, de um modo geral, os pedidos daqueles que requeressem as indispensáveis autorizações, para a construção de salas destinadas, apenas, a espectáculos cinematográficos"[234]. Acusando esta medida de retrair os promotores e de ser responsável pelo pouco crescimento do número de salas de cinema em comparação com outros países, declara ainda que "compreende-se que as entidades encarregadas de velar pelos destinos dos espectáculos públicos no nosso país tenham em vista a necessidade de erguer nas vilas e aldeias Cine-Teatros, que permitam a exploração simultânea das duas actividades. Tal facto, deveria ser objecto de facilidades para a construção da parte que respeita ao palco e não ser de dificuldades para aqueles que queiram construir cinemas".

Segundo Margarida Acciaiuoli "a obrigatoriedade de os cinemas com lotação superior aos 800 lugares, visarem o agenciamento misto, numa formalização que se denominaria de Cine-Teatro"[235] foi estipulada no Decreto lei nº 34.590 de 1945 que "estabelecia como medida proteccionista do teatro a construção de salas mistas para as duas actividades"[236]. Já Felix Ribeiro remete

---

[234] FRAGOSO, Fernando – Criação de mais cinemas .... In "Anuário Cinematográfico Português...". p. 56.

[235] BRITO, Margarida Acciaiuoli de – "Os Cinemas de Lisboa...". p. 155 e respectiva nota (p.17 de "Notas").

[236] No corpo do texto do Decreto lei nº 34.590 publicado no Diário do Governo de 11 de Maio de 1945 e na respectiva tabela anexa relativa às taxas a cobrar pelos serviços técnicos e de censura da Inspecção dos Espectáculos, não se encontra, no entanto, uma referência

a designação da classificação oficial de *Cine-Teatro* para a Lei do Teatro, promulgada em 1950, que propunha que os teatros que optassem pela exploração cinematográfica realizassem uma temporada de teatro de três meses por anos, apelidando este decreto de "diploma dos Cine-Teatros"[237].

Por seu lado L. Soares Carneiro, tendo por base pressupostos de ordem funcional e construtiva, considera que "o início do período dos Cine-Teatros, seria abruptamente ditado pela legislação criada pelo Estado Novo em 1927 – embora de algum modo interpretando os ventos de mudança que as transformações artísticas e técnicas então suscitavam – e impondo, «por via superior» alterações decisivas no modo de fazer"[238]. Também José Manuel Fernandes se refere aos Cine-Teatros como "obrigatórios pela legislação pesada da época"[239] e como "frutos directos da legislação cinematográfica salazarista, que obrigava à sua edificação, com dimensões fixas, sobretudo ao longo dos anos de 1940 e 1950"[240].

Na realidade, desde a publicação da legislação de 1927 que a acção da Inspecção dos Espectáculos fazia aplicar a obrigatoriedade da construção de uma sala mista para espectáculos de cinema e teatro. No *Relatório do Vogal Relator respeitante ao Cinema de Sobral do Monte Agraço* de 28 de Julho de 1941, emitido em resposta ao pedido de licenciamento de um edifício "exclusivamente para cinema"[241] pode ler-se que o projecto "não satisfaz os preceitos estabelecidos pela I.E. porquanto em localidades onde se projectem ou se alterem casas destinadas a exibições cinematográficas, exige-se a que elas satisfaçam simul-

---

directa ao averbamento misto ou à obrigatoriedade de construção de Cine-Teatros. O referido decreto determina que a construção, reconstrução, modificação ou adaptação das casas e recintos de espectáculos e diversões só possa efectuar-se depois da aprovação dos respectivos projectos pelo conselho técnico da Inspecção dos Espectáculos, mediante requerimento dos interessados.

[237] RIBEIRO, M. Felix – "Os Mais Antigos Cinemas …". p.86.
[238] CARNEIRO, Luís Soares – "Teatros Portugueses de Raiz Italiana". vol. II, p.1157.
[239] FERNANDES, José Manuel – "Cinemas de Portugal". Lisboa: Inapa, 1995. p.121.
[240] FERNANDES, José Manuel – Cine-Teatros de Portugal: arquitectura-imaginária? In DIETRICH, Jochen – "Cine-Teatros de Portugal". Catálogo Bilingue da exposição Cine-Teatros em Portugal. Coordenação de Vítor Lourenço. Leiria: Edição Teatro José Lúcio da Silva e Museu da Imagem, 1998.
[241] Memória Descritiva do Projecto para um Cinema em Sobral de Monte Agraço, assinada por Carlos Diniz Nunes da Palma, Agente Técnico de Engenharia, com carimbo de entrada na Secção Técnica da IE de 20.6.1941. IGAC, Processo nº 01.11.0002, "Cine-Teatro de Sobral de Monte Agraço".

taneamente a cinema e a teatro"[242]. Do mesmo modo, no parecer da Inspecção dos Espectáculos de apreciação do projecto para o Cine-Teatro S. João, de Palmela com data de 20 de Março de 1949 (1º aditamento) é referido que "o palco é insuficiente para que o cinema tenha designação de Cine-Teatro, e deve pois considerar a actuação de palco nas condições regulamentares"[243].

Os Cine-Teatros surgem assim da contingência de ser obrigatório a construção de um Teatro quando se pretendia promover um Cinema, um novo edifício destinado a uma actividade inovadora, moderna, atractiva e também rentável. A partir de 1950, em Lisboa e no Porto eram mesmo obrigados, contra o pagamento de uma taxa, a apresentarem espectáculos de teatro no mínimo 120 dias por ano enquanto que, nas restantes cidades, essa obrigatoriedade se resumia a empresas teatrais itinerantes patrocinadas pelo Fundo do Teatro[244].

A autorização para a construção de salas exclusivas para o cinema só era conferida quando, na mesma localidade, já houvesse uma outra sala de espectáculos dedicada ao teatro: é o caso do Cinema Palácio, em Viana do Castelo, que no requerimento para aprovação do projecto, datado de 1945, explicita claramente que "existe uma outra casa de espectáculos para teatro, o Teatro Sá de Miranda"[245].

Define-se assim, um equipamento demasiado específico e simultaneamente híbrido. De um ponto de vista relativo às salas de cinema, a obrigatoriedade de uma construção mista "prejudicaria não só a construção «ab início» de outras salas como determinava logo uma «fisiologia» específica que pela sua concepção apelava a uma estrutura tradicional"[246]. Analisando a mesma questão, mas da perspectiva oposta, "um cinema com palco onde epi-

---

[242] IGAC, Processo nº 01.11.0002, "Cine-Teatro de Sobral de Monte Agraço".

[243] IGAC, Processo nº 15.08.0001, "Cine-Teatro S. João, Palmela".

[244] Artigo 10º da Lei nº 2:041 de 16 de Junho de 1950, que cria o Fundo do Teatro e regula o seu funcionamento. LEI nº 2:041. "Diário do Governo. I Série". nº 113. (16 de Junho de 1950). Apenas em 1959, com a promulgação do Decreto-lei nº 42.660 e como forma de fomentar a construção de mais palcos, esta medida sofre redução, com a isenção por cinco anos a favor das empresas que construam Cine-Teatros em Lisboa e no Porto ou adaptarem a Cine-Teatros recintos de cinema existentes. Artigo 65º. DECRETO-LEI nº 42 660. "Diário do Governo. I Série". (20 de Novembro de 1959).

[245] IGAC, Processo nº 16.09.0001 "Cinema Palácio, Viana do Castelo".

[246] BRITO, Margarida Acciaiuoli de – "Os Cinemas de Lisboa...". p.156.

sodicamente se representou não será propriamente um Teatro, mesmo que ostente a designação na fachada"[247].

Na sua função intrínseca de conciliar os programas de cinema e teatro, os Cine-Teatros tiveram de adoptar uma arquitectura distinta das salas de cinema. Se por um lado queriam ser assumidos como um equipamento de características modernas que servia fundamentalmente o cinema, por outro tinham verdadeiramente de compatibilizar o edifício com a presença da caixa de palco, dos camarins, do fosso de orquestra, enfim, de todos os dispositivos próprios do teatro, que em algumas salas de cinema iam resistindo por habituação mas que, nos Cine-Teatros eram parte integrante do programa.

Nesse processo, a compatibilização mais complexa estava na organização dos lugares: enquanto no teatro, os melhores lugares, de acordo com a visibilidade e a distinção social, para além dos camarotes que o cinema teoricamente aboliu, eram os lugares mais próximos do palco, no cinema passava-se exactamente o contrário: os lugares da frente passaram a ser demasiado próximos para o écran impedindo a sua total visibilidade.

Referindo-se ao caso do Cine-Teatro Messias na Mealhada, o arquitecto Raul Rodrigues Lima, autor que se destacou pelos inúmeros projectos relativos a salas de espectáculos[248], afirma que "a necessidade económica de construir uma Sala de espectáculos que sirva ao mesmo tempo para cinema e teatro ligeiro, modificou quase totalmente os princípios clássicos há muito conhecidos como formas ideais de salas de espectáculos. (...) No teatro, a cena não estando sujeita a deformações, possuindo dimensões naturais e tendo como som principal a voz humana limita por razões de audibilidade a colocação dos espectadores, aproximando-os do proscénio. No cinema, pelo contrário, a melhor colocação para o espectador é aquela que dê maior possibilidade de abranger todo o écran sem deformações (...). Daqui resulta que uma sala deverá ter como dimensões máximas o raio de acção do som previsto

---

[247] CRUZ, Duarte Ivo – "Teatros de Portugal". Lisboa: Inapa, 2005. p.77.

[248] Raul Rodrigues Lima (1909-1979) foi o autor do maior número de projectos de casas de espectáculos entre as décadas de 1930 e 1960. Entre eles contam-se o Cinearte (1940), Cine-Teatro Ruacaná em Nova Lisboa (actual Huambo), Angola (1945), Cine-Teatro Império em Lagos (1946), Cine-Teatro Avenida em Aveiro (1949), Cine-Teatro de Estarreja (1950), Cine-Teatro Messias na Mealhada (1950), Cine-Teatro Monumental em Lisboa (1951), Cine-Teatro Micaelense em Ponta Delgada (1951), Teatro-Cine da Covilhã (1954), o projecto de Adaptação dos Recreios da Amadora de 1914 a Cine-Teatro (1943) e o projecto inicial, não construído, do Cine-Teatro São João em Palmela (1938).

para um teatro (...) e evitar os lugares que apresentem grandes deformações para as exibições cinematográficas"[249].

No mesmo sentido, Ernesto e Camillo Korrodi, na memória descritiva que acompanha o projecto do Cine-Teatro de Pombal, fazem, em justificação da sua proposta, uma longa reflexão sobre esta problemática, apresentando as diferentes proporções necessárias para uma sala de Cinema e para uma sala que conjugue as duas funções[250].

Assim sendo, para espectáculos de cinema e teatro os melhores lugares não mantinham sempre a mesma localização. A esta dificuldade acrescia a distinção de *foyers*, bares e *toilettes* específicos para cada zona da sala. Tal circunstân-

---

[249] Memória Descritiva do Projecto de Licenciamento do Cine-Teatro Messias da Mealhada (Maio de 1947). IGAC, Processo nº 01.11.0003. "Cine-Teatro Messias, Mealhada".

[250] "Na elaboração deste projecto surgiram, como aliás em todos os casos em que no mesmo edifício tem de funcionar indistintamente cinema ou teatro, as dificuldades que resultam da orgânica de cada uma daquelas modalidades de espectáculo que são naturalmente difíceis de conciliar num só objecto. ( ) Ora as disposições a adoptar, para uma sala corresponder aos dois fins, cinema e teatro, somente se obtêm à custa de avultado dispêndio, em vista de resultar grande soma de espaços perdidos, embora aplicáveis a outros fins. Esta circunstância verifica-se, fazendo uma análise comparativa do perfil de duas salas de igual lotação, ou seja para o nosso caso 700 lugares, e servindo uma delas exclusivamente de cinema. Uma sala de cinema com a lotação mencionada e composta de uma plateia contínua e de um balcão único sem camarotes pode instalar-se num recinto de 16,0 m de comprimento por 14,0m de largura, não excedendo 11,0m de altura. De qualquer dos lugares a visibilidade do écran é perfeita, visto este encontrar-se numa altura média da sala e num plano vertical exigindo um ângulo visual não excedendo 12º o que com facilidade torna conciliável a máxima sobreposição do balcão avançando este sobre dois terços da plateia sem prejuízo da visibilidade para os mais afastados lugares desta. Ora outro tanto não sucede se no lugar do écran vertical de 12,00m2 a cena se passa num plano horizontal abrangendo um mínimo de 40,00m2 e sobre o qual se movimentam figuras plásticas. Ou aos espectadores da plateia é vedado observar os membros inferiores dos actores e de forma progressiva à medida que estes se afastam do proscénio, ou os espectadores do balcão ficam a ignorar o que se passa no fundo do palco. Tais circunstâncias só podem remediar-se, afastando o balcão do proscénio a uma distância determinada pelo ângulo de visibilidade dos espectadores e subordinando ao mesmo ângulo o perfil do balcão aumentando consideravelmente a sua inclinação. Ao mesmo tempo haverá que levantar a plateia à altura normal e usual em teatros. O resultado imediato das correcções apontadas traduz-se nu imediato prolongamento do salão de pelo menos um terço alteando do mesmo de 1,50 a 2,00m e consequente encarecimento da construção". In Memória Descritiva do Projecto de Licenciamento do Cine-Teatro de Pombal (Abril de 1940). IGAC, Processo nº 10.s.n. "Cine-Teatro de Pombal".

cia determinou o recurso da utilização da Geral localizada no balcão no fundo da sala, de acessos independentes e de muito menor visibilidade, que ficava reservado aos bilhetes mais baratos em todos os espectáculos. Na realidade, se o espectáculo se resumisse ao cinema, os lugares da geral seriam por princípio os mais próximos do écran, equivalentes ao lugar da antiga orquestra, por serem aqueles que proporcionavam uma visibilidade menos favorável. No entanto, para espectáculos de palco, teatro ou musicais, estes lugares ganhavam outra importância.

Fernando Silva, autor do projecto do Cine-Teatro Luísa Todi, em Setúbal, ao qual se refere, nota que "a diferenciação da categoria social dos espectadores, acrescida das dificuldades de exploração que resultam de duas modalidades de espectáculo, condicionam decisivamente a concepção deste conjunto, e assim consideramos dois grupos ou categorias gerais de espectadores, com acessos e anexos completamente independentes localizados de modo que, quer em cinema quer em teatro, a sua posição e valor comercial não se alterem. (...) O valor comercial dos lugares sofrerá apenas as variações de preços determinadas pela distância do palco ou do écran, não se observando a promiscuidade que necessariamente resultaria da transferência dos espectadores, consoante a modalidade em exploração. Em Cine-Teatro, optamos sempre por uma solução semelhante"[251].

O modo como estes edifícios responderam à conciliação de dois programas e, apesar das dificuldades técnicas e económicas, se implantaram no território nacional revelou uma nova arquitectura, que ao invés de ser comprometida, se afirmou pela sua diversidade e permanência.

---

[251] Memória Descritiva do Projecto de Licenciamento do Cine-Teatro Luísa Todi (Maio de 1955). IGAC, Processo nº 15.12.0001 "Cine-Teatro Luísa Todi, Setúbal".

CAPÍTULO 4

REGISTO: LEITURA DOS ELEMENTOS DE PERMANÊNCIA ATRAVÉS DE ESTUDOS DE CASO

4.1. A distribuição no território

A dinâmica de construção de Cine-Teatros em várias cidades e vilas de dimensão média, no quadro de uma infra-estruturação e dotação de vários outros equipamentos centrais por parte do regime ao longo das décadas de 1930 a 1960, veio repor um certo equilíbrio numa grande assimetria existente até esse momento em Portugal.

Até ao início da década de 1920, a construção de salas de espectáculos centrava-se em Lisboa, no Porto e em algumas capitais de distrito. Segundo L. Soares Carneiro até esta data cerca de 1/4 dos Teatros contabilizados centralizavam-se nas duas maiores cidades do país[252]. Apenas outras cidades como Viseu, com o Teatro Viriato (1898) e o Teatro Avenida (1921), ou Santarém, com o original Teatro Rosa Damasceno (1884) e o Teatro Sá da Bandeira (1924), chegam a ter mais do que uma sala de teatro em simultâneo, a dividir lotações e a concorrer entre si. Mais frequente era então a existência de *Salões* ou *Animatógrafos*, edifícios menos qualificados ou mesmo provisórios que concorriam com os Teatros existentes.

O Inquérito realizado pela revista *Cinéfilo* entre 1928 e 1929 dá um retrato desta situação à época do início do período dos Cine-Teatros: das 102 localidades das quais se recolheram informações muitas delas dispõem de cinema em edifícios que "não foram construídos de raiz" nem eram "teatros adaptados"[253], ou sejam que não seriam mais do que construções temporárias, onde se projectavam as sessões cinematográficas. Esta situação precária de falta de espaços próprios, com condições estruturais para serem encarados

---

[252] Dentro destes números Lisboa contava com 1/5 do total e o Porto apenas com cerca de 1/16. Dados retirados de CARNEIRO, Luís Soares – "Teatros Portugueses de Raiz Italiana" (texto policopiado). Porto: [s.n.], 2002. Tese de Doutoramento em Arquitectura apresentada à FAUP. vol. II, p.1157.

[253] No inquérito promovido pela revista Cinéfilo intitulado "Os Cinemas de Província" as perguntas nº 7 e 8 referem-se a "Quantos edifícios foram expressamente construídos para animatógrafo?" e "Quantos os que se adaptaram?". In "Cinéfilo". Direcção de Avelino de Almeida. Lisboa: Sociedade Nacional de Tipografia (SNT), nº 18 a 28 (1928 e 1929).

como um equipamento púbico e urbano que pudesse comparar com as antigas salas de Teatro veio ser alterada com a construção dos Cine-Teatros. Com as imposições da legislação, a maior complexidade técnica e a difusão cada vez maior de informação e, consequentemente, da exigência dos espectadores, as salas tiverem de passar a ser construídas com diferentes propósitos: tinham de dar resposta a noções de conforto e segurança, qualidade de visualização e de acústica e, em simultâneo, ser um equipamento notável para cada localidade.

Assim, com a chegada dos Cine-Teatros a realidade existente tende a mudar. O crescimento do número de salas nas restantes cidades do país e a redução progressiva da concentração do investimento em novas salas para teatro na capital vai tornar a distribuição nacional mais igualitária. Enquanto Lisboa, no início dos anos 30 assiste a um enorme aumento do número de salas dedicadas apenas ao cinema, no resto do país, nas cidades médias, capitais de distrito e sedes de concelho generaliza-se, pouco a pouco, a construção dos Cine-Teatros. As cidades de *província* têm, a partir de agora, a sua sala de cinema complementada com os dispositivos capazes de receber também o teatro.

Analisando os dados recolhidos[254], entre 1927 e 1939, constroem-se 20 novos Cine-Teatros em Portugal (Grupo A), sendo apenas dois no Porto e dois em Lisboa. No entanto, nesse mesmo período instalam-se na capital 17 salas de cinema (Grupo B) contra uma em Coimbra, uma em Oeiras e uma em Vila Nova de Gaia. Na década de 1940 (1940-1949) o número de novos Cine-Teatros aumenta para 32 e na década seguinte (1950-1959) iniciam a construção outros 38 sendo apenas dois deles em Lisboa: o Cine-Teatro Império e o Monumental, ainda que com a particularidade de ter salas distintas para cinema e teatro. No mesmo período, Lisboa contou com mais 6 novas salas exclusivas de cinema[255]. Contando desde sempre com o maior número de salas de espectáculos, a partir da década de 1940 o investimento deixa, no entanto, de estar concentrado na capital aumentando o número de cidades que contava com uma nova sala de espectáculos.

Na realidade, entre 1927 e 1959 o aumento mais significativo centrou-se nos distritos de Santarém, Aveiro e Setúbal com 32 novos Cine-Teatros cons-

---

[254] Ver Anexo I [Identificação dos Casos de Estudo].
[255] Os dados apresentados foram retirados do levantamento realizado. Ver Anexo II [Mapas]: Mapa 1 a Mapa 4 e Anexo III [Gráficos]: Gráfico 1 e Gráfico 2.

truídos[256]. O distrito de Lisboa, com 9 Cine-Teatros, totaliza 10% do total estando apenas 4 situados na capital. O distrito do Porto alcança as 8 novas salas sendo também apenas 4 delas na cidade do Porto. Precisamente por já contarem com salas suficientes para as exibições de Teatro, as cidades de Lisboa e Porto podem apostar, neste período, nas salas exclusivas de cinema, sendo em Lisboa que se verifica novamente o maior monopólio com um total de 60% das salas de cinema.

No sentido inverso situa-se o distrito de Viana do Castelo com apenas um Cine-Teatro, inaugurado em Monção em 1949, e os distritos de Beja, Bragança, Guarda, Vila Real e Viseu com duas novas salas cada. Ainda assim, não existe nenhum distrito do país que não seja alcançado por este ímpeto que define um novo mapa de distribuição das salas de espectáculos em Portugal.

Este fenómeno é acompanhado pela adaptação de antigas salas de teatro a Cine-Teatros (Grupo C). Na realidade, entre as décadas de 1930 e 1960 o número de salas de teatro que por razões de viabilidade económica ou mesmo de prestígio social se transformam, com obras no seu interior, em salas mistas de teatro e cinema, atinge cerca de 23% do total dos Cine-Teatros do país[257]. O maior número de salas de Teatro formalmente adaptadas a Cine-Teatro registou-se, naturalmente, no distrito de Lisboa, com 9 casos, seguida do Porto com 6 e de Coimbra com 4. Pelo contrário, nos distritos de Bragança, Guarda, Setúbal e Vila Real não se encontraram registos de anteriores salas de teatro que tenham feito a transição para Cine-Teatro[258].

Estas salas, construídas na sua maioria na tradição italiana, acabam por sofrer algumas transformações estruturais para adaptação ao cinema que ultrapassam, muitas vezes, o licenciamento das cabines de projecção. A utilização do betão armado e consequente capacidade de maiores vãos e a afirmação definitiva do cinema como actividade principal vão, de um modo

---

[256] Num total de 90 Cine Teatros construídos de raiz em Portugal Continental entre 1927 e 1959, o distrito de Santarém totaliza o maior número com 12 salas, seguido de Aveiro com 11, Lisboa com 9 e Porto e Setúbal com 8 cada. Ver Anexo II [Mapas]: Mapa 1 a Mapa 4 e Anexo III [Gráficos]: Gráfico 4 e Gráfico 5.

[257] Ver Anexo II [Mapas]: Mapa 1 a Mapa 4 e Anexo III [Gráficos]: Gráfico 4 e Gráfico 5.

[258] Na Guarda existia o antigo Coliseu da Beira que foi mandado encerrar por falta de condições e que deu lugar à promoção do Cine-Teatro da Guarda mas não se trata de uma adaptação e em Setúbal, o antigo Teatro Luiza Todi foi destruído para a construção do novo Cine-Teatro o que também não é considerado sendo apenas, para o presente trabalho, contabilizado o novo edifício.

geral, motivar o maior aumento possível das plateias e a consequente eliminação das frisas laterais e a substituição das ordens de camarotes por balcões, na sua maioria, frontais ao palco. Luís Soares Carneiro defende que "a progressiva influência do cinema iria levar à transformação de muitas salas, pela adopção destes processos de «balconização» e «galerização» dos espaços dos camarotes"[259].

Algumas das mais importantes salas de teatro das grandes cidades passam por este processo, ainda que com níveis de intervenção distintos caso a caso. Algumas produzem alterações na organização interna e na disposição dos lugares de modo a converter o espaço ao cinema. Foi o que aconteceu, entre inúmeros exemplos, no Teatro Águia de Ouro, no Porto em 1928 e no Teatro Ginásio, em Lisboa em 1934[260]. No entanto, existiram casos onde se verificou uma total mudança do interior da sala.

Em Aveiro, com a notícia da construção de um novo e moderno Cine-Teatro com uma lotação superior a 1300 lugares, localizado na maior avenida da cidade e que viria a inaugurar em 1950 com o nome de Cine-Teatro Avenida, é encomendado a Camilo Korrodi, pela sociedade que explorava o antigo Teatro Aveirense, um projecto de modernização e de aumento da lotação para fazer face à concorrência. A nova proposta prevê a substituição integral da sala do final do século XIX, construída na tradição italiana com planta em semi-círculo e duas ordens de camarotes por um novo espaço organizado com plateia e balcão, passando de uma lotação de 300 lugares de cadeiras mais 24 camarotes para perto dos 1200 lugares, mantendo intacto o aspecto exterior do edifício.

Também em Coimbra, o Teatro Sousa Bastos de 1914, sofre uma profunda transformação em 1946 com a substituição das duas ordens de camarotes e galeria por plateia, frisas, camarotes e balcão, segundo projecto inicial de Willy Braun. A intervenção final introduz também alterações no exterior, eliminado elementos decorativos e modificando a divisão dos vãos, numa tentativa de actualização formal. Ao contrário de Aveiro, esta remodelação vai reduzir a lotação de 1200 lugares para perto de metade mas, em contrapartida, vocacionar a sala primordialmente para o cinema.

---

[259] CARNEIRO, Luís Soares – "Teatros Portugueses de Raiz Italiana". vol. II, p.1165.
[260] Sobre estes exemplos, entre vários, cf. CARNEIRO, Luís Soares – "Teatros Portugueses de Raiz Italiana". vol. II, p.635-645 e 1043-1057.

Fora das capitais de distrito, o Teatro Mouzinho da Silveira em Castelo de Vide é um dos casos dos pequenos teatros de província que, face ao novo espectáculo, também reforma por completo o interior da sua sala. Neste sentido, em 1938, segundo o projecto de Ernesto e Camilo Korrodi, a anterior sala do início do século XX de planta em U com plateia, frisas e geral no 1º nível e duas ordens de camarotes é transformada com plateia a toda a largura da sala com coxias laterais e central, geral e balcão frontal. No último nível, onde se localizava a 2ª ordem de camarotes, localiza-se agora a cabine de projecção e restantes dependências. Segundo a Memória Descritiva que acompanha o *Projecto de Transformação em Salão de Cinema do actual Teatro de Castelo de Vide*[261], os princípios da máxima economia e do rendimento de uma maior lotação levaram à "supressão total dos actuais camarotes, substituindo-os por um balcão (…) oferecendo a vantagem de uma mais perfeita visibilidade". Para além do aumento significativo da lotação – de cerca de 400 lugares para os previstos 576 – são também salientadas as melhorias das condições de segurança, comodidade e das condições de higiene com a localização de novas instalações sanitárias. O vestíbulo e os restantes espaços comuns e de convívio são igualmente renovados, mantendo-se a localização do *Salão*, agora com a denominação de *Bufete*, sobre o *foyer* de entrada.

Noutros edifícios, limitou-se a mudança de actividade à instalação da cabine de projecção: é o caso do Teatro S. João, no Porto, que a partir de 1932 passa a denominar-se S. João Cine ou do Teatro Garcia de Resende, em Évora, que a partir de 1943 passa também a ser explorado por empresas cinematográficas que, para o efeito, constroem as cabines de projecção e de enrolamento. Como resultado passava a utilizar-se a disposição original da sala para uma actividade da qual não se tirava o maior proveito, mantendo muitos dos lugres laterais onde a visibilidade para o écran era muito reduzida. Como reconhece o arquitecto Raul Rodrigues Lima em 1947 "ainda hoje entre nós, e por vezes também no estrangeiro, se constroem salas cujas características principais se baseiam na forma teatral, sendo depois adaptadas a exibições cinematográficas. Daqui resulta que o espectador nem sempre ocupa, conforme o espectáculo que deseja ver, o lugar mais conveniente"[262].

---

[261] Memória Descritiva com carimbo de entrada na Secção Técnica da IE de 18.6.38. Cf. IGAC. Processo nº 12.05.0001. "Cine-Teatro Mouzinho da Silveira – Castelo de Vide".

[262] Memória Descritiva do Projecto de Licenciamento do Cine-Teatro Messias da Mealhada (Maio de 1947). IGAC, Processo nº 01.11.0003. "Cine-Teatro Messias, Mealhada".

Muitas destas salas, onde a intervenção se limitou à construção da cabine de projecção ocupando, muitas vezes, o lugar do camarote central, não foram verdadeiramente *transformadas* em Cine-Teatros e, na realidade, as alterações que lhes foram introduzidas não interferem na leitura interna e global das anteriores salas mas apenas reflectem uma nova prioridade programática.

Mais ainda, existem mesmo excepções, ou seja, antigas salas de Teatro que receberam as primeiras sessões de animatógrafo e chegaram a exibir sessões de cinema por alguns períodos mas onde nunca foi realizada um transformação do edifício ao cinema, mantendo a estrutura cénica da sala original intacta: é o caso do Teatro Lethes, em Faro[263]. Também o Teatro Bernardim Ribeiro de Estremoz, construído em 1921, foi ao longo das décadas seguintes apresentando algumas sessões cinematográficas mas sem nunca realizar qualquer intervenção que produzisse alterações ao edifício e, consequentemente, sem nunca conseguir uma autorização definitiva da IE para funcionar como cinema. Somente na década de 1960 iram ser realizadas "obras de beneficiação e modificação do Teatro Bernardim Ribeiro, propriedade da Câmara Municipal para garantirem o funcionamento, incluindo modificações na cabine"[264].

Este fenómeno de modernização ou adaptação de salas de teatro ao cinema teve ainda uma outra vertente: edifícios que substituíram edifícios, ou seja, de salas de teatro que foram reconstruídas segundo projectos que mantinham a localização e, por vezes, algumas das paredes estruturais. Estes novos edifícios são já Cine-Teatros de raiz, ainda que não contribuam para o aumento do número de salas de espectáculos existentes no país[265].

---

[263] Instalado em 1845 no antigo Colégio Jesuíta de Faro do séc. XVII. O Teatro Lethes recebeu, em 1898 a primeira sessão de animatógrafo exibida em Faro. Em 1927, durante um período de três meses a sala é alugada a uma empresa para exploração cinematográfica. Não se conhecem mais referências à sua utilização como cinema nem existe qualquer projecto de adaptação da sala a cinema. Em 1951 o edifício é vendido à Cruz Vermelha. Depois de obras de reabilitação o Teatro reabriu em 2001 funcionando sob a tutela do Ministério da Cultura.

[264] Requerimento com carimbo de entrada na Secção Técnica da IE de 27.3.1961. Cf. IGAC. Processo nº 07.04.0001. "Teatro Bernardim Ribeiro, Estremoz".

[265] São exemplos o Teatro Rivoli no Porto, o Éden Teatro em Lisboa, o Teatro Rosa Damasceno em Santarém, o Coliseu do Porto, o Cine-Teatro Incrível Almadense, o Avenida Cine em Oliveira de Azeméis, o Cine-Teatro S. Jorge na Anadia, o Cine-Teatro *Pax Julia* em Beja, o Teatro Cine da Covilhã e o Cine-Teatro Gil Vicente da Golegã. No caso dos Cinemas, principalmente em Lisboa, vários foram aqueles que substituíram salas anteriores: o

Um caso particular é o do Cine-Teatro Pinheiro Chagas nas Caldas da Rainha que sofreu um processo oposto aos descritos anteriormente. O novo edifício, inaugurado em 1939, com uma volumetria totalmente renovada, mantém quase na íntegra a disposição interior da anterior sala, introduzindo a obrigatória divisão entre sala e palco e aumentando a plateia, acrescentando-lhe os novos espaços de convívio, acessos e áreas técnicas (fig.5). Segundo a *Memória Descritiva do Projecto de Ampliação*, assinada pelo arq. António Varela pretendeu-se, na impossibilidade construir um novo teatro, "melhorar tanto as condições de segurança como as de comodidade do actual". Das obras realizadas sobre um edifício que segundo os autos de vistoria da IE e as Memórias Descritivas dos novos projectos não possuía quaisquer condições de segurança ou de salubridade, resultou um novo edifício que interpretava os princípios legais e arquitectónicos do novo programa ainda que mantivesse a estrutura da anterior sala. Ao contrário, L. Soares Carneiro entende que esta intervenção, de "concepção volumétrica que recorria a estruturas portantes parietais mas que projectava balanços, frisos, palas e janelas rasgadas de canto (...) mostrava ainda que, escondido sob um vulgar Cine-Teatro podia estar um antigo Teatro"[266].

Ainda que em número reduzido, existem também casos da instalação de Cine-Teatros em edifícios existentes de tipologias diversas (Grupo D). Dos três exemplos encontrados, menos de 2% do total de salas que funcionaram como Cine-Teatro no período estudado, todos foram inaugurados antes de 1935 ou seja, no período de transição para a construção dos Cine-Teatros. Na realidade, muitos teatros tinham ocupado antigas Igrejas ou Conventos após 1834 com a nacionalização e posterior venda ou cedência directa do património religioso. No caso dos Cine-Teatros contam-se apenas o Cine-Teatro Avenida em Vila Real, instalado em 1930 numa ala do antigo Convento de São Domingos do séc. XVI e o Cine-Teatro de Grândola construído já em betão armado em 1934 sobre a antiga Igreja da Misericórdia do séc. XVI. O Cine-Teatro Ribeiro Conceição em Lamego inaugurado logo em 1929 já não se trata de um edifício religioso mas sim da adaptação do antigo Hospital da Misericórdia cuja construção se iniciou em 1727, e que foi adquirido à Câmara Municipal para o efeito.

Salão Lisboa, o Cinema Pathé, o Cinema Popular, o Cinema Condes ou o Cinema Europa, mas também o Salão Central Eborense e o Cinema Batalha no Porto.

[266] CARNEIRO, Luís Soares – "Teatros Portugueses de Raiz Italiana". vol. II, p.947.

(A)

(B)

Fig. 5. Cine Teatro Pinheiro Chagas, Caldas da Rainha. Vista a partir da praça 5 de Outubro antes e depois das obras de 1939.

No conjunto, 114 localidades[267] distintas em Portugal contavam com uma sala própria que funcionava para cinema e teatro, construída ou adaptada entre 1927 e 1959 segundo os modelos e as regras de construção e segurança

---

[267] Correspondem a um total de 107 concelhos distintos. Ver Anexo II [Mapas]: Mapa 1. Este número diz respeito aos casos levantados no presente trabalho num total de 172 salas. Note-se que, em 1946, o Anuário Cinematográfico Português reúne, divididas por Lisboa, Porto e Cidades de Província, um total de 267 casas de espectáculos cinematográficos, mas

em vigor. Para além do mero cumprimento técnico, estes edifícios, à imagem do que tinha acontecido com os teatros urbanos do final do séc. XIX, "são projectados intencionalmente como edifícios autónomos, usualmente isolados, desempenhando daí em diante um papel determinante na estratégia urbanística"[268] e também na vida social das localidades onde se erguiam.

4.2. A definição do Equipamento Urbano.

Fora dos grandes centros urbanos e por todo o país, difunde-se, de modo mais ou menos equitativo, a construção de Cine-Teatros. Na realidade apenas 28% dos casos foram construídos em cidades capitais de distrito, o que revela a forte implementação que estes edifícios encontraram nas cidades menores. Paradoxalmente, a sua situação periférica reforça, à escala da comunidade em que estão inseridos, o seu papel singular de referência não só urbana como também social e cultural.

Nas pequenas cidades, onde não havia número de habitantes suficientes para a construção de salas exclusivas de cinema, estes equipamentos são a grande marca de progresso e cosmopolitismo dos novos tempos e os palcos da vida colectiva. A sua escala é enfatizada, contaminada "pela imagem de uma «grande», de uma imensa arquitectura – salas vastas de uns mil lugares (quase a população inteira de uma vila) previstos, como pensavam os ingénuos legisladores, para servir toda a população de um bairro lisboeta, ou de uma pequena vila, ou ainda da cidadezinha local"[269].

Vários são os exemplos onde a lotação média das salas era de cerca de 1000 lugares numa desproporção clara em relação à escala das localidades onde se inseriam. Mesmo fora de capitais de distrito encontra-se o Cine-Teatro Louletano em Loulé com 951 lugares, o Cine-Teatro Jordão em Guimarães com 1236 lugares, o Cine-Teatro Império em Lagos com 994 lugares, o Cine-

---

neste caso inclui além dos cinemas de estreia e de *reprise*, esplanadas, casinos, salões paroquiais, associações recreativas e clubes, alargado ainda aos Açores e Madeira.

[268] FARIA, J. Carlos; LIMA, Miguel – A Recuperação do Teatro Garcia de Resende. COLÓQUIO SOBRE ARQUEOLOGIA E RECUPERAÇÃO DOS ESPAÇOS TEATRAIS, Lisboa, 1991 – "Arqueologia e Recuperação de Espaços Teatrais: Compilação das comunicações apresentadas no Colóquio realizado em Outubro 1991". Organização da Fundação Calouste Gulbenkian, ACARTE. [Lisboa]: Fundação Calouste Gulbenkian, 1992. p.192.

[269] FERNANDES, J. Manuel – Cine-Teatros de Portugal: arquitectura-imaginária?. In DIETRICH, Jochen – "Cine-Teatros de Portugal". Catálogo Bilingue da Exposição Cine-Teatros em Portugal. Coordenação de Vítor Lourenço. Leiria: Edição Teatro José Lúcio da Silva e Museu da Imagem. 1998.

Teatro São Pedro em Espinho com 1092 lugares, o Cine-Teatro São Pedro em Abrantes com 954 lugares, o Cine-Teatro Joaquim de Almeida no Montijo com 1245 lugares ou o Cine Parque Avenida em Vila Nova de Gaia, localizado na principal avenida da cidade, com os impressionantes 1500 lugares[270]. Em Lisboa, o Éden Teatro com 1622 lugares, o Cine-Teatro Império com os seus 1837 lugares e o Monumental, com a maior das duas salas atingindo os 2170 lugares num total de 3350 totalizam as maiores lotações, correspondendo a equipamentos de uma enorme dimensão, mesmo à escala da capital. Tendo em conta que a lotação média dos mais importantes teatros comerciais do final do século XIX era de 600 lugares e que apenas os teatros-circo ou os teatros públicos como o S. Carlos, o S. João ou o D. Maria[271] alcançavam capacidades próximas dos 1500 lugares, estes números podem revelar apenas uma vontade de afirmação, também pela escala, da importância atribuída ao novo equipamento urbano destas cidades.

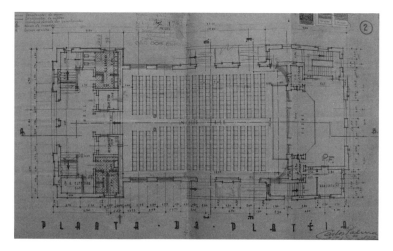

Fig. 6. Cine-Teatro de Sobral de Monte Agraço. Planta ao nível da plateia. Projecto de licenciamento. 1941. [IGAC]. Autor: Carlos Nunes da Palma [eng. técnico].

---

[270] As lotações apresentadas foram retiradas das respectivas Licenças de Recinto que existem nos processos individuais de cada sala no IGAC.
[271] Sobre o assunto cf. CARNEIRO, Luís Soares – "Teatros Portugueses de Raiz Italiana". vol. II, p.1163.

Dos Cine-Teatros construídos de raiz analisados, quase 20% apresentavam lotações acima dos 1000 lugares contra 24% abaixo dos 500. A isto acresce o facto de, pela legislação de 1927, para lotações superiores a 500 lugares ser obrigatória a existência de pelo menos duas fachadas para ruas diferentes o que, à partida poderia dificultar a escolha do local e aumentar os custos da construção e também do valor das taxas pagas à IE, determinadas em função da lotação. Segundo a Memória Descritiva que acompanha o aditamento ao *Projecto do Cine-Teatro de Sobral de Monte Agraço* (fig.6), apesar de todas as dificuldades financeiras associadas à iniciativa, o projecto apresentava uma intenção de 600 lugares "para uma aldeia de 800 habitantes, de pequeníssimos recursos"[272], ou seja previa uma lotação para 75% da população existente.

Não é pois de estranhar que se assista ao aparecimento de pedidos de redução de lotação junto da IE nos anos seguintes à abertura de vários Cine-Teatros, como aconteceu no José Mendes Carvalho em Alvaiázere, no Mirandelense, no Avenida Cine de Oliveira de Azeméis ou no Cine-Teatro Jordão em Guimarães, sendo que este se referia apenas aos meses de Julho e Agosto, com menos frequência. Em Viana do Alentejo, o Cine-Teatro inaugurado em 1948 viu, em 1960, aceite um pedido de redução de lugares que passava pela interdição do 2º piso, balcão e camarotes e das últimas três filas da plateia de modo a reduzir a sua lotação inicial de 802 para 462 lugares[273].

Um postal ilustrado de Vieira de Leiria (fig.7) representando a praça do mercado já com o Cine-Teatro, inaugurado em 1931, marca bem a escala e também a linguagem que estes equipamentos introduziam. Apesar de, em comparação com os casos referidos anteriormente, esta ser uma pequena sala contando apenas com 332 lugares, a sua presença urbana é notoriamente dominante.

A importância urbana dos Cine-Teatros nas cidades médias enquanto grande equipamento de prestígio e o seu papel como centro social, cultural e educativo, fazem com que sejam *adoptados* pelo regime como um dos seus equipamentos de promoção oficial. Afinal, eram os edifícios que iriam acolher também o cinema de produção nacional e com ele a mensagem que este pretendia transmitir e que, em simultâneo, possibilitavam a manutenção de representação teatral, considerada como actividade cultural de grande impor-

---

[272] Memória Descritiva com carimbo de entrada na Secção Técnica da IE de 5.10.1941. Cf. IGAC. Processo nº 11.12.0001. "Cine-Teatro de Sobral de Monte Agraço".

[273] Auto de vistoria de 29.07.1960. IGAC, Processo nº 07.13.0001, "Cine-Teatro de Viana do Alentejo".

tância na defesa da identidade nacional[274]. Desempenhando um papel social e actuante na vida das populações e simbolizando um importante marco de progresso e cultura ao serviço das comunidades, os Cine-Teatros constituíram-se como "um instrumento ao serviço da Política de Espírito"[275].

FIG. 7. Vieira de Leiria. Largo da República, Cine-Teatro. Postal Ilustrado. [s.d].

Um dos principais sinais da importância estratégica que estava atribuída aos Cine-Teatros reside no papel que desempenhavam nos Planos de Urbanização das cidades de dimensão média: a par com os grandes edifícios dos serviços oficiais, compunham muitas vezes o conjunto de equipamentos que constituíam o *centro*. Para os Cine-Teatros, ainda que sempre dependentes da iniciativa de um promotor privado, ficava reservada a localização em Plano enquanto que os restantes edifícios do centro eram precisamente os grandes equipamentos públicos que configuravam as áreas de influência do Estado

---

[274] A acção cultural do SPN / SNI, principalmente no período de direcção de António Ferro, sempre entendeu o teatro como fundamental na sua *política de espírito*. Quando em 1950 se cria o Fundo do Teatro, afirma-se que este é "destinado a assegurar a protecção do teatro como expressão e instrumento de cultura e padrão de língua". LEI nº 2:041. "Diário do Governo. I Série". nº 113. (16 de Junho de 1950).

[275] RICO, Tânia – Salão Central Eborense, um olhar sobre o seu património. "A Cidade de Évora". Boletim de Cultura da Câmara Municipal de Évora. Évora: Câmara Municipal de Évora, nº 5 (2001). p.458.

(Justiça, Finanças, Poder e Comunicação). Fora dos equipamentos oficiais, esta situação era apenas comparável ao protagonismo que Casinos e Hotéis, enquanto espaços dedicados ao lazer, ganhavam principalmente nos Planos de Urbanização para cidades turísticas ou balneares. Do mesmo modo, em planos de unidades residenciais, independentemente de serem de promoção camarária ou privada, é frequente a localização de um Cine-Teatro como equipamento necessário para a afirmação da centralidade.

Para a autorização de construção de um Cine-Teatro numa localidade onde existisse um Plano de Urbanização, o promotor tinha de obedecer à localização estipulada, esperar pelos tempos de elaboração do Plano e de aquisição dos terrenos, podendo, em última situação recorrer à expropriação. No caso do proprietário pretender uma localização alternativa, tinha de apresentar um pedido aos serviços competentes do Ministério das Obras Públicas.

O Cine-Teatro da Guarda, da autoria do arquitecto Manuel Paulo Ferreira de Lima T. Magalhães, a construir em substituição do Colizeu da Beira que tinha sido mandado encerrar por falta de condições, teve de fazer acompanhar o processo com uma declaração da Câmara Municipal que afirmava que "não obstante ainda não estar elaborado o Plano de Urbanização, que demorará a ser concluído, reconhece como próprio para a construção do novo edifício do Cine-Teatro o local respeitante ao terreno já adquirido por essa Empreza, pelo que a referida construção será considerada como um facto pelo Exm.º Arquitecto Urbanista na elaboração do Plano de Urbanização desta cidade"[276].

O ante-projecto de Urbanização de Vila Nova de Famalicão (fig.8) chegou mesmo a expropriar um terreno para localização do Cine-Teatro, vindo a Câmara Municipal, mais tarde, a propor uma nova localização para a construção do equipamento[277]. Do mesmo modo, as obras de ampliação do Teatro Cine do Barreiro realizadas em 1948 foram construídas numa faixa de terreno adjacente expropriado "por utilidade pública"[278] para esse fim por despacho da Inspecção-Geral dos Teatros publicado em Diário do Governo na altura da sua inauguração, vinte anos antes.

---

[276] Ofício da Câmara Municipal da Guarda com data de 6 de Agosto que acompanha o processo de Licenciamento do Cine-Teatro da Guarda na IE. IGAC, Processo nº 09.07.0001 "Cine-Teatro da Guarda".

[277] IGAC, Processo nº 03.12.0001 "Cine-Teatro Augusto Correia, Vila Nova de Famalicão".

[278] IGAC, Processo nº 15.04.0001 "Teatro Cine Barreirense, Barreiro".

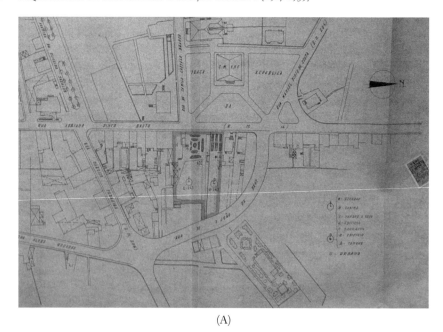

(A)

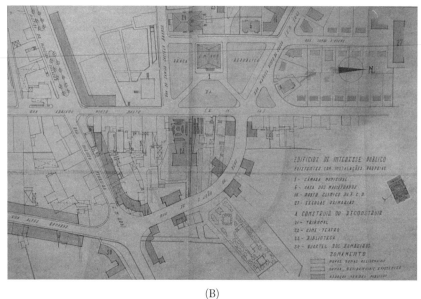

(B)

Fig. 8. Extractos do Ante-plano de Urbanização de Vila Nova de Famalicão. Planta parcelar dos prédios a expropriar para a construção do Cine-Teatro (A); Localização do Cine-Teatro entre os "Edifícios a Construir" assinalados no Ante-plano de Urbanização (B). [IGAC].

Edifícios como o Cine-Teatro João Mota de Sesimbra, o Cine-Teatro de Sobral de Monte Agraço (fig.9) ou o Cine-Teatro Virgínia, em Torres Novas, viram a sua implantação determinada pelo Plano de Urbanização. Este último, construído para substituir o antigo Teatro Virgínia tinha a sua localização definida pelo *Anteplano de Urbanização da Vila de Torres Novas*, no "topo de uma grande praça, futuro Centro Cívico"[279], ficando o edifício centrado em frente da nova praça, ou seja, usado como referência urbana para uma nova centralidade (fig.10).

FIG. 9. Ante-projecto de Urbanização Geral da Vila de Sobral do Monte Agraço. [IGAC].

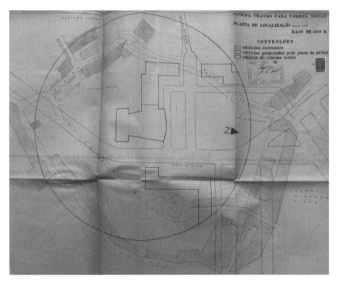

FIG. 10. Extracto do Plano de Urbanização de Vila de Torres Novas. [IGAC].

---

[279] Memória Descritiva com carimbo de entrada na Secção Técnica da IE de 13.4.1955. Cf. IGAC. Processo nº 14.19.0001. "Cine-Teatro Virgínia, Torres Novas".

A afirmação do Cine-Teatro enquanto equipamento urbano passava assim pela sua localização central e, simultaneamente, pela sua aproximação a outros edifícios de carácter público promovendo uma enorme concentração de meios mesmo em localidades relativamente pequenas. É frequente encontrar Cine-Teatros junto de Igrejas, Câmaras Municipais, edifícios dos CTT ou da CGD, reforçando a ideia do centro cívico. O Cine-Teatro de Arganil denominado de Teatro Alves Coelho, inaugurado em 1954 com projecto de Mário de Oliveira, localiza-se em frente à Câmara Municipal e aos CTT (fig.11). Em Alcanena, o Cine-Teatro S. Pedro da autoria de José de Lima Franco com Raul Tojal, de 1957, divide a praça com o edifício da Câmara Municipal, projectado pelo mesmo arquitecto dez anos antes enquanto o Cine-Teatro Gardunha no Fundão, de 1958, localiza-se entre a Câmara e os CTT ocupando a mesma frente urbana.

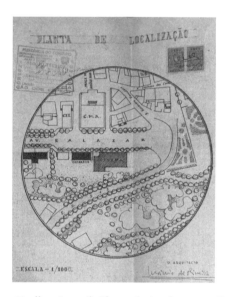

Fig. 11. Teatro Alves Coelho, Arganil. Planta de implantação. Projecto de licenciamento. 1941. [IGAC]. Autor: Mário de Oliveira [arq.]

De igual modo, também é frequente a localização de Cine-Teatros junto às novas avenidas de expansão urbana, muitas vezes marcadas pela presença de um jardim público ou de uma alameda central: são exemplos o Cine-Teatro Crisfal de Portalegre, o Cine-Teatro de Ponte de Sôr, de Viana do

Alentejo ou de Vila Viçosa. Este último, com projecto inicial do arquitecto Rebello de Andrade[280], viria a localizar-se no remate nordeste da nova avenida "acrescentada" pelo Estado Novo nos anos 40 (fig.12) de modo a "duplicar a sua praça para dar visibilidade aos monumentos, permitir o vis-a-vis do renovado castelo com a igreja fronteira e do castelo com o Palácio"[281].

Fig. 12. Vila Viçosa. Alameda aberta na continuidade da Praça da República com o Cine-Teatro em construção. [anos 50]

No entanto o caso mais emblemático é o da Covilhã onde o Cine-Teatro (fig.13), juntamente com os edifícios públicos (municipais e estatais) da Câmara Municipal, dos Correios, Telégrafos e Telefones (CTT) e da Caixa Geral de Depósitos (CGD) integra um conjunto homogéneo marcado pela intervenção urbana do Estado Novo[282]. Construído no local de um ante-

---

[280] No processo existente nos arquivos do IGAC, encontra-se um Projecto de Alteração do Cine-Teatro Calipolense, datado de Junho de 1954, assinado pelo arquitecto Raul David. Conforme se pode ler na Memória Descritiva anexa "as referidas alterações constam principalmente de um novo arranjo dos alçados (...) tendo no entanto seguido o projecto inicial na parte funcional e construtiva". Cf. IGAC. Processo nº 07.14.0001. "Cine-Teatro de Vila Viçosa".

[281] PORTAS, Nuno – A Formação Urbana de Vila Viçosa. Um ensaio de interpretação. "Monumentos". Revista Semestral de Edifícios e Monumentos. Lisboa: Direcção-Geral dos Edifícios e Monumentos Nacionais, nº6 (Março 1997). p.59.

[282] O conjunto arquitectónico composto pelos edifícios da Teatro-Cine, da Câmara Municipal, da Caixa Geral de Depósitos e dos CTT encontra-se em vias de classificação

rior teatro, o novo edifício, projectado por Raul Rodrigues de Lima, resulta da campanha de obras do regime dos anos 50 e foi pensado de modo a garantir a uniformidade do conjunto. Conforme refere o autor, "o local, que era já o melhor que existia na cidade, valorizou-se agora extraordinariamente com o plano de urbanização pois ficará fazendo parte da principal praça, formando conjunto com os novos edifícios da Câmara Municipal, dos Correios, Telégrafos e Telefones e da Caixa Geral de Depósitos. O edifício da Câmara, como é lógico, já pela sua extensão como também por constituir o topo principal da praça impor-se-á sempre dentro deste conjunto. Todos os outros edifícios devem ajudar a valorizar a praça"[283].

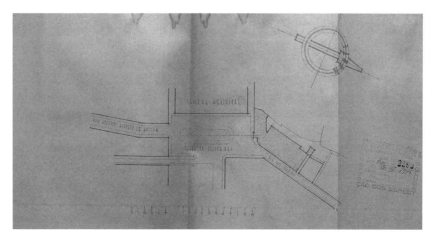

FIG. 13. Teatro Cine da Covilhã. Planta de implantação. Projecto de licenciamento. 1954. [IGAC]. Autor: Raul Rodrigues Lima [arq.]

Localizado num dos gavetos da Praça da República, assinalado pela torre que contém os acessos e pela entrada na fachada em curva, o Cine-Teatro desenvolve-se ao longo do alçado maior, adequando as cotas das várias saídas

---

com despacho do Ministro da Cultura de 26.05.2003. O edifício dos CTT, com projecto de Adelino Nunes, foi inaugurado em 1950, o da CGD, a cargo da Comissão Administrativa das Obras da Caixa Geral de Depósitos, Crédito e Previdência, em 1952, o Teatro Cine da Covilhã em 1954 e o da Câmara Municipal, com projecto de João António Aguiar, também responsável pelo Plano de Urbanização e pelo Plano da Praça do Pelourinho, em 1958.

[283] Memória Descritiva do Projecto de Licenciamento do Teatro-Cine da Covilhã (Julho de 1945). IGAC. Processo nº 05.03.0001. "Teatro Cine da Covilhã".

com a pendente da rua. A linguagem de cariz tradicionalista, marcada pela faixa vertical da janela, pelos baixos-relevos e pelo remate da torre em coruchéu e esfera armilar faz a ligação às referências arquitectónicas e monumentais do restante conjunto.

À semelhança deste caso, os Cine-Teatros, ainda que enquadrados por outros edifícios numa lógica de concentração de equipamentos, surgem muitas vezes numa posição de destaque na malha urbana. Conjugando a vontade de representação do seu estatuto de edifício público com a resposta à legislação de 1927 que obrigava a dimensionar as salas em função do número de vias de acesso, são inúmeros os casos onde, nas pequenas e médias cidades, se encontram Cine-Teatros localizados nos centros das localidades, numa posição frontal a uma praça, em gaveto ou mesmo isolados num quarteirão.

Independentemente das condicionantes de cada caso, a solução de gaveto é frequentemente utilizada, resolvendo a questão funcional da relação com pelo menos duas vias adjacentes e permitindo, através de recursos formais, o reforço do cunhal imprimindo aos edifícios um forte carácter urbano e de representação do seu estatuto de edifício público. Tal como no caso do Cine-Teatro da Covilhã, o Cine-Teatro São João em Palmela (fig.14), de 1952, ou o Cine-Teatro Gardunha no Fundão (fig.15), de 1958, ambos projectados pelo arq. Willy Braun do *Consultório Artístico, Lda* apresentam solução idêntica com a marcação de uma torre de secção quadrada por onde se faz o acesso principal, rematada em pináculo.

Do mesmo modo, o tratamento do cunhal em curva, com utilização de elementos formais como envidraçados, pórticos ou simples panos cegos que reforçam essa solução e que correspondiam, na maioria dos casos, à entrada principal do edifício, aos *foyers* ou à coluna dos acessos verticais, é uma das soluções mais frequentes.

Um dos exemplos mais emblemáticos é, sem dúvida, o Cinema Batalha no Porto, de Artur Andrade onde "as fachadas envidraçadas soltam-se da estrutura num movimento dinâmico que culmina na inusitada curva sobre o gaveto"[284]. Ainda que tratando-se de um edifício urbano, dedicado exclusivamente ao cinema, converteu um problema de implantação num gesto de enorme modernidade que responde ao carácter "festivo e alegre"[285] que um

---

[284] GONÇALVES, J. Fernando – Cinema Batalha 1944-1947, Artur Andrade (1913). In SEMINÁRIO DOCOMOMO IBÉRICO, 3, Porto, 2001 – "Cultura: origem e destino do Movimento Moderno. Equipamentos e infra-estruturas culturais. 1926-1965": actas. p.125.

[285] ANDRADE, Artur. Cit. por GONÇALVES, J. Fernando – Cinema Batalha.... In SEMINÁRIO DOCOMOMO... – "Cultura: origem e destino...". p.124.

cinema devia inspirar. E esse mesmo carácter era pretendido para os edifícios de *província*.

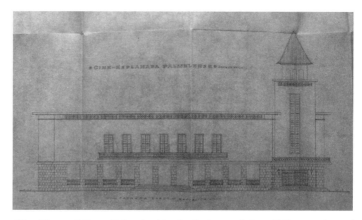

FIG. 14. Cine-Teatro S. João, Palmela. Alçado do Largo da República. Projecto de licenciamento. 1949. [IGAC]. Autor: Willy Braun [arq.]

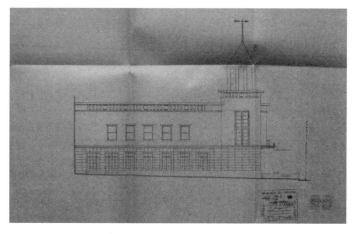

FIG. 15. Cine-Teatro Gardunha, Fundão. Alçado da Rua António Maria Pinto. Projecto de licenciamento. 1954. [IGAC]. Autor: Willy Braun [arq.]

De forma mais ou menos assumida o tratamento do gaveto em superfície curva surge em cerca de 20 dos Cine-Teatros analisados, correspondendo a cerca de 22% dos edifícios construídos de raiz. O Cine-Teatro Monumental de Lisboa, da autoria de Raul Rodrigues Lima, o Cine-Teatro Avenida de Castelo Branco, inaugurado em 1954 com projecto dos arquitectos Raul Caldeira e Albertino Galvão Roxo e o Cine-Teatro Imperador de São João da Madeira, de 1959, mostram uma torre curva envidraçada, com lâminas horizontais a contrapor a marcação vertical, rematada numa pala cilíndrica, mais acentuada no último caso. Do mesmo modo, no Cine-Teatro de Gouveia inaugurado na década anterior, em 1942, com projecto de Amílcar Pinto, a coluna dos acessos verticais assume-se como um volume saliente do edifício, curvo e envidraçado, reforçando o cunhal do edifício (fig.16).

O Cine-Teatro Avenida de Aveiro e o Cine-Teatro da Guarda (fig.17) tratam a entrada principal no gaveto em curva, protegida por um átrio exterior que inclui a escadaria de acesso ao interior. No primeiro caso, localizado na principal artéria urbana da cidade, esta situação é reforçada pela existência de uma pala saliente que serve de suporte publicitário. O caso do Cine-Teatro Messias da Mealhada (fig.18), também de Raul Rodrigues Lima, apesar de isolado junto à Estrada Nacional que atravessa a cidade, marca também, no ponto mais próximo do centro urbano, a entrada com um cunhal em curva rematado por uma varanda no piso superior e por uma torre de secção quadrada lateral, acentuado por uma série de formalismos regionalistas.

A relação urbana estabelecida por estes edifícios é fundamental no modo como eles se assumem, principalmente nas cidades de *província*, como novos equipamentos de referência. Para além da sua escala e da posição central na malha urbana, os Cine-Teatros vão recorrer a uma série de elementos de caracterização exterior que, no seu conjunto, produzem uma imagem identificadora e que lhes conferem o carácter de representação simbólica de edifício público.

Por um lado, vão-se evidenciar pela presença de grandes panos de fachada cegos, em especial no volume da caixa de palco, muitas das vezes emergente do edifício, reflectindo a dimensão e a função dos espaços internos. Em contrapartida, o maior investimento no tratamento exterior centrava-se na fachada principal correspondendo à zona da entrada, do vestíbulo e dos *foyers* ou mesmo dos salões de festas. Estes espaços, dedicados à sociabilização e aos momentos de convívio, libertos de requisitos que estavam associados ao encerramento das salas e das zonas técnicas, permitiam criar maior contacto com o exterior numa relação mais aberta através de envidraçados e mesmo varandas.

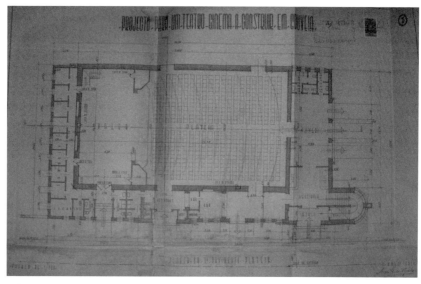

(A)

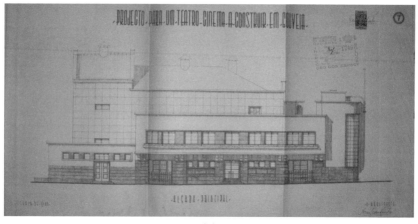

(B)

Fig. 16. Cine-Teatro de Gouveia. Planta ao nível da plateia (A); Alçado principal (B). Projecto de licenciamento. 1941. [IGAC]. Autor: Amílcar Pinto [arq.]

Ao contrário dos teatros do final do século XIX, os Cine-Teatros afirmaram o seu estatuto de equipamento público assumindo os volumes e empenas lisas, trabalhados ou com os elementos da linguagem modernista como as palas, as janelas de canto, as vitrines publicitárias e os *letterings* ou com os elementos de aproximação a referências decorativas regionalistas como os beirados, os pináculos, as esperas armilares, as cantarias e os relevos figurativos da simbologia do Estado Novo. Em qualquer dos casos, a distribuição funcional interna assume um imediato reflexo na imagem exterior do edifício, sendo possível ler pela composição volumétrica, a organização de cada edifício marcada pelos três momentos sequenciais: a distribuição, o auditório e os espaços técnicos de cena.

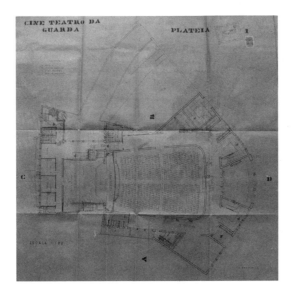

FIG. 17. Cine-Teatro da Guarda. Planta ao nível da plateia. Projecto de licenciamento. 1948. [IGAC]. Autor: Manuel Lima T. Magalhães

No Cine-Teatro São Pedro em Abrantes, inaugurado em 1949, Ruy Jervis d'Athouguia apresenta uma proposta de um edifício assumidamente encerrado onde adopta o sistema construtivo, "tal como o fim a que se destina a obra, na composição das fachadas, fazendo da própria estrutura o principal elemento da sua composição"[286]. O edifício principal estrutura-se em três

---

[286] Memória descritiva do Processo de Licenciamento do Cine-Teatro S. Pedro, 1947. Cit. por CORREIA, Graça – "Ruy dÐAthouguia. A modernidade em aberto". Casal de Cambra: Caleidoscópio – Edição e Artes Gráficas, SA, 2008. p. 70.

Fig. 18. Cine-Teatro Messias, Mealhada. Vista das fachadas da Estrada Nacional nº 1 (acesso). (Julho 2008). Autor: Raul Rodrigues Lima [arq.]

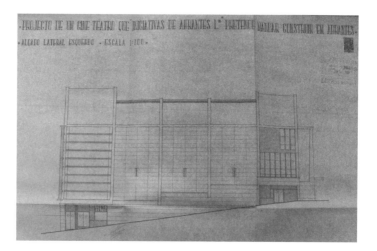

Fig. 19. Cine-Teatro São Pedro, Abrantes. Alçado da Rua Santo António. Projecto de licenciamento. 1947. [IGAC]. Autor: Ruy Jervis d'Athouguia [arq.]

volumes que correspondem, internamente, aos *foyers*, ao auditório e à caixa de palco. No exterior distinguem-se pela forma como cada um dos panos das fachadas que lhes correspondem são trabalhados (fig.19): a zona dos *foyers* que abre numa caixa envidraçada sobre a entrada e num grande envidraçado que acompanha as escadas sobre a rua lateral, combinando a caixilharia de ferro com elementos de cerâmica de cor preta (fig.20); a sala corresponde a um grande volume cego onde se destaca o embasamento adaptado ao declive da rua e a marcação de três tramos por molduras verticais em elementos de betão; o último volume corresponde à caixa de palco e contrapõe a altura do pano de parede com uma série de molduras horizontais que anulam o efeito do vértice cego. Este jogo de elementos verticais e horizontais confere uma dinâmica plástica ao tratamento dos volumes puros de betão, que no fundo não é mais do que o reflexo da organização funcional interior.

Fig. 20. Cine-Teatro São Pedro, Abrantes. Vista da fachada principal. (Maio 2008). Autor: Ruy Jervis d'Athouguia [arq.]

O Cine-Teatro Joaquim de Almeida no Montijo (fig.21) é outro caso onde "as fachadas traduzem com simplicidade a natural disposição das plantas, dispensando-se todo o ornato ocioso e valorizando-se apenas pelo contraste de volumes e de planos dentro da natural expressão funcional que lhe dará o adequado carácter de casa de espectáculos para Cinema e Teatro. As fachadas são ainda a natural consequência dos materiais e da estrutura de betão armado de que, onde possível, se tirou partido plástico"[287]. Aqui, como no Cine-Teatro

---

[287] Memória descritiva do Processo de Licenciamento do Cine-Teatro Joaquim de Almeida no Montijo com carimbo de entrada na Secção Técnica da IE de 12.12.1952. IGAC, Processo nº 15.07.0001, "Cine-Teatro Joaquim de Almeida, Montijo".

Luísa Todi em Setúbal, no Cine-Teatro Virgínia em Torres Novas ou no Teatro de Gil Vicente em Coimbra, inaugurados já na transição da década de 1960, as caixas de palco assumem-se como remate do edifício, elevando-se num volume puro independente do tratamento dado às restantes fachadas. Pelo contrário, estas aparecem trabalhadas de modo plástico com grelhas geométricas ou com grandes envidraçados entre módulos estruturais.

Por outro lado, casos como o Cine-Teatro de Santo Tirso ou do Peso da Régua (fig.22) apresentam ostensivamente fachadas cegas, sem qualquer abertura para além da entrada rasgada no volume e de um friso superior que acompanha todo o desenvolvimento no alçado. Independentemente da opção formal tomada, a novidade estava na atitude de assumir as fachadas como, por um lado, expressão directa do interior e, por outro, como expressão directa do carácter do edifício. Como justifica Keil do Amaral, referindo-se ao Cine-Teatro de Nelas (fig.23), "nas fachadas, embora procurássemos conseguir um certo sabor regional com o emprego de materiais da região, não poderíamos abstrair da finalidade do edifício, nem falsear a expressão que normalmente deveriam ter paredes lisas e sem vãos"[288].

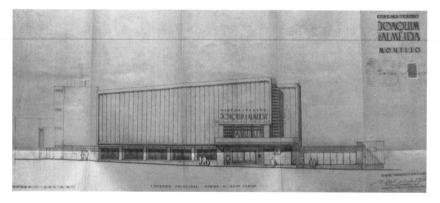

FIG. 21. Cine-Teatro Joaquim de Almeida, Montijo. Alçado da Praça Joaquim de Almeida. Projecto de licenciamento. 1952. [IGAC]. Autor: Sérgio B. Gomes e Francisco Gonçalves [arqs.]

---

[288] AMARAL, Keil in Memória Descritiva do Ante-Projecto do Cine-Teatro de Nelas com carimbo de entrada na Secção Técnica da IE de 13.3.1945. IGAC. Processo nº18.09.0001, "Cine-Teatro de Nelas".

Mesmo nos casos onde se recorre a uma linguagem mais decorativa ou mesmo doméstica, assume-se a distribuição funcional interna na composição volumétrica exterior, articulando volumes onde, em geral, se destaca a presença da entrada e da caixa de palco. O Cine-Teatro Curvo Semedo, em Montemor-o-Novo (fig.24), construído com projecto de Raul Lino em duas fases (1925/1960) tem, ainda hoje, uma escala impressionante no conjunto da cidade. Implantado num enquadramento isolado apresenta um pórtico central exterior que antecede a entrada, ladeado por dois volumes simétricos, cilíndricos, rematados por uma pérgola que limita o terraço superior numa "fisionomia francamente tradicional com laivos de classicismo"[289]. No entanto, mais uma vez reflecte a organização do interior. Devido à estrutura interna da sala, ainda próxima da tradição da cena italiana, ou seja, encerrada no interior em forma de ferradura com circulação periférica, permite abrir janelas ao longo dos panos das fachadas laterais que correspondem, precisamente, às zonas de circulação.

FIG. 22. Cine-Teatro Avenida, Peso da Régua. Vista do Alçado principal. (Dezembro 2006)

---

[289] LINO, Raul in Memória Descritiva do aditamento ao Projecto de Licenciamento do Cine-Teatro Curvo Semedo, com carimbo de entrada na Secção Técnica da IE de 12.10.1956. IGAC. Processo nº 07.06.0001. "Cine-Teatro Curvo Semedo, Montemor-o-Novo".

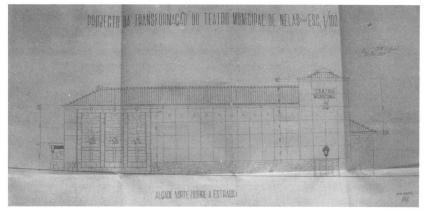

FIG. 23. Cine-Teatro de Nelas. Alçado. Projecto de licenciamento. 1945. [IGAC]. Autor: Keil do Amaral. [arq.]

(A)   (B)

FIG. 24. Cine-Teatro Curvo Semedo, Montemor-o-Novo. Vista da fachada principal (acesso) e posterior (caixa de palco). (Agosto 2008). Autor: Raul Lino [arq.]

No remate do edifício, a caixa de palco eleva-se num volume autónomo, esse sim, mais encerrado. Tal como se pode ler na memória descritiva que acompanha o projecto quando reenviado para apreciação da IE em 1940, "no sentido longitudinal, o edifício pode dividir-se em três corpos"[290]. Esta era

---

[290] CARVALHO, Schiappa de in Memória Descritiva do Projecto de Licenciamento do Cine-Teatro Curvo Semedo, assinada pelo Engenheiro Schiappa de Carvalho com carimbo de 24.5.1940. IGAC. Processo nº 07.06.0001. "Cine-Teatro Curvo Semedo, Montemor-o-Novo".

a resposta imediata ao decreto-lei de 1927 onde se definia a organização do edifício em três partes distintas e sequenciais: as duas primeiras destinadas ao público e a última aos trabalhos cénicos".

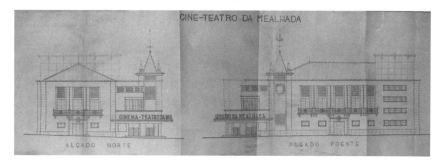

FIG. 25. Cine-Teatro Messias, Mealhada. Alçados da Estrada Nacional nº1. Projecto de licenciamento. 1947. [IGAC]. Autor: Raul Rodrigues Lima [arq.]

No caso do Cine-Teatro Messias na Mealhada, a localização do *foyer* sobre o vestíbulo a eixo da sala e do salão de festas lateral à sala permite que o edifício ganhe um tratamento semelhante nas duas fachadas orientadas para as vias públicas, reforçado pela entrada no gaveto, deixando para o lado posterior a empena cega da caixa de palco (fig.25). Segundo o próprio Raul Rodrigues Lima afirma na *Memória Descritiva e Justificativa do Projecto de uma Sala de espectáculos a Construir na Mealhada* "dei às duas fachadas que formam o gaveto maior importância (...). Os elementos predominantes serão a torre, a marquesina e os grupos centrais constituídos pelos janelões da sala de festas e do *foyer*. Para as outras fachadas procurei arranjar motivos decorativos que se conjugassem com as necessidades internas e não destoassem do conjunto"[291].

Por contraponto com as situações urbanas em gaveto, a estrutura de desenvolvimento longitudinal com entrada a eixo reflectia-se frequentemente numa solução de composição simétrica do alçado principal, com a entrada ao centro rematada por palas, varandas ou envidraçados totalizando, dentro dos Cine-Teatros construídos de raiz estudados, cerca de 1/3 dos casos. Nos restantes, muitas vezes essa rigidez era quebrada pela introdução de uma torre

---

[291] Memória Descritiva do Projecto de Licenciamento do Cine-Teatro Messias da Mealhada (Maio de 1947). IGAC, Processo nº 01.11.0003. "Cine-Teatro Messias, Mealhada".

lateral que funciona como elemento de referência urbana e, independentemente da sua formalização, representa "sempre um sinal de modernidade para o edifício que culmina"[292].

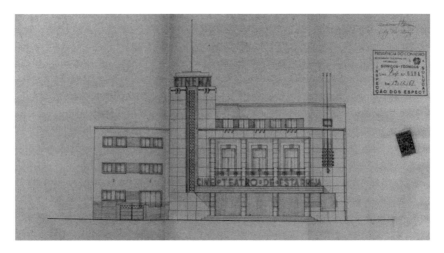

Fig. 26. Cine-Teatro de Estarreja. Alçado principal. Desenhos finais. 1961. [IGAC]. Autor: Raul Rodrigues Lima [arq.]

O Cine-Teatro de Estarreja (fig.26) e o Cine-Teatro de Vila Franca de Xira apresentam no seu exterior a pala sobre a entrada, o envidraçado no alçado principal marcado pela leitura de três tramos verticais mas também a torre lateral onde se localizam os acessos verticais e que, em simultâneo, quebra a simetria axial da fachada. Ainda assim, o primeiro caso, da autoria uma vez mais de Raul Rodrigues Lima, apresenta uma solução mais requintada, com o recuo do volume do corpo principal do alçado, criando um terraço no último piso, sobre o *foyer*. Devido à situação urbana dos lotes em que se implantaram, os dois exemplos acima referidos recorrem à criação de um pátio lateral com características de rua privativa que permitia não só o acesso às zonas públicas do edifício, como a entrada de serviço, aproveitando a quebra da frente

---

[292] FERNANDES, José Manuel – "Arquitectura Modernista em Portugal [1890-1940]". Lisboa: Gradiva, 1993. p.67.

urbana contínua para, com a localização da torre, destacar o edifício da restante volumetria.

A mesma imagem é retomada pelo Cine-Teatro de Mira d'Aire ou ainda pelo Cine-Teatro do Gavião. Também no Cine-Teatro de Benavente e de São Brás de Alportel, a torre é utilizada como referência urbana, ainda que nestes casos não se isole num gaveto mas surja na frente urbana, fazendo apenas a marcação na altura. Nestes dois Cine-Teatros a torre é contraposta por uma moldura horizontal que marca o corpo do edifício e recentra a entrada.

Essas mesmas torres tinham na sua origem um propósito funcional servindo, muitas vezes, para acondicionar no topo o depósito de água exigido na legislação, justificando assim, a sua subida para além da cércea do edifício. Outra localização frequente do depósito era no cimo da caixa de palco. Apenas em raras excepções, como no Cine-Teatro de Sobral de Monte Agraço, no Cine-Teatro São Pedro de Espinho ou, do mesmo autor, no Cine-Teatro Alba em Albergaria-a-Velha (fig.27), o depósito surge exposto no exterior, acima do edifício, onde adquire uma presença inusitada. Em Monte Real, o depósito surge também isolado na parte posterior do Cine-Teatro mas sem ultrapassar a cércea da cobertura como nos casos anteriores.

Fig. 27. Cine-Teatro Alba, Albergaria-a-Velha. Alçados. Projecto de licenciamento. 1945. [IGAC]. Autor: Júlio José de Brito [arq.]

Para além dos grandes envidraçados, centrais ou de cunhal é comum o recurso a pequenos vãos circulares que pontuam, em momentos excepcionais, a composição do alçado: encontram-se no Cine-Teatro da Chamusca, de Ovar, de Aveiro, da Covilhã, de Sesimbra e novamente em Lagos. Apenas em Alcácer do Sal são utilizados como solução recorrente, caracterizando todo o volume lateral dos camarins. No Coliseu do Porto, dentro de uma lógica menos casual, surgem associados ao remate das longas janelas rectangulares que acompanham o recorte do volume.

À semelhança do que acontecia nas novas salas de cinema, a composição dos alçados dos Cine-Teatros contava também com a publicidade, a iluminação e principalmente o *lettering*. Presente sobre a entrada, nas torres ou no remate do edifício, o *lettering* associava o sentido de modernidade do equipamento com a necessidade de afirmação da sua função.

O exemplo mais emblemático, para além de pioneiro, é obviamente o Capitólio. No entanto, em muitos outros casos, esses elementos contribuíram para a identificação do edifício. É o caso do Teatro Rosa Damasceno (fig.28), com o grafismo *déco* no remate da *bow-window* que acompanha os pisos de *foyers*; do Cine-Teatro de Espinho, com o nome iluminado sobre a torre; no Cine-Teatro Império em Lisboa, com as enormes letras entre as torres de canto e esferas armilares e também no Cine-Teatro Luísa Todi em Setúbal iluminado na fachada e sobre a caixa de palco. No Cine Teatro Joaquim de Almeida no Montijo a composição do alçado é reforçada com o *lettering* sobre a varanda que marca a entrada principal mas também com a sucessão de vitrines publicitárias que fazem o contacto do edifício com a rua.

Dois outros exemplos de referência, já mencionados, são o Éden Teatro em Lisboa com a sua fachada encerrada para suporte de painéis publicitários e o Coliseu do Porto onde se reúnem todos estes elementos: a torre, a pala, o envidraçado, os vãos circulares e o *lettering*. Nas palavras de Cassiano Branco, autor dos dois edifícios, "o alçado de uma casa de espectáculos deve ser um elemento de publicidade permanente, melhor ainda, deve ser um espectáculo de formas e de luz que impressionem o espírito do público que as vê"[293]. Ainda que com algumas limitações de escala ou de qualidade que não podem ser comparadas com estas duas obras, muitos dos Cine-Teatros tentaram aplicar este princípio na composição da sua imagem e impor-se, também por essa via, como equipamento de carácter público.

---

[293] Cit, por PINTO, Paulo Tormenta – "Cassiano Branco, 1897-1970 – Arquitectura e artifício". Casal de Cambra: Caleidoscópio – Edição e Artes Gráficas, S.A., 2007. p.92.

Fig. 28. Teatro Rosa Damasceno, Santarém. Vista da fachada principal. (Setembro 2008). Autor: Amílcar Pinto [arq.]

4.3. A organização interna: as salas de espectáculos

A definição do Cine-Teatro como equipamento de referência urbana nas cidades, principalmente nas de menor dimensão, é assim, em parte, fruto do reflexo exterior de uma renovada distribuição interna destes edifícios onde "no conjunto, como é lógico, a sala de espectáculos domina todas as dependências"[294]. Construídos para funcionar como cinema e teatro, estes edifícios pretendiam, em primeiro lugar, responder ao programa cinema pois esse era o fim moderno e cosmopolita a que se destinavam. As ambiguidades da dupla função foram, pouco a pouco, sendo substituídas por um novo entendimento do programa misto, que assentou princípios e modos de relação interna.

Ainda assim, na passagem dos teatros de tradição italiana para os Cine-Teatros encontram-se uma série de edifícios onde se pode encontrar soluções em betão armado com respostas aos requisitos técnicos mas recorrendo, quer

---

[294] LIMA, Raul Rodrigues in Memória Descritiva do Projecto do Cine-Teatro de Estarreja com carimbo de entrada na Secção Técnica da IE de 14.4.1945. IGAC, Processo nº01.08.0001 "Cine-Teatro de Estarreja".

em termos de linguagem arquitectónica, quer em termos de desenho da sala e das suas relações internas, a modelos anteriores. É o caso do Cine-Teatro do Luso, do Cine-Teatro Louletano, do Cine-Teatro de Elvas ou mesmo do Teatro Rivoli no Porto.

No entanto, no mesmo período, em 1931, é inaugurado na pequena vila de Vieira de Leiria um Cine-Teatro que, apesar de uma enorme simplicidade, já traduz com clareza os princípios de composição e organização associados a estes edifícios: no exterior, a leitura dos três volumes e a composição axial do alçado com a varanda centrada sobre a entrada enquadrada pelas duas janelas laterais; no interior, a organização sequencial dos espaços de distribuição e convívio, de auditório e da caixa de palco e zonas técnicas, a sala rectangular perfeitamente delimitada do volume da caixa de palco e a organização em plateia com pendente e balcão paralelo ao écran com o desenho ligeiramente concêntrico e rematado pela cabine de projecção. Como nota L. Soares Carneiro "entre a generalização da forma mais ou menos tipificada dos cine-teatros, de sala rectangular, com um ou dois balcões, e os velhos teatros de raiz italiana, existiram uma série de híbridos onde a manutenção de alguns camarotes, onde a reminiscência dos balcões laterais, onde os vestígios da curva da sala se vão ainda misturar com as linhas fluidas, as sancas de luz e os amplos vãos de linguagem modernista"[295].

Na realidade, a manutenção dos camarotes e das galerias laterais combinada com o desenho dos balcões entre toda a largura da sala foi um dos elementos que criou maior resistência e que tardou em permitir a aceitação do novo modelo de sala na sua totalidade. O Teatro Rosa Damasceno, construído no local da anterior sala do século XIX com projecto de 1937 de Amílcar Pinto, apesar de introduzir uma série de novas referências arquitectónicas e espaciais, mantém na organização do segundo piso, a que chama *do Foyer e Camarotes* (fig.29), uma disposição de camarotes em galeria lateral até junto da boca de cena. Em contrapartida, explora a capacidade construtiva do betão armado ao lançar o balcão em toda a largura da sala e na construção da marquise "que suporta um corpo saliente semi-circular que se eleva a toda a altura da fachada com caixilho em ferro e vidro decorativo"[296] que vai caracterizar a

---

[295] CARNEIRO, Luís Soares – "Teatros Portugueses de Raiz Italiana". vol. II, p.1151.
[296] PINTO, Amílcar in Memória Descritiva do "Projecto dos Trabalhos das Alterações a fazer para a Ampliação e Modificação do Teatro Rosa Damasceno em Santarém" (Maio de 1937). IGAC. Processo nº 14.16.0001. "Teatro Rosa Damasceno, Santarém".

imagem de modernidade do edifício, tal como os trabalhos de luz, desenho de mobiliário integrado e do pormenor, numa linguagem marcadamente *déco*.

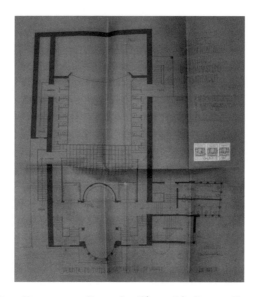

FIG. 29. Teatro Rosa Damasceno, Santarém. Planta "do Foyer e Camarotes". Projecto de licenciamento. 1937. [IGAC]. Autor: Amílcar Pinto [arq.]

No Cine-Teatro Curvo Semedo em Montemor-o-Novo, da autoria de Raul Lino, construído segundo os princípios tradicionais de uma sala de teatro (fig.30), na versão final suprimem-se os camarotes e frisas junto à boca de cena "para tornar possível, a par das boas condições para a utilização da sala como teatro, a sua utilização para cinema, acompanhando a evolução da técnica e exigências modernas"[297].

---

[297] LINO, Raul in Memória Descritiva do aditamento ao "Projecto de Licenciamento do Cine-Teatro Curvo Semedo", com carimbo de entrada na Secção Técnica da IE de 12.10.1956. IGAC. Processo nº 07.06.0001. "Cine-Teatro Curvo Semedo, Montemor--o-Novo".

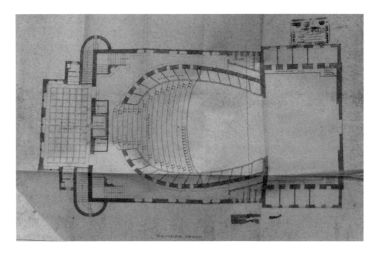

Fig. 30. Cine-Teatro Curvo Semedo, Montemor-o-Novo. Planta da 1ª ordem (vermelhos e amarelos). Projecto de licenciamento. 1956. [IGAC]. Autor: Raul Lino [arq.]

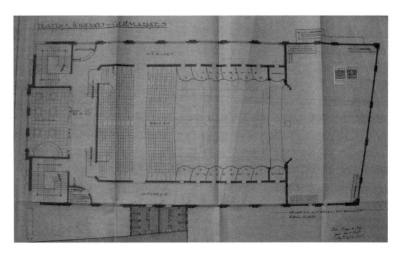

Fig. 31. Cine-Teatro Jordão, Guimarães. Planta ao nível do balcão. Projecto de licenciamento. 1937. [IGAC]. Autor: Júlio José de Brito [arq.]

De qualquer modo, fruto de uma longa tradição da distinção de lugares, quase todos os Cine-Teatros construídos de raiz mantiveram, ainda que em número residual, a presença de camarotes ou frisas, localizadas agora no limite do balcão. Dos Cine-Teatros em que foi possível analisar as peças desenhadas do seu projecto ou os ofícios de lotação respectivos, até ao final da década de 1930 apenas dois não possuíam qualquer camarote ou frisa. Entre 1940 e 1949 esse número sobe para cinco e entre 1950 e 1959 atinge os dezasseis ainda assim menos de metade dos casos construídos nesse período.

Tal como no caso do Cine-Teatro Curvo Semedo, é mesmo possível encontrar ainda um desenho de sala encerrado no interior com circulação periférica, numa clara referência aos teatros de raiz italiana. Uma das grandes transformações que caracteriza as salas dos Cine-Teatros é precisamente, devido à capacidade estrutural do betão armado conjugada com as reflexões teóricas sobre a disposição de um sala de cinema valorizando a relação frontal com o écran, a configuração rectangular ou, menos frequentemente, em leque mas ocupando toda a largura do volume.

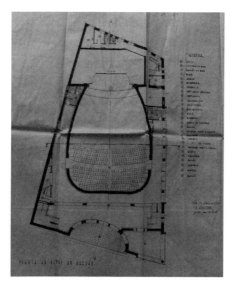

Fig. 32. Cine-Teatro Alba, Albergaria-a-Velha. Planta ao nível do balcão. Projecto de licenciamento. 1945. [IGAC]. Autor: Júlio José de Brito [arq.]

No entanto, a tradição ligada à concepção das salas de espectáculos fez manter, ainda que com diferentes configurações e relações internas, o desenho de sala central com circulações periféricas: é o caso do Cine-Teatro Jordão de Guimarães, de Júlio José de Brito, que apesar da sala regular apresenta uma organização espacial muito tradicional, mantendo ainda as frisas de plateia e os camarotes laterais (fig.31). Do mesmo autor, o Cine-Teatro Alba de Albergaria-a-Velha, inaugurado uma década depois, em 1948, apresenta também a sala isolada no centro da composição, recuperando a forma de ferradura mas estruturada em plateia e balcão com os lugares dispostos paralelos ao balcão, segundo uma linha ligeiramente concêntrica (fig.32). Neste conjunto o que se irá ter maior destaque é a entrada e o salão na esquina, aberto no alçado.

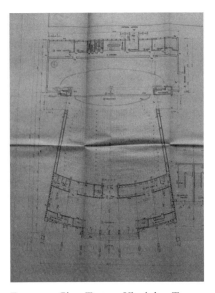
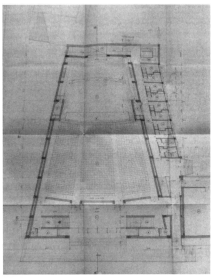

Fig. 33. Cine-Teatro Virgínia, Torres Novas. Planta ao nível da plateia. Projecto de licenciamento. 1955. [IGAC.]. Autor: Fernando Schiappa de Campos [arq.]

Fig. 34. Teatro de Gil Vicente, Coimbra. Planta ao nível da plateia. Projecto de licenciamento. 1965. [IGAC.]. Autor: Alberto Pessoa e João Manta [arqs.]

Por outro lado, o desenho da sala em leque que correspondia de forma mais canónica às regras ditadas para a projecção cinematográfica, apenas surge, e por vezes timidamente, em sete salas[298]. Destas, somente duas transpõem a planta em leque para a volumetria do edifício assumindo para o exterior a

---

[298] São elas o Cine-Teatro de Monte Real, o Cine-Teatro Virgínia de Torres Novas, o Cine-Teatro Joaquim de Almeida no Montijo, o Teatro de Gil Vicente em Coimbra, o Cine-Teatro Silvense, o Cine-Teatro Augusto Correia de Vila Nova de Famalicão e o Cine-Teatro

relação entre o programa e a forma adoptada: o Cine-Teatro Virgínia de Torres Novas (fig.33), de Fernando Schiappa de Campos e o Teatro de Gil Vicente de Coimbra (fig.34), de Alberto Pessoa e João Manta.

Também em dois projectos não construídos, a primeira versão do projecto para o Cine-Teatro São João do Entroncamento (fig.35), de 1957, dos arquitectos José Croft de Moura e Henrique Albino e a proposta do Cine-Teatro de Famalicão de Fernando Barbosa e Marques de Aguiar, também de 1957, adoptavam a forma trapezoidal gerada a partir da organização da planta em leque. Este último, publicado na revista *A Arquitectura Portuguesa e Cerâmica e Edificação* é então considerado como um exemplo onde "todo o volume da construção é uma sequência lógica da parte mais importante do conjunto: a sala de espectáculos. A solução, portanto, não partiu de fora para dentro como é hábito nestes casos mas de dentro para fora"[299].

FIG. 35. Cine-Teatro do Entroncamento. Perspectiva. Projecto de licenciamento (não construído). 1957. [IGAC.]. Autor: João Croft de Moura e Henrique Albino [arqs.]

No Cine-Teatro Virgínia o desenho da sala com "desenvolvimento em leque (...) é determinado lateralmente pelo limite da boa visibilidade" e o seu perfil é determinado pelo esquema proposto – plateia com pendente, 1º e 2º balcão com inclinação contínua e cabine de projecção no topo – conside-

---

Gardunha, do Fundão. De notar que todos eles se referem a edifícios inaugurados a partir da segunda metade da década de 1950.

[299] "A Arquitectura portuguesa e cerâmica e edificação: revista mensal técnica industrial e edificação". Lisboa: nº 13 (1958). p.5-13.

rando "como ponto de vista a base do écran ou um ponto situado no plano do pano de boca e a 50cm do chão". Com este "volume e configuração da sala os problemas de acústica ficam largamente facilitados"[300].

Conforme se pode constatar da leitura das Memórias Descritivas de vários projectos, o tratamento das questões acústicas tinha enorme importância quer na escolha dos materiais de revestimento das paredes das salas quer no tratamento dos tectos. Na *Memória Descritiva do Projecto do Cine-Teatro do Montijo* os arquitectos Sérgio Botelho Gomes e Francisco Blasco Gonçalves referem que "a forma da sala foi estudada por forma a garantir tanto quanto possível as melhores condições acústicas, pelo que as suas paredes e o tecto se dispõem não paralelamente e terão forma e revestimentos adequados"[301] (fig.36).

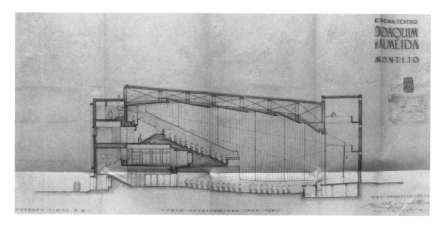

Fig. 36. Cine-Teatro Joaquim de Almeida, Montijo. Corte longitudinal. Projecto de licenciamento. 1952. [IGAC.]. Autor: Sérgio B. Gomes e Francisco Gonçalves [arqs.]

Em 1940, num artigo publicado na *Revista Oficial do Sindicato Nacional dos Arquitectos*[302], Raul Rodrigues Lima tinha colocado a importância das condi-

---

[300] CAMPOS, Fernando Schiappa in Memória Descritiva do "Projecto do Cine-Teatro Virgínia de Torres Novas" (Março de 1955). ICAG, Processo nº 14.19.0001, "Cine-Teatro Virgínia, Torres Novas".

[301] Memória Descritiva do "Projecto do Cine-Teatro Joaquim de Almeida" (Dezembro de 1952). IGAC. Processo nº 15.07.0001, "Cine-Teatro Joaquim de Almeida, Montijo"

[302] LIMA, Raul Rodrigues – Cinearte. "Revista Oficial do Sindicato Nacional dos Arquitectos". Lisboa. nº12 (Janeiro/Fevereiro 1940). p.334.

ções de audibilidade não na forma da sala mas "do revestimento das paredes, do tecto, do pavimento, do mobiliário e sobretudo dos espectadores", defendendo a aplicação de soluções e materiais que evitassem quer a reflexão como a reverberação do som.

Neste contexto, a localização da cabine de projecção torna-se um elemento fundamental na configuração das salas de espectáculos. A aplicação dos conceitos teóricos sobre a disposição das salas segundo distâncias e ângulos ideais para optimizar as condições de visibilidade e de acústica implicava que a cabine se localizasse no fundo do auditório, a eixo do écran, condicionando a disposição dos lugares e a secção da sala. Por outro lado era necessário compatibilizar a relação entre a cabine e o écran com os acessos, a ventilação e os restantes requisitos técnicos dedicados a esse espaço[303].

A relação da cabine de projecção com o perfil da sala, fundamental na definição da sua secção, aparece sempre explícita nos cortes longitudinais que compunham as peças desenhadas dos processos de licenciamento, muitas vezes reforçada pelo desenho dos eixos que delimitam o campo de visão em relação ao écran. O seu posicionamento relativo ao écran, em distância e altura, não se pode autonomizar da relação que estabelece com a organização dos vários níveis da sala.

A situação mais comum era a localização do conjunto composto pela cabine de projecção, cabine de enrolamento e posto do bombeiro ao fundo da sala sobre o último balcão. O acesso podia ser feito através de um último piso exclusivo para as zonas técnicas ou então partilhado com o nível de entrada no último balcão e, muitas vezes, com o seu *foyer*. Nestes casos, localizava-se num núcleo central fazendo a barreira entre a sala e as zonas de convívio prescindindo do contacto directo com a fachada em detrimento destes espaços mais nobres.

Apenas em sete dos Cine-Teatros analisados a cabine vai alterar a sua posição, passando a ocupar um nível a meia cota, entre o 1º e o 2º balcão[304]. Apesar de introduzir alguma complexidade nos acessos e na clarificação entre

---

[303] A cabine de projecção torna-se um dos elementos mais exigentes em termos de cumprimento das normas de segurança e que, conforme referido, obriga por si só a maior número de licenciamentos e obras de adaptação dos Cinemas e Cine-Teatros.

[304] Esta situação verifica-se no Cine-Teatro Louletano (1930), no Teatro Rosa Damasceno de Santarém (1938), no Cine-Teatro de Abrantes (1949), no Cine-Teatro *Pax Julia* de Beja (1952), no Cine-Teatro Crisfal de Portalegre (1956), no Cine-Teatro Curvo Semedo de Montemor-o-Novo (1960) e no Cine-Teatro Luísa Todi de Setúbal (1960).

os espaços públicos e as zonas técnicas, esta localização verifica-se nalguns dos exemplos de maior qualidade arquitectónica e espacial: no Teatro Rosa Damasceno em Santarém de Amílcar Pinto, no Cine-Teatro São Pedro em Abrantes de Ruy Jervis de Athouguia, no Cine-Teatro Luísa Todi em Setúbal de Fernando Silva (fig.37) ou no Cine-Teatro de Montemor-o-Novo de Raul Lino, sendo que neste, ainda com uma estrutura muito tradicional, se encontra no nível dos camarotes de 1ª ordem (fig.38).

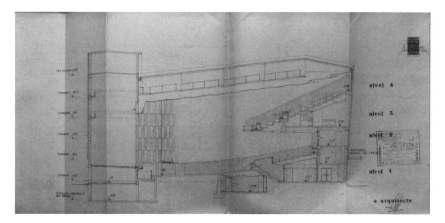

Fig. 37. Cine-Teatro Luísa Todi, Setúbal. Corte longitudinal. Projecto de licenciamento. 1955. [IGAC.]. Autor: Fernando Silva [arq.]

Independentemente da permanência de alguns lugares em camarote ou frisa e dos casos pontuais em que se manteve um balcão ou galeria lateral, os auditórios dos Cine-Teatros vão apresentar, de um modo geral, uma organização em plateia e balcão, sendo por vezes divididos entre si por sectores, originando as categorias de 1ª e 2ª plateia ou 1º e 2º balcão. Surge também a denominação de tribuna. Segundo Margarida Acciaiuolli foi no *Projecto de Remodelação do Salão Central* em Lisboa, em 1918, que o arquitecto João Baptista Nunes primeiro aplicou esta designação ao cinema referindo-se "aos anteriores lugares do balcão de primeira ordem"[305]. No entanto, nos Cine-

---

[305] BRITO, Margarida Acciaiuoli de – "Os Cinemas de Lisboa...". p.116.

Teatros posteriores, a tribuna, quando existe, surge localizada no fundo da plateia, ligeiramente elevada mas independente do balcão[306].

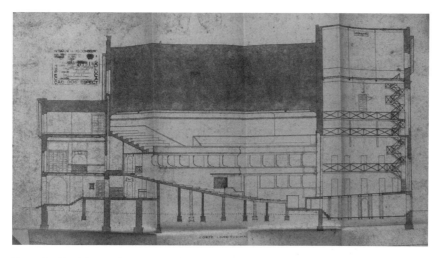

Fig. 38. Cine-Teatro Curvo Semedo, Montemor-o-Novo. Corte longitudinal. Projecto de licenciamento. 1956. [IGAC]. Autor: Raul Lino [arq.]

No Cine-Teatro de S. Brás de Alportel (fig.39), assim como no Cine-Teatro Francisco Ventura no Gavião, não existe qualquer balcão e a tribuna está localizada ao fundo da sala com acesso directo pelo átrio de entrada enquanto que o acesso para a plateia se faz lateralmente, através do *foyer*, neste caso denominado de *Sala de fumo*. No Cine-Teatro de Santo Tirso a situação é semelhante mas aqui existe um balcão superior que funcionava como geral.

No Cine-Teatro Luísa Todi de Setúbal e no de Monte Real volta a existir a tribuna mas com acesso comum com a plateia, a partir do átrio principal. Nestes casos, o acesso secundário estava reservado para o balcão ou geral. Em todos estes exemplos a tribuna, ainda que dividisse o espaço da sala era ligeiramente elevada, criando uma distinção de lugares fisicamente delimitada. No caso do Cine-Teatro João Mota de Sesimbra, inaugurado apenas em 1962 mas com projecto de 1956, a tribuna é simplesmente a continuação da pen-

---

[306] Nos casos estudados em que se teve acesso às peças desenhadas, apenas se registam sete salas de Cine-Teatro construídas de raiz com a incorporação da Tribuna, o que corresponde a menos de 7% do total.

dente da plateia com um murete a fazer a separação o que, ainda assim, era o suficiente para obrigar a acessos independentes (fig.40). No Coliseu do Porto, com uma escala e configuração de sala bastante distinta, a tribuna refere-se ao primeiro anel de cadeiras sobre a plateia, com acesso independente a partir da galeria de distribuição.

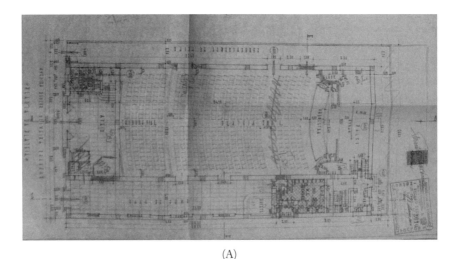

(A)

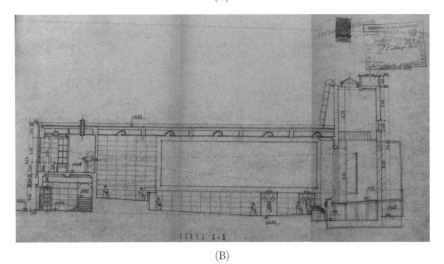

(B)

FIG. 39. Cine-Teatro de São Brás de Alportel. Planta ao nível da plateia (A); Corte longitudinal (B). Projecto de licenciamento. 1950. [IGAC]

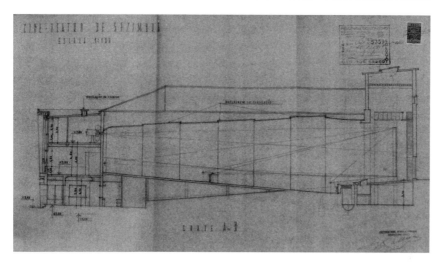

FIG. 40. Cine-Teatro João Mota, Sesimbra. Corte longitudinal. Projecto de licenciamento. 1956. [IGAC]. Autor: António José d'Ávila Amaral [eng. civil]

No entanto, a categorização de lugares tornava-se mais evidente na localização da Geral. Considerada desde os teatros de tradição italiana como o "pior lugar classificado numa sala de espectáculos e o mais barato" localizava-se, nestes, "ao fundo da plateia, de lado ou ainda por cima dos camarotes"[307]. Em contrapartida, nas salas de cinema ocupava os lugares mais próximos do écran com visibilidade bastante reduzida[308]. Nos Cine-Teatros, na conciliação dos espectáculos de cinema e teatro numa única sala, assumia-se a distância ao écran/palco e a situação periférica como a pior localização, qualquer que fosse o tipo de espectáculo. Quando possível, a Geral foi remetida para o fundo da sala, no último balcão. No entanto, esta situação dependia da existência de um segundo balcão uma vez que em salas de menor dimensão, apenas com pla-

---

[307] BASTOS, António de Sousa – "Dicionário de teatro português". Coimbra: Minerva, 1994. Edição fac-simile de Lisboa: Imprensa Libanio da Silva, 1908. p.70.

[308] Como descreve Manuel C. Teixeira, referindo-se à segunda plateia, a *geral*, do Royal Cine em Lisboa, "era a categoria mais baixa do cinema. Instalada no antigo fosso de orquestra tinha cadeiras duras de pau e um ângulo de visão em que o grande écran parecia despencar sobre nós e nos fazia sair das sessões com um torcicolo". TEIXEIRA, Manuel C. – Arquitectura e Cinema. In PORTUGAL. Cinemateca Portuguesa, Museu do Cinema – "Cinema e Arquitectura". Organização da Cinemateca Portuguesa. Colaboração de António Rodrigues. Lisboa: Cinemateca Portuguesa, Museu do Cinema, 1999. p.26.

teia e um único balcão, a geral voltava a ocupar as filas da frente, reservando o balcão para os melhores lugares. Em qualquer dos casos, a geral contava sempre com *foyers*, instalações e acessos independentes. Na análise dos Cine-Teatros apresentados, quase 1/3 fazem referência directa, quer seja nas Memórias Descritivas ou na legenda dos desenhos, à existência de uma geral. Destes, em 52% a geral localiza-se no balcão ou 2º balcão contra 48% em que funciona na 2ª plateia, aquela que se desenvolve nos lugares mais próximos do palco.

Apesar de teoricamente a relação do fundo da sala para o écran não ser desfavorável, por vezes, quando ocupado pela geral, a inclinação do balcão e o afastamento eram tais que já não permitiam uma boa relação visual e acústica. No artigo publicado na revista *Arquitectura*[309] sobre a inauguração do Cine-Teatro Virgínia em Torres Novas, apesar de realçada a "arquitectura honestamente encarada sem preconceitos", a "qualidade da sala de espectáculos", a "integração dos valores arquitecturais e a criação dos correlativos valores humanos" não deixa de se apontar como negativa a solução da geral "que contribui para acentuar o isolamento psíquico dos seus espectadores em relação ao resto da sala", situação porém decorrente de uma "imposição do programa".

De facto, a solução da existência de uma geral, destinada a lugares mais baratos e portanto, à partida, destinada a pessoas de classes sociais inferiores, estava implícita no programa. A justificação da configuração da sala em função da distribuição dos lugares por categoria aparece frequentemente nas memórias descritivas dos processos de licenciamento de Cinemas e Cine-Teatros onde se considerava que "a distribuição interna teve de obedecer à exigência de uma total separação dos frequentadores do balcão Geral dos restantes espectadores"[310]. Na *Memória Descritiva do Projecto do Cinema Palácio em Viana do Castelo*[311], o arquitecto Leonardo Castro Freire distingue a organização da sala "em duas partes distintas, a saber: os camarotes e a plateia alta, para pessoas de maiores posses, com a sua entrada pela frente do edifício, com o seu átrio, *foyer* e bar, etc. Estas peças serão naturalmente tratadas com um aspecto mais luxuoso que o resto do edifício; a plateia baixa, com uma entrada separada, o

---

[309] "Arquitectura: revista mensal de arte e construção". Lisboa: nº 59 (Julho 1957). p.16-19.

[310] Memória Descritiva do Projecto de Licenciamento do Cine-Teatro de Pombal (Abril de 1940). IGAC, Processo nº 10.s.n. "Cine Teatro de Pombal".

[311] IGAC, Processo nº 16.09.0001, "Cinema Palácio, Viana do Castelo".

seu átrio de acesso e o seu botequim, etc., tratadas de uma maneira mais simples, será destinada a uma frequência de pessoas com menos posses".

Segundo Vieira Caldas "em Portugal a selecção e estratificação era bem marcada. No caso dos cinemas essa estratificação não resultava apenas (...) da autopressão dos mais desfavorecidos, mas de uma determinação do projecto de arquitectura que, à partida, definia diferentes lugares para diferentes classes sociais"[312]. Nessa sectorização social, a sala de espectáculos, independentemente dos acessos e dos *foyers*, representava o único espaço verdadeiramente comum a todos os lugares onde, partilhando o mesmo espectáculo, convivia "um público que, sem distinção de classes, aprende no interior da sala às escuras dos cinemas, a ser simples espectador"[313].

4.4. Os espaços de sociabilização: *foyers* e os salões

Independentemente de se assumirem como equipamentos frequentados por todas as classes sociais, Cinemas e Cine-Teatros mantinham a distinção social através da demarcação dos diferentes lugares no interior da sala de espectáculos e principalmente, da separação dos circuitos e espaços de convívio. A importância atribuída a estes espaços reflectia-se no investimento dado aos acabamentos e ao modo como eram organizados. Localizados quase sempre junto à fachada principal, na frente do edifício, eram dotados de grandes janelas, varandas ou terraços que deixavam transpor para o exterior a actividade do interior. Aqui, nos *foyers* e salões, desempenhavam-se as actividades paralelas associadas à ida ao cinema como ritual de sociabilização: eram os locais onde se passavam os longos intervalos e os momentos de convívio que antecediam o espectáculo, numa prática directamente herdada do teatro.

A organização dos *foyers* dependia da estrutura da sala, nomeadamente, do número de sectores que a compunham. De um modo geral existia um *foyer*, relativamente independente, para cada um dos sectores existentes: plateia, balcão ou geral. Entre eles, o *foyer* da plateia, que muitas vezes se confundia com um prolongamento do vestíbulo, e o do 1º balcão não conviviam com o *foyer* da geral que, quando existia, era secundarizado. O espaço de convívio

---

[312] CALDAS, João Vieira – Fragmentos de um discurso moderno. In SEMINÁRIO DOCOMOMO ... – "Cultura: origem e destino...". p.96.

[313] TURNATURI, Gabriella – As metamorfoses do divertimento citadino na Itália Unificada (1870-1915). In CORBIN, Alain – "História dos Tempos Livres". Lisboa: Teorema, 2001. p.223.

por excelência era o *foyer* principal do primeiro piso que muitas vezes atinge a denominação e estatuto de *Salão de Festas*, frequentemente localizado sobre a entrada com o respectivo bar e ligação pelas escadas principais, promovendo uma relação directa entre o *foyer* e a imagem do alçado principal.

No Cine-Teatro São Pedro em Abrantes (fig.41), a caixa envidraçada ligeiramente saliente do alçado principal corresponde aos dois pisos de *foyers*. Neste caso, a relação com o exterior do *foyer* do balcão e da geral é igual mas a proporção e tratamentos interior são bastante distintas: enquanto o *foyer* principal é composto pelo bar e pela chegada das escadas directas do vestíbulo, o *foyer* da geral divide o acesso com a cabine de projecção e com as instalações sanitárias da geral, elas próprias também separadas.

Pelo contrário, no Cine-Teatro de São Brás de Alportel, aquilo que do exterior poderia parecer como o *foyer*, o espaço sobre a entrada com os vão centrados, não é mais do que um hall de distribuição entra a cabine e as instalações sanitárias enquanto o *foyer* foi remetido para o piso térreo, numa área lateral à sala organizada apenas em plateia e tribuna, com acesso directo a partir desta e numa proporção muito comprida e estreita.

Esta relação lateral do *foyer* encontra-se também no Cine-Teatro de Vila Viçosa. Aqui, a sala com o desenvolvimento do balcão ocupa todo o comprimento do edifício remetendo os *foyers* para a parte lateral, sendo o do rés-do-chão dedicado à plateia, com relação directa com o exterior e com a sala mas não com o vestíbulo e o do primeiro nível para o balcão, com acesso pelas escadas a partir da entrada (fig.42). Como consequência o alçado frontal é totalmente encerrado e trabalhado com três arcos em relevo que reforçam o eixo da entrada.

Noutros casos, como no Teatro Alves Coelho de Arganil, no Cine-Teatro Joaquim de Almeida no Montijo, no Cine-Teatro Alba em Albergaria-a-Velha ou no Cine-Teatro Messias na Mealhada, o *foyer* principal abria para uma varanda ou um terraço, permitindo que os espaços de convívio pudessem, de modo mais franco, prolongar-se para o exterior.

Ainda assim, os terraços nem sempre ficavam em contacto com o *foyer*: no Cine-Teatro de Estarreja o terraço localiza-se sobre o *foyer*, no piso das áreas técnicas, tendo que subir mais um lanço de escadas para aí aceder enquanto no Cine-Teatro Luísa Todi em Setúbal o enorme terraço que acompanha todo o alçado do edifício tem entrada por uma pequena porta que liga ao patamar das escadas de acesso à geral (fig.43). Em ambos os casos parece que o terraço é mais um dispositivo de composição do volume do que um espaço para usufruto dos espectadores.

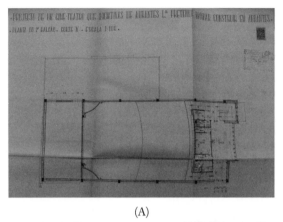
(A)

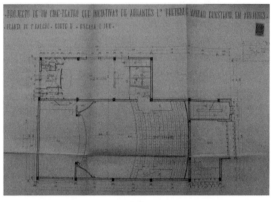
(B)

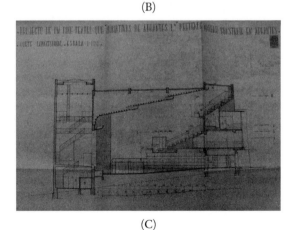
(C)

FIG. 41. Cine-Teatro São Pedro, Abrantes. Planta ao nível do 2º balcão e cabine (A); Planta ao nível do 1º balcão (B); Corte longitudinal (C); Projecto de licenciamento. 1947. [IGAC.]. Autor: Ruy Jervis d'Athouguia [arq.]

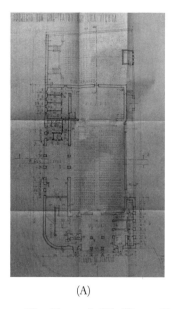 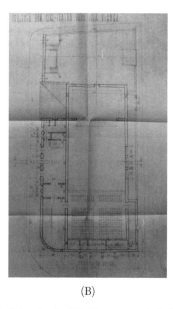

(A) (B)

Fig. 42. Cine-Teatro de Vila Viçosa. Planta ao nível da plateia (A); Planta ao nível do balcão (B). Projecto de licenciamento. 1944 [IGAC]. Autor: Rebello de Andrade [arq.]

O mesmo acontece com a varanda que remata o volume saliente da fachada do Teatro de Gil Vicente em Coimbra. Aqui, o *foyer* é bastante valorizado no enorme envidraçado em balanço sobre a entrada, mas o acesso à varanda ou é feito pela parte superior do balcão ou então através do lanço de escadas que serve as zonas técnicas (fig.44).

Nos Cine-Teatros analisados, poucos casos exploram a relação entre os vários espaços de convívio, criando situações de pé direito duplo ou de simples contacto visual e rompendo com a tradicional relação de níveis. Encontram-se no Cine-Teatro Virgínia de Torres Novas, no Cine-Teatro Augusto Correia de Vila Nova de Famalicão, no Cine-Teatro Avenida de Aveiro e no Teatro Cine da Covilhã onde se articulam os *foyers* principais com os respectivos átrios de entrada.

No primeiro, o *foyer* do 1º balcão, localizado sobre a entrada do edifício junto à fachada, funciona como mezanino sobre o átrio principal dando uma nova escala às zonas de convívio. O tecto deste espaço único é afinal a pendente inferior dos balcões, assumindo-se na sua forma inclinada e reflectindo o modo como a estrutura influencia a organização funcional interna e também a caracterização espacial deste edifício (fig.45). No Cine-Teatro de Famalicão o *foyer* do 1º balcão solta-se da fachada criando uma varanda sobre o átrio de entrada que funciona, em simultâneo, como *foyer* da plateia. Também aqui o espaço é trabalhado em função da relação com a estrutura do balcão e da cabine (fig.46).

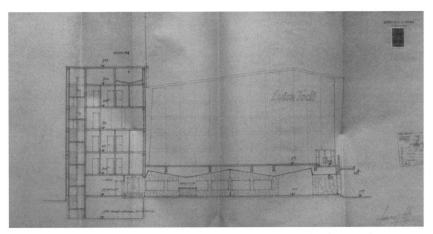

FIG. 43. Cine-Teatro Luísa Todi, Setúbal. Corte longitudinal pela Varanda. Projecto de licenciamento. 1956. [IGAC.]. Autor: Fernando Silva [arq.]

Nos caso de Aveiro e da Covilhã, ambos da autoria de Rodrigues Lima, a relação entre o átrio e o *foyer* passa mais pela criação de um simples pé-direito que unifique o espaço e faz trabalhar o *foyer* em mezanino do que propriamente, no aproveitamento espacial da estrutura como nos dois anteriores.

Na Covilhã (fig.47), a situação surge para resolver o problema colocado pelo grande desnível do terreno, pelo que o átrio de acesso e as bilheteiras desenvolvem-se num pé direito duplo que comunica com o *foyer* da plateia, em varanda sobre este, "ocupando a altura de dois andares para assim se conseguir (...) também maior imponência arquitectónica"[314].

---

[314] LIMA, Raul Rodrigues in Memória Descritiva do "Projecto de uma nova Casa de Espectáculos da Covilhã" com carimbo de entrada na Secção Técnica da IE de 30.07.1945. IGAC, Processo nº05.03.0001, "Teatro Cine da Covilhã".

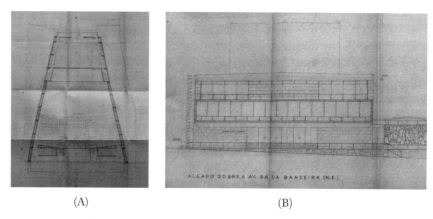

(A)　　　　　　　　　　　　　　(B)

Fig. 44. Teatro de Gil Vicente, Coimbra. Planta ao nível da Cabine e Acesso à varanda (A); Alçado da Av. Sá da Bandeira (B). Projecto de licenciamento. 1965. [IGAC.]. Autor: Alberto Pessoa e João Manta [arqs.]

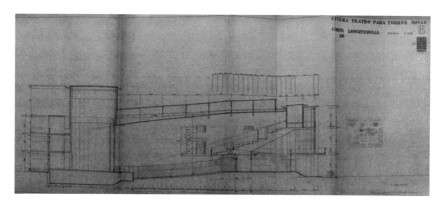

Fig. 45. Cine-Teatro Virgínia, Torres Novas. Corte longitudinal. 1955. [IGAC.]. Autor: Fernando Schiappa de Campos [arq.]

Ainda do mesmo autor, o Cine-Teatro Monumental em Lisboa, vai também desenvolver um pé direito duplo mas, neste caso, entre os *foyers* do 1º e 2º piso, no sentido de fazer adequar a escala deste espaço ao edifício e às duas grandes salas que servia.

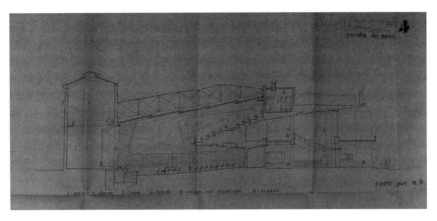

Fig. 46. Cine-Teatro Augusto Correia, Vila Nova de Famalicão. Corte longitudinal. Processo de licenciamento. 1959. [IGAC.]. Autor: Adalberto França [arq.]

Também no Coliseu do Porto, apesar da sua estrutura distinta, o hall de entrada é concebido como um "espaço grandioso de imenso pé-direito capaz de receber em continuidade visual de perspectivas os diversos níveis de balcões, correspondentes aos espaços de estadia dos diferentes pisos, de acordo com uma estrita segregação social"[315].

Mais independente da estrutura da sala era o tratamento dos *Salões de Festas* ou das *Salas de Fumo*. Se muitas vezes o *foyer* ganhava estas denominações ou se prolongava nestes espaços, em muitos outros casos estes surgiam como espaços normalmente dotados de alguma autonomia em relação ao corpo central para poderem desfrutar de uma utilização paralela em relação ao espectáculo propriamente dito. Integrados nas áreas comuns dos recintos de espectáculos, eram espaços directamente herdados da tipologia do teatro onde se organizavam outros eventos para a comunidade[316].

---

[315] TOSTÕES, Ana – Coliseu do Porto. FIGUEIRA, Jorge; PROVIDÊNCIA, Paulo; GRANDE, Nuno (comissariado) – "Porto 1901-2001, Guia de Arquitectura Moderna". Porto: Ordem dos Arquitectos (SRN), Livraria Civilização Editora, 2001. fasc.11.

[316] É de lembrar que, de acordo com o artigo 26º do Decreto nº 13.564 "é proibida, dentro dos edifícios destinados a espectáculos públicos, a existência de quaisquer estabelecimentos ou instalações estranhas à sua exploração excepto botequins, venda de tabacos, flores, bombons, jornais e congéneres em dependências apropriadas". Nesse sentido, a

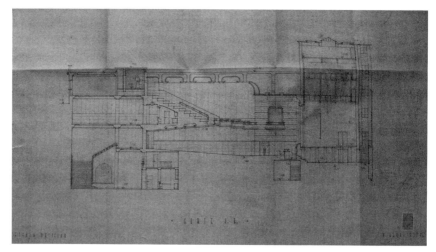

(A)

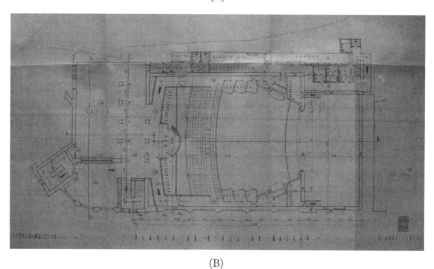

(B)

Fig. 47. Teatro Cine da Covilhã. Corte longitudinal (A); Planta ao nível do balcão. Desenhos Finais. 1954. [IGAC.]. Autor: Raul Rodrigues Lima [arq.]

---

existência destes espaços tinha de ser entendida como parte integrante do recinto de espectáculos.

O referido Cine-Teatro São Pedro em Abrantes apresenta precisamente um desses casos. Para além do corpo de *foyers* situado na frente do edifício, existe um volume lateral com contacto com o logradouro onde estão instalados os camarins mas também o *foyer* da plateia e, ocupando todo o segundo piso, um *Salão de Festas*. Apesar da sua autonomia estrutural tinha acesso directo do balcão funcionando também como apoio deste. Noutro exemplo, o Cine-Teatro Alba de Albergaria-a-Velha, o *Salão* aparece no segundo piso, junto ao *foyer* e ao terraço mas num compartimento formalmente distinto. Aqui, é de ressalvar que é a sua caracterização que tem maior influência na composição do exterior, num envidraçado de canto que se solta da estrutura (fig.48).

Nas situações mais comuns, estes salões surgem integrados no volume do próprio edifício, no mesmo piso do *foyer* do balcão mas com acesso independente a partir dos espaços de distribuição. Esta solução, frequentemente trabalhada nos projectos de Rodrigues Lima, encontra-se no Cine-Teatro Messias da Mealhada (fig.49), no Cine-Teatro Império de Lagos e no Cine-Teatro Avenida em Aveiro onde, ao nível do primeiro piso, o espaço correspondente à largura da sala funciona como *foyer* e o espaço que acompanha o desenvolvimento longitudinal do edifício como *Salão*, separados entre si pelo espaço localizado no gaveto, sobre a entrada.

Fig. 48. Cine-Teatro Alba, Albergaria-a-Velha. Vista da fachada do salão. (Julho 2008). Autor: Júlio José de Brito [arq.]

Por outro lado, a localização dos *Cafés* ou *Bufetes*, para além dos bares existentes no interior dos *foyers*, ficava predominantemente no contacto com a rua. Estes espaços, de carácter mais público e com um uso distinto, tinha sempre assegurado o seu acesso directo e independente pelo exterior. As variações centravam-se no modo como se relacionavam com o restante edifício.

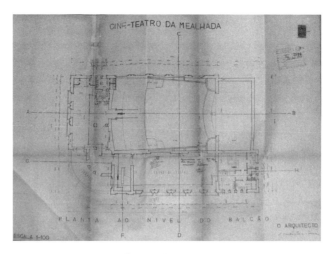

Fig. 49. Cine-Teatro Messias, Mealhada. Planta ao nível do 1º balcão e Salão de Festas. Projecto de licenciamento. 1947. [IGAC.]. Autor: Raul Rodrigues Lima [arq.]

No Cine Parque Avenida de Gaia, no Cine-Teatro de Viana do Alentejo, no Cine-Teatro de Famalicão e no Cine-Teatro Joaquim de Almeida no Montijo o café existente é totalmente autónomo, com acesso independente e exclusivo pelo exterior. Em Viana do Alentejo, o acesso do Cine-Teatro e do Café faz-se mesmo por ruas opostas, sendo a frente do Café a de melhor localização, orientada para o Jardim Público. No caso do Montijo, ainda que fazendo parte da mesma iniciativa, nem sequer está inserido no edifício do Cine-Teatro, de tal modo que nos desenhos do Processo de Licenciamento aparece representado apenas no alçado. Também em Almeirim, a planta de localização (fig.50) entregue com o Projecto de Licenciamento do Cine-Teatro apontava o lote anexo, no gaveto como "terreno para construir um café, do mesmo cinema"[317].

O Cine-Teatro de Alcácer do Sal incluía um *Salão de Chá* no piso térreo com frente de rua e ligação ao átrio (fig.51). Esta localização do Salão, na transi-

---

[317] IGAC, Processo nº 14.03.0001, "Cine-Teatro de Almeirim".

ção entre a frente urbana e o átrio ou vestíbulo acontece também no Cine-Teatro Gardunha do Fundão, no Cine-Teatro de Alferrarede, no Cine-Teatro de Torre de Moncorvo, no Cine-Teatro de Oliveira de Azeméis e no Cine-Teatro do Gavião. No Cine-Teatro da Lousã e de Gouveia, a relação interior estabelece-se directamente com a sala, funcionando nitidamente como *foyer* da plateia. Na Lousã, para além de uma dimensão reduzida para este tipo de espaços, ocupa uma localização pouco convencional para servir com alguma autonomia, ao fundo do acesso lateral privativo, junto da entrada de camarins (fig.52).

Em Lisboa a escala e a importância social destes espaços faz com que ganhem outra dimensão, tornando-se por si só elementos de referência. Para além do Café Monumental situado no Cine-Teatro Monumental com entrada totalmente autónoma pela Avenida Fontes Pereira de Melo, o caso mais emblemático é o do Café Império localizado no piso térreo do Cine-Teatro Império com entrada pela Avenida Almirante Reis. Independente do restante edifício, o café, com uma área equivalente quase à totalidade da sala, articula-se em dois pisos: o primeiro, ao nível da cota de entrada, em galeria, e o segundo, situado a uma cota inferior, acessível por uma grande escadaria. Com projecto desenvolvido posteriormente pelo arquitecto Raul Chorão Ramalho, este espaço contava ainda com esculturas de Martins Correia e pintura mural de Luís Dourdil.

É de notar que o primeiro projecto do Cine-Teatro apresentado em 1945 por Cassiano Branco incluía, no local do futuro café, um *dancing* que foi rejeitado por não cumprir o disposto na legislação, ou seja por incluir outros usos que não os definidos. Essa situação já não se verificou na segunda proposta, com o café, uma vez que este era um dos programas complementares legalmente aceites. No final da década de 1960, uma segunda sala designada de Estúdio foi adaptada no *foyer* do 2º balcão, com acesso directo a partir da rua que correspondia ao antigo acesso da Geral. Este processo corresponde já à proliferação das multi-salas que a lei de 1959 veio permitir. Ainda assim, e apesar de neste caso se tratar de um edifício que já funcionava como Cine-Teatro, o "inspector-geral dos espectáculos fez durante muito tempo contra-vapor ao desejo de se construir uma sala estúdio e levou cinco anos e meio a aprovar o projecto"[318].

---

[318] Entrevista a José Gil. In SEABRA, Augusto M. – Cinemas: do maxi o mini. "Expresso. Revista". (15 de Novembro 1986). p. 14R.

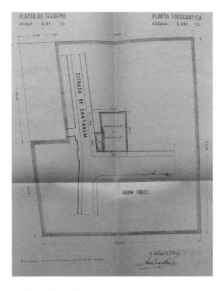

Fig. 50. Cine-Teatro de Almeirim. Planta de implantação. Projecto de licenciamento. 1940. [IGAC]. Autor: Amílcar Pinto [arq.]

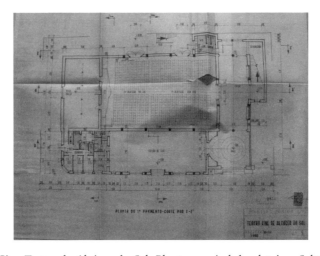

Fig. 51. Cine-Teatro de Alcácer do Sal. Planta ao nível da plateia e Salão de Chá. Projecto de licenciamento. 1947. [IGAC.]. Autor: "Martins Júnior, Lda"

4.5. Os elementos de distribuição: acessos e vestíbulos

Aos acessos e comunicações, para além da função de organizar as complexas relações entre os vários níveis dos edifícios, ficava também atribuído o importante papel na definição urbana do edifício. Como resposta à legislação de 1927, todas as salas com mais de 500 lugares tinham então de dispor de mais do que uma saída destinada ao público. Esta situação implicava o tratamento de, pelo menos, duas fachadas e a articulação de um acesso principal que se destacasse dos restantes. Na realidade, mesmo em edifícios isolados em quarteirão, existe sempre a afirmação de uma entrada principal que destacava o enquadramento urbano e continha, de um modo geral, as bilheteiras e o acesso directo ao vestíbulo.

O momento de entrada era formalizado pela presença de átrios exteriores que faziam a primeira mediação entre o espaço público e o interior do edifício. O desenho destes espaços de transição é muito variável mas a vontade da sua existência é permanente, substituída ou reforçada pela colocação de palas quando não é possível o seu desenho mais formal. Na maioria dos casos definem-se como antecâmaras ou seja, espaços já incluídos no volume do edifício mas ainda sem ultrapassar a entrada propriamente dita. São assim definidos como espaços de transição que podem estar abertos enquanto o Cine-Teatro está encerrado mas que estão, também eles, confinados.

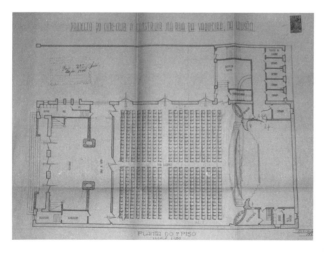

Fig. 52. Cine-Teatro da Lousã. Planta ao nível da plateia e Bufete. Projecto de licenciamento. 1945. [IGAC.]. Autor: Agostinho da Fonseca [arq.]

O grande átrio exterior do Coliseu do Porto, previsto no projecto de Cassiano Branco com um triplo pé-direito por detrás da fachada, prolonga o espaço da estreita Rua de Passos Manuel, criando uma plataforma de transição e de acumulação que o espaço público não podia oferecer. Do mesmo autor, o Cine-Teatro Império em Lisboa, apresentava uma solução de átrio exterior composto pelo largo lanço de escadas que fazia o acerto de cota da Alameda D. Afonso Henriques, permitindo assim criar um nível estabilizado que funcionava como entrada do edifício. Ainda em Lisboa, o Cinema e Teatro Monumental orienta o acesso principal para a Praça Duque de Saldanha através de um amplo vestíbulo exterior, por detrás de uma clássica arcada de volta perfeita, "como que galeria urbana, era um sítio de encontro, o espaço de «estar», naquela rotunda da Lisboa fechada dos anos 50-60"[319].

Estes átrios assumem-se como a localização ideal para as bilheteiras, numa posição de charneira entre o interior e o exterior, permitindo assim o seu funcionamento sem ser necessário ultrapassar a entrada do edifício. No Cine-Teatro Alba, de Nelas, de Mangualde, de Vila Nova de Famalicão ou do Montijo, o acesso às bilheteiras é feito ainda no exterior do edifício, na antecâmara que antecede a entrada, coberto pelas respectivas varandas. Em Montemor-o-Novo, o Cine-Teatro Curvo Semedo apresenta um amplo átrio exterior, que Raul Lino designa de *Pórtico*, que cobre toda a escadaria de acesso à entrada, incluindo as bilheteiras e que servia também para abrigar a paragem de automóveis para a saida de espectadores (fig.53).

No Cine-Teatro Virgínia em Torres Novas as bilheteiras estavam localizadas na fachada principal, aqui não numa antecâmara mas frontais, simétricas em relação à entrada, sob uma zona coberta exterior suspensa por *pilotis*. Conforme se pode ler na Memória Descritiva a localização das bilheteiras "numa zona coberta que protege os espectadores quer à entrada, quer à saída" foi considerada de modo a "não prejudicar o movimento da entrada"[320]. Na realidade, este era um aspecto ao qual era tido grande cuidado ainda mais que o Decreto nº13.564 referia expressamente, apesar que relativo à localização de bengaleiros e bares, que não deveria haver impedimento da circulação dos espectadores[321].

---

[319] FERNANDES, José Manuel – "Cinemas de Portugal". Lisboa: Inapa, 1995. p.102.

[320] Memória Descritiva do "Projecto de Licenciamento do Cine-Teatro Virgínia de Torres Novas" (Março de 1955). IGAC, Processo nº 14.19.0001, "Cine-Teatro Virgínia, Torres Novas".

[321] Artigo 43º. DECRETO nº 13:564. "Diário do Governo. I Série". nº 92. (6 de Maio de 1927).

Passando a entrada, o Vestíbulo ou *Hall* apresentava-se como o primeiro espaço interno do edifício adquirindo um maior cuidado na escala, nos acabamentos e no pormenor[322]. A partir daqui era desenhada a organização do edifício através da distribuição para os vários acessos e da localização do bar, bengaleiros e restantes dependências. Localizado na sequência da entrada principal, antecedia a entrada na sala propriamente dita e funcionava, por vezes, como *foyer* da plateia. O desenho das escadas, a eixo, simétricas ou remetidas para um dos cantos é fundamental na configuração destes espaços.

(A) (B)

Fig. 53. Cine-Teatro Curvo Semedo, Montemor-o-Novo. Vista do Pórtico. (Agosto 2008). Autor: Raul Lino [arq.]

No Teatro Éden em Lisboa o vestíbulo integra o desenho de um complexo sistema de escadas que se cruzam e sobrepõem, relacionando a entrada com os vários sectores do Cine-Teatro. Com a entrada feita ao nível da Praça dos Restauradores e a sala localizada um nível acima, o único acesso directo à rua

---

[322] Conforme se pode ler em várias das memórias descritivas que acompanham os projectos de licenciamento, é assumido um maior cuidado nos materiais a aplicar nestas zonas. Raul Rodrigues Lima na descrição do Teatro Cine da Covilhã afirma que "em todas as dependências consideradas principais, como vestíbulos e foyers e bar, serão aplicados como revestimentos materiais de primeira qualidade, incluindo os mármores". In Memória Descritiva do "Projecto de Licenciamento do Teatro Cine da Covilhã" com carimbo de entrada na Secção Técnica da IE de 30.7.1945. IGAC, Processo nº 5.03.0001, "Teatro Cine da Covilhã".

articulava-se neste ponto. A partir daqui, Cassiano Branco lança cinco lanços de escadas de acesso independente ao 1º balcão e camarotes, à plateia e ao bar. A estas, acresce ainda as duas escadas de acesso ao 2º balcão encerradas em dois volumes cilíndricos junto ao alçado da Rua do Anuário Comercial, localizada na parte lateral do edifício. Introduz ainda como novidade, o acesso por elevadores aos *foyers* superiores.

O desenho dos acessos era, assim, a principal forma de categorizar e separar os circuitos para as diferentes zonas da sala. De um modo geral, "nos salões e nas escadarias, a segregação dos espectadores, tal como na sala, era bem marcada. Os espectadores da plateia podiam ir até ao primeiro balcão e os do primeiro balcão até à plateia mas o segundo balcão não descia e a segunda plateia ficava no seu fosso. Os arrumadores estrategicamente colocados nas escadas mantinham a boa ordem social no cinema"[323].

Quando se definia uma geral fisicamente afastada para um último balcão, não por raras vezes, o seu acesso era absolutamente independente desde a rua, fazendo com que o convívio entre classes apenas se estabelecesse já no interior da sala. Nestes casos, a entrada da geral ficava localizada num ponto secundarizado da fachada longe do protagonismo da entrada principal.

No Cine Teatro Joaquim de Almeida no Montijo (fig.54) podem-se contabilizar três acessos: a entrada principal orientada para a Praça, sob a varanda, incluindo as bilheteiras e o átrio exterior e a entrada pela Rua Joaquim de Almeida acedem directamente ao vestíbulo de distribuição para a plateia, onde se localizam o bar, bengaleiros e instalações sanitárias e as ligações ao piso superior, através de uma grande escadaria central. Na esquina, situada entre estas duas entradas, localiza-se o acesso da geral, directamente para uma caixa de escadas, que atravessa todo o edifício indo sair no *foyer* do 2º piso. Uma situação semelhante acontece no Cine-Teatro Luísa Todi de Setúbal. Nestes casos quem adquiria o bilhete da Geral, não podia sequer atravessar os espaços comuns dedicados aos outros sectores, numa completa segregação destes utentes ao ponto de a própria bilheteira ser autónoma ou pelo menos com frentes independentes.

---

[323] TEIXEIRA, Manuel C. – Arquitectura e Cinema. In PORTUGAL. Cinemateca Portuguesa, Museu do Cinema – "Cinema e Arquitectura". p.26.

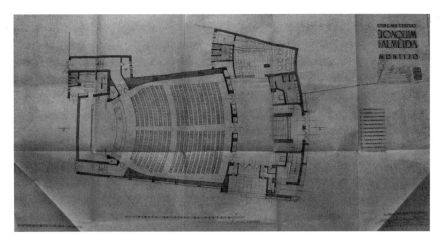

Fig. 54. Cine-Teatro Joaquim de Almeida, Montijo. Planta ao nível da plateia e dos acessos. Projecto de licenciamento. 1952. [IGAC]. Autor: Sérgio B. Gomes e Francisco Gonçalves [arqs.]

No Cine-Teatro Virgínia em Torres Novas o acesso à geral, localizada no 2º balcão, e aos espaços técnicos da projecção é feito por uma caixa de escadas exterior ao volume principal, integrada num volume anexo onde se localizava também a gerência e o Salão de Festas. Também no Cine-Teatro Crisfal de Portalegre, no Cine-Teatro São Pedro de Abrantes, no Rosa Damasceno de Santarém, no Cine-Teatro da Guarda ou de Mangualde, entre outros[324], o acesso e a respectiva bilheteira são totalmente independentes a partir de uma entrada paralela, localizada na fachada principal mas bastante mais discreta ou mesmo numa fachada lateral. No primeiro destes casos, o desnível existente no terreno faz com que a entrada da geral se desenvolva numa cota superior logo a partir da rua.

No Cine-Teatro *Pax Julia* em Beja a distinção é de tal modo significativa que a entrada da geral e respectiva bilheteira é feita pelo alçado posterior do edifício, junto dos acessos de serviço (fig.55). Noutras situações, mais ambí-

---

[324] Dos Cine-Teatros em que foi possível analisar as peças desenhadas contam-se 18 edifícios com a separação total entre o acesso público e o da geral, alcançando cerca de 20% do total.

guas, existe uma escada directa do exterior ainda que a partir da distribuição interna também se aceda ao piso do último balcão[325].

No Cine Parque de Gaia e no Cine-Teatro de Pombal o acesso à geral faz-se a partir do átrio comum mas sem passar até ao vestíbulo principal, fazendo a separação ainda no exterior do edifício. Em todos os casos, o objectivo era separar, desde o exterior, o acesso directo à geral.

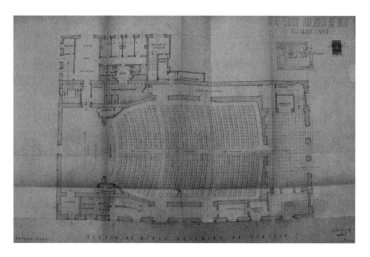

FIG. 55. Cine-Teatro Pax Julia, Beja. Planta ao nível da plateia e dos acessos. Desenhos Finais. 1952. [IGAC]

4.6. Os espaços de cena: o palco e os camarins

Na realidade, os espaços que fazem a verdadeira distinção entre a sala de Cinema e de Cine-Teatro são a caixa de palco e os camarins. A existência destes permitia à sala receber, para além do cinema, também os espectáculos teatrais que o regime e em particular a acção do SPN/SNI queriam promover. Deste modo, em muitas cidades do país, construía-se uma "casa de espectáculos que funcionará normalmente como cinema e duas ou três vezes por ano como teatro, porque raras vezes e raras companhias visitam esta terra"[326].

---

[325] São exemplos, entre outros, o Cine-Teatro São Pedro de Espinho ou o Cine-Teatro Avenida de Aveiro.

[326] Memória Descritiva do "Projecto do Teatro Mirandelense" com carimbo de entrada na Secção Técnica da IE de 28.06.1936. IGAC, Processo nº 04.07.0001, "Teatro Mirandelense, Mirandela".

Muitos dos Cine-Teatros construídos, conforme se pode ler nos requerimentos que deram entrada na IE, partiram da vontade dos promotores em construir uma simples sala de cinema mas, fruto da regulamentação existente, acabaram por ver-se obrigados a investir num equipamento com um maior número de condicionantes e de muito maior complexidade construtiva e de articulação com o conjunto. Em resultado surgem salas onde, "embora a ideia fosse a construção de um cinema, dada a imposição de todas as casas de espectáculos estarem preparadas para funcionarem simultaneamente como Cinema e Teatro, foi prevista a construção de um espaçoso palco (...) e foi reservado um espaço para a orquestra, com entrada pelo sub-palco"[327].

A caixa de palco, para além da presença urbana que incutia aos edifícios, tornava-se o maior investimento construtivo e económico. Com dimensões que tinham de se adequar à capacidade da sala e de incluir teia e varandas técnicas, sub-palco e clarabóias de ventilação era, juntamente com os camarins e restantes dependências técnicas, considerada como uma parte distinta e isolada do edifício, destinada aos trabalhos cénicos[328].

Nesse sentido, tinha simultaneamente de contar com acessos independentes e de ser separada fisicamente da sala através da parede isoladora do proscénio que se deveria elevar acima da cobertura do edifício. A resposta mais comum a este requisito fez com que as caixas de palco se erguessem acima do restante volume caracterizando de modo tão frequente a volumetria e a imagem destes edifícios. Dos Cine-Teatros estudados, apenas em 15% dos casos a caixa de palco aparece integrada no volume do edifício[329] e apenas em dois, no Cine-Teatro de Ílhavo e de Monte Real, esta é autónoma mas mais baixa que o volume da sala.

No interior, todas as comunicações entra a zona do palco e a sala eram obrigatoriamente estanques através da utilização de portas de ferro ou do *pano isolador*[330] no proscénio. Na passagem da sala para o palco, o proscénio

---

[327] Memória Descritiva do "Projecto do Cine-Teatro Lusitano na Vidigueira" (Setembro de 1943). IGAC, Processo nº 02.14.0001, "Cine-Teatro Lusitano, Vidigueira".

[328] Cf. Artigo 27º e 28º. DECRETO nº 13:564. "Diário do Governo. I Série". nº 92. (6 de Maio de 1927).

[329] Veja-se por exemplo o Cine-Teatro de Nisa, Vasco da Gama em Sines, Rosa Damasceno em Santarém, Pinheiro Chagas nas Caldas da Rainha, Pombal, Carlos Manuel em Sintra, Neiva em Vila do Conde ou S. João em Palmela.

[330] O *pano isolador* ou *parede de ferro* colocado sobre o proscénio era manobrado a partir do posto de bombeiro localizado junto ao palco e equipado com um chuveiro de arrefeci-

passa quase sempre a ser aproveitado para ocupar, de cada um dos lados da boca de cena, a cabine do electricista e o posto do bombeiro exigidos pela legislação. Também aqui os Cine-Teatros revelam a sua maior complexidade sendo obrigados a duplicar, em função de cada um dos espectáculos, a localização do posto de bombeiros: no cinema o risco de incêndio encontra-se na cabine, no teatro localiza-se junto no palco onde decorre a cena. Assim, herdado dos Teatros, o proscénio mantém-se e ganha estrutura, reforçando a configuração do palco em detrimento do simples écran, isto apesar de, nos conceitos teóricos que regiam a organização das salas de cinema e as técnicas cinematográficas, a relação entre o écran e a sala "se faz suprimindo qualquer emolduramento"[331].

Para além do cumprimento estritamente técnico ou regulamentar, a própria organização interna dos espaços tornava-se mais complexa, nomeadamente com a articulação dos acessos independentes e da relação entre a sala e a área técnica. Esta incluía também os camarins e o *foyer* de artistas, quando existia, que partilhavam a entrada de serviço com a zona do palco.

FIG. 56. Cine-Teatro de Nelas. Vista da fachada dos camarins. (Outubro 2008). Autor: Keil do Amaral [arq.]

De um modo geral, os camarins situavam-se imediatamente junto ao palco, lateral ou posteriormente. Do ponto de vista da volumetria do edifício é frequente encontrar os camarins num corpo anexo ao edifício principal que

---

mento que obrigava a uma canalização própria e de abastecimento independente.
[331] "Arquitectura". n°59 (Julho 1957). p.22.

não participa da leitura do volume. Ocupando muitas vezes um único piso ao nível do palco, o corpo dos camarins não subia ao longo da caixa de palco, assumindo uma posição bastante periférica em relação ao próprio edifício. No Cine-Teatro São Pedro em Abrantes, o volume dos camarins é lateral ao edifício, com acesso pelo logradouro enquanto no Cine-Teatro de Nelas os camarins surgem adossados à parte posterior da caixa de palco, rematados com uma cobertura de três águas e prolongando o revestimento do embasamento (fig.56).

Nos Cine-Teatros de Estarreja e da Lousã os camarins situam-se também num corpo anexo localizado no remate do acesso privativo lateral criado precisamente para resolver os acessos independentes às zonas técnicas e o número de frentes urbanas necessárias para as saídas do edifício. No primeiro destes, o corpo dos camarins, sala de adereços, posto de socorros e restantes dependências alcança os três pisos alinhando a cércea pela altura do terraço da fachada principal, ganhando alguma escala em relação ao restante edifício.

FIG. 57. Cine-Teatro Luísa Todi, Setúbal. Vista Geral da Avenida Luísa Todi. Projecto de licenciamento. 1956. [IGAC]

Ainda assim, existem soluções em que o volume dos camarins é integrado no edifício não sendo tão segregada a sua leitura a partir do exterior. Com uma necessidade de ventilação e iluminação mais directa, implica, pela sua função, um tratamento de aberturas distinto que passa a participar da composição geral do edifício. No Cine-Teatro Luísa Todi em Setúbal, os camarins situam-se, ao longo de vários pisos, junto à caixa de palco, oferecendo para a fachada principal o tratamento do alçado da grande torre, em grelhas verticais (fig.57). Do mesmo modo, no Cine-Teatro Virgínia em Torres Novas, os camarins surgem na parte posterior da caixa de palco, transpondo para o exterior a sua modulação e quebrando o que seria um longo pano de parede cega. No Teatro de Gil Vicente em Coimbra os camarins dispõem-se ao longo de um corredor paralelo à sala, acompanhando a forma do trapézio e fazendo a transição para o volume anexo das salas de ensaios que, por sua vez, ligam ao edifício da Associação Académica (fig.58). Também aqui, apesar da sua situação particular, os camarins vão ajudar a criar um alçado, ainda que bastante contido, para o interior do Jardim da Associação Académica.

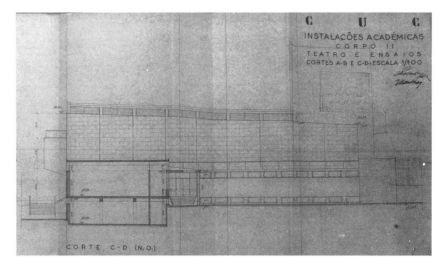

Fig. 58. Teatro de Gil Vicente, Coimbra. Alçado para o Jardim da AAC. Projecto de licenciamento. 1965. [IGAC]

A presença dos camarins passa, assim, pela própria caracterização dos Cine-Teatros. Mesmo quando não se verifica grande exigência em relação às dimensões do palco, a necessidade de camarins é mais premente e permite dotar também o edifício de espaços de apoio a festas e pequenas variedades, mais adequadas à realidade de muitas das localidades. No projecto do Cine-Teatro São João em Palmela, o arquitecto Willy Braun propõe um palco que "não está projectado para exibições teatrais, serve unicamente às sessões de cinema e o seu espaço permite representações de pequenos grupos de artistas"[332] mas, em contrapartida, apresenta uma solução com 12 camarins.

Na realidade muitos dos palcos, independentemente da presença da caixa de palco, apresentavam dimensões muito reduzidas, com profundidades na ordem dos 6 metros, que pressupunham a pouco vocação destes espaços para a actividade teatral e a sua maior predisposição para o cinema. A consequência desta integração quase forçada do teatro revê-se na herança deixada de inúmeros edifícios, localizados no centro das cidades, com imagem de equipamento público e vocacionados para uma função que, aos poucos, deixou de ser representativa nas comunidades, pelo menos com a escala e a importância social para que foram construídos.

---

[332] IGAC, Processo nº 15.08.0001, "Cine-Teatro S. João, Palmela".

REFLEXÕES FINAIS

O aparecimento do cinema no virar do século XX vai introduzir inúmeras alterações nos hábitos de lazer da sociedade. Conquistando o lugar de espectáculo, mais acessível que o teatro, afirma-se consequentemente como um importante veículo cultural que atinge um grande número da população. O seu desenvolvimento e a sua difusão vão criar uma nova e premente exigência: espaços dedicados para a sua representação ou, neste caso, projecção. Se, num primeiro momento, o cinema se adapta aos vários locais onde existe concentração de pessoas como feiras, esplanadas e essencialmente teatros, vai rapidamente requerer para si recintos onde as suas potencialidades sejam valorizadas, espaços próprios onde a actividade cinematográfica seja a base programática. As primeiras salas dedicadas ao cinema surgem logo na primeira década do século XX. No entanto são os espaços capazes de conciliar cinema e teatro que vão ter uma enorme difusão por todo o país, chegando desde as capitais de distrito até às cidades de pequena dimensão do interior: os Cine-Teatros.

Em Portugal, o despoletar do fenómeno cinematográfico e da enorme profusão de espaços para a sua divulgação, através de uma nova materialização tipológica, coincide com o instaurar do Estado Novo. Para o cinema, encarado como um dos principais veículos de propaganda do novo regime, e para os Cine-Teatros vão ser desenvolvidas novas legislações, fruto de novas exigências de segurança e de uma vontade de propagação pelo território nacional de um equipamento moderno que, em simultâneo, se mantinha associado à divulgação do teatro e à mensagem do regime.

Ao longo do presente trabalho foi possível verificar que os Cine-Teatros construídos por todo o país são o reflexo de uma iniciativa privada que não quis deixar de dotar cada localidade com um equipamento de referência cultural e urbana. Acompanham, por via da promoção particular, o processo de estruturação do território nacional desenvolvido pelo regime com a definição de uma rede de equipamentos públicos inexistentes à data e entendidos como essenciais para a regeneração do país. E nesse sentido, apresentam uma maior ligação intrínseca à comunidade onde se inserem porque, ao contrário dos restantes equipamentos decididos superiormente, os Cine-Teatros resultam da vontade e da iniciativa de cada uma das populações.

Construídos em Portugal ao longo de três décadas balizadas pela acção regulamentadora do Estado Novo, entre as legislações de 1927 e de 1959, foram equipamentos que atingiram uma enorme difusão por todo o território nacional e contribuíram para o reforço de outras centralidades para além de Lisboa, Porto e algumas capitais de distrito. Não querendo reduzi-los exclusivamente a esse dimensão, os Cine-Teatros são, efectivamente, equipamentos urbanos de *província* que desempenharam um importante papel urbano e social nas cidades de pequena e média dimensão. Paradoxalmente, a sua situação periférica, reforça, à escala da comunidade em que estão inseridos, o seu papel singular de referência enquanto principal equipamento cosmopolita e palco da vida social. Neste contexto são importantes referenciais na identidade e na memória colectiva no quadro de vida das comunidades.

A escolha dos locais onde se implantavam respondia a uma vontade de concentração e de centralidade. Junto aos grandes equipamentos públicos que o regime promovia, as Câmaras, os Correios ou os edifícios da Caixa Geral de Depósitos, os Cine-Teatros, apesar da serem resultado da iniciativa privada, funcionavam inseridos na cadeia de relacionamentos urbanos que esses edifícios promoviam. Formavam Praças, Largos e acima de tudo pólos de centralidade estruturantes no crescimento e na configuração urbana das localidades onde se inseriam e ainda hoje reconhecíveis.

As diversas formas como se relacionam com o espaço urbano envolvente permitem concluir que a implantação urbana era, em simultâneo, um resultado da vontade de afirmação como um elemento de referência mas também como um reflexo das condicionantes de funcionamento impostas pela legislação. Localizados em lotes de gaveto, onde se assumiam imponentemente ou em frente urbana contínua aproveitando a criação de um acesso secundário para isolar o edifício, ganham sempre escala e presença urbana. Nesta afirmação, os volumes em torre desempenham um importante papel de caracterização exterior, a assinalar o gaveto ou a soltar o edifício.

Com a autonomização programática do cinema surgem, a partir de 1920, novos princípios teóricos referentes à disposição e organização dos edifícios e das salas de cinema. Apesar de terem de conjugar o cinema com o teatro, os Cine-Teatros vão também, de forma própria, assimilar esses conceitos. Um dos principais factores é o modo como se assumem enquanto edifícios encerrados, com amplas paredes cegas mas conjugam esse factor com aberturas francas e grandes varandas associadas aos *foyers*, aos salões e aos acessos. Se por um lado queriam adoptar a imagem de equipamento moderno de paredes cegas publicitárias que caracterizavam os cinemas das grandes cidades, por outro queriam transpor para o exterior os espaços de sociabilização interiores, assumindo-se como locais de convívio por excelência.

No entanto, a grande convergência de conceitos fez-se no interior das salas de espectáculos propriamente ditas e no seu relacionamento com os acessos e espaços complementares. Aceitando os princípios teóricos que sustentavam as regras de visibilidade e acústica das salas de cinema, baseiam o desenho da sala a partir da relação entre a localização da cabine de projecção e do palco/écran. No entanto, conjugam amplas plateias e balcões frontais ao écran com a manutenção de camarotes e frisas que, ainda que pontuais, serviam para manter a tradição de uma certa distinção social apesar de dentro de um universo claramente mais democrático que as anteriores disposições por ordens dos teatros à italiana.

A principal distinção dos lugares por classe social mantinha-se com a separação da Geral, dos seus acessos e *foyers*. Destinada desde sempre aos lugares menos favoráveis, a geral dos Cine-Teatros teve, também ela, de conjugar a sua situação aos espectáculos de cinema e de teatro no mesmo espaço. Em muitos dos casos estudados, essa condicionante remeteu a geral para o último balcão numa localização periférica e relação à sala e facilmente isolável por circuitos paralelos que segregavam o espectador da geral desde a rua até ao interior da sala.

Enquanto equipamento público, o Cine-Teatro vai atribuir grande importância aos espaços de sociabilização que integra: *foyers*, salões, vestíbulos e bares representam o espaço de ritualização por oposição à sala que se assume como o espaço de fruição funcional. A partir dos casos de estudo pode-se verificar que estes espaços, herdeiros de uma tradição dos teatros de raiz italiana, ocupam as melhores localizações do edifício, junto à fachada principal e abertos para o exterior. A exposição das zonas de convívio através de varandas e grandes envidraçados contrastava assim com a imagem encerrada, por necessidades funcionais, da sala e da caixa de palco.

Os acessos organizavam, desde o exterior, as complexas relações entre os diversos espaços. A imagem exterior do edifício enquanto edifício público dependia, em primeira instância, da imagem da entrada principal à qual se associavam as bilheteiras, os *letterings* e as vitrines publicitárias. A distinção desta em relação ao acesso de serviço ou, mais ainda, à entrada da geral, muitas vezes secundarizada, valorizava o momento de transição entre o espaço público e o interior. Esse momento de entrada era formalizado na presença de átrios exteriores que se definem como antecâmaras ou seja, espaços já incluídos no volume do edifício mas ainda sem ultrapassar a entrada propriamente dita.

A especificidade tipológica dos Cine-Teatros reside na manutenção dos elementos cénicos conjugados com uma nova *arquitectura para o cinema*. Neste sentido, o palco, a respectiva caixa de palco e os camarins e a consequente escala e complexidade que introduzem são os elementos distintivos destes equipamentos em relação às salas de cinema. A sua presença, fruto da regulamentação existente, permitiu a estes edifícios uma outra valência que, muitas vezes, eles não desejavam.

O processo de construção de Cine-Teatros em Portugal decorrido entre as décadas de 1930 e 1960 acompanha, assim, o percurso da arquitectura portuguesa do século XX: o primeiro modernismo de 1925 a 1940 e o moderno revisto de 1948 a 1960, processo interrompido na década de 1940 pela influência de uma discurso mais nacionalista e menos aberto a referências internacionais. No primeiro momento do modernismo, nos anos 20 e 30, são os cinemas que aparecem principalmente em Lisboa, com o seu expoente máximo no Capitólio, alguns dos maiores exemplos da sua expressão plástica e algumas das primeiras experiências de utilização plena das capacidades estruturais do betão armado; com os anos 40, salvo algumas isoladas excepções, a linguagem mais tradicionalista, monumental ou regionalista atinge também os cinemas e Cine-Teatros que começam a emergir nas cidades de *província*; nos anos 50, alguns Cine-Teatros, enquanto equipamentos de utilização colectiva, dão resposta aos propósitos da arquitectura moderna, revista e entendida como factor social.

Alguns destes edifícios, de diferente modo, estão em actividade até aos dias de hoje. No entanto, pela sua condição de propriedade privada, pela sua função e pela sua privilegiada localização no centro das cidades, a maioria dos Cine-Teatros tornaram-se, ao longo dos anos, mais frágeis à especulação e transformação. Muitos deles foram adquiridos pelas autarquias e municipalizados, através de obras tantas vezes mais interessadas em adaptá-los a novos requisitos técnicos, de conforto e de segurança ou dotá-los de uma imagem pretensamente modernizada do que em entender a sua identidade e especificidade num quadro mais alargado da arquitectura portuguesa do século XX. Se muitos são os relatos sobre a importância destes espaços na vida social e na memória de cada localidade, outros tantos são os casos de total abandono, desafectação de uso e demolição. Acima de tudo por falta de reconhecimento do seu valor enquanto património cultural e arquitectónico.

Na realidade, os Cine-Teatros, dentro da sua especificidade programática, têm sido considerados, a par com muita da restante produção arquitectónica construída ao longo do século XX, como demasiado próximos para serem entendidos, genericamente, como património a valorizar. A proximidade da sua história e a função utilitária a que se destinavam não parecem conseguir contrabalançar com o significado na memória e na identidade colectiva por um lado, e com o significado arquitectónico por si só, por outro. A falta de distanciamento temporal em relação à construção destes edifícios parece retirar-lhes a capacidade de serem lidos, dentro do quadro de um amplo património histórico, como parte dele, ou seja, não se identificam os edifícios construídos no século XX, principalmente os dedicados a programas modernos de lazer, com o *valor de antiguidade* de que falava Aloïs Riegl[333]. Por outro lado, a escala e a função a que se destinavam aparecem hoje totalmente descontextualizadas e de difícil adequabilidade a novos usos.

Assumidos como um grande equipamento público dedicado ao lazer e à cultura, os Cine-Teatros edificados entre a década de 1930 e 1960 eram, ainda que em conjugação com a manutenção da actividade teatral, destinados ao cinema enquanto novo fenómeno de divertimento. A partir dos anos 70 a actividade cinematográfica, que desde o seu aparecimento no início do século XX vinha em crescente expansão, entra pela primeira vez em crise[334] acompanhando as transformações que a sociedade sofreu, quer do ponto de vista do consumo e dos hábitos de lazer como da sua organização demográfica e territorial: a vulgarização da televisão a partir dos anos 60, a proliferação de novas formas de ocupação dos tempos livres e das férias, o uso generalizado do automóvel, o aumento das periferias urbanas e a disseminação da população pelo território fazem com que o cinema não necessite mais de um grande equipamento urbano central e independente. Neste contexto "o edi-

---

[333] Riegl define o Valor de Antiguidade como um dos valores de rememoração dos monumentos sendo aquele que se manifestava pelo seu aspecto não moderno, apreendido por pura percepção subjectiva. Cf. Riegl, Aloïs - "Le culte moderne des monuments. Son essence et sa genèse". Paris: Éditions du Seuil, 1984.

[334] Segundo dados publicados em 1984, o primeiro ano em que a percentagem de ocupação de salas de cinema decresce é precisamente em 1970, voltando a subir nos anos seguintes à Revolução (1974 e 1975) mas voltando novamente a decair sequencialmente nos anos seguintes. No entanto, e segundo Bénard da Costa, a grande crise de frequência viria a acontecer em 1989. Sobre o assunto cf. SEABRA, Augusto M. - Cinemas: do maxi o mini. "Expresso. Revista". (15 de Novembro 1986). p.13R-17R e COSTA, João Bénard da – "Histórias do cinema". Comissariado para a Europália 91. Lisboa: Imprensa Nacional, Casa da Moeda, 1991.

fício cultural mais moderno do século XX converteu-se no mais débil e problemático. Não é que o cinema como espectáculo esteja morto mas já não o vemos nos grandes «templos» em que anteriormente se celebrava o seu atractivo ritual"[335].

Ao contrário dos Teatros de Raiz Italiana que vieram substituir, os Cine-Teatros ainda não viram ser-lhes reconhecido o estatuto de património. Nenhum deles foi alvo de obras de *Conservação ou Restauro*, no sentido estrito de intervenções sobre o objecto para manutenção do estado original. Se bem que não seja legítimo pensar na reutilização destes equipamentos sem a introdução de novas formas do uso e possibilidades de fruição, as intervenções nos Cine-Teatros tem passado, na sua maioria, por alterações estruturais que anulam a capacidade inovadora que estes edifícios introduziram e denotam o pouco conhecimento e respeito por essas conquistas: são reintroduzidas galerias de camarotes em balcões que eram paralelos ao écran; são fechadas varandas e terraços; elevam-se novas estruturas acima das torres; são encerrados envidraçados e substituídos os finos caixilhos metálicos por novas caixilharias que anulam todo o efeito de transparência. Entre a "musealização" e o "abandono", Alexandre Alves Costa[336] propõe uma outra alternativa de reconversão de edifícios culturais modernos adequada aos que, pelas suas características próprias, correspondam a um "relevante valor patrimonial e apresentem potencialidades de reconversão". Nestes, a mudança da função só deve ser considerada enquanto esta não seja estrutural na sua própria representação.

Acreditando que nem todos os Cine-Teatros edificados em Portugal tem qualidades ou condições de ser reutilizados, parece, no entanto, não ser possível fazer esse enquadramento enquanto não for realizado um exaustivo e completo trabalho de catalogação destes edifícios, dentro de um universo estabelecido não só pela produção nacional mas pelo conjunto de edifícios que compartilhavam a mesma tipologia programática. Perceber o seu contexto, o seu papel na conformação do desenvolvimento urbano e social; entender as suas especificidades enquanto equipamento colectivo, os ele-

---

[335] CAPITEL, Antón – 1925-1965: diversidad urbana de los edificios culturales en el ámbito ibérico. In SEMINÁRIO DOCOMOMO IBÉRICO, 3, Porto, 2001 – "Cultura: origem e destino do Movimento Moderno. Equipamentos e infra-estruturas culturais. 1926-1965": actas. p.134.

[336] COSTA, Alexandre Alves – Reconversões contemporâneas e equipamentos culturais. In SEMINÁRIO DOCOMOMO – "Cultura: origem e destino ...". p.197-199.

mentos de permanência, o modo como responde aos princípios inovadores do desenho e da concepção espacial e construtiva que a arquitectura do século XX aportou; apreender, por fim, a sua história, os seus autores e a sua unicidade enquanto obra de arquitectura.

FONTES E REFERÊNCIAS BIBLIOGRÁFICAS

ARQUIVOS

Inspecção-Geral das Actividades Culturais (IGAC)

IGAC, Processo nº 01.01.0015 "Cine Teatro S. Pedro, Águeda".
IGAC, Processo nº 01.02.0001 "Cine Teatro Alba, Albergaria-a-Velha".
IGAC, Processo nº 01.03.0001 "Cine Teatro S. Jorge, Anadia".
IGAC, Processo nº 01.05.0002 "Cine Teatro Avenida, Aveiro".
IGAC, Processo nº 01.07.0001 "Cine Teatro S.Pedro, Espinho".
IGAC, Processo nº 01.08.0001 "Cine Teatro de Estarreja".
IGAC, Processo nº 01.10.0001 "Atlântico Cine Teatro, Ílhavo".
IGAC, Processo nº 01.11.0002 "Teatro de Pampilhosa".
IGAC, Processo nº 01.11.0003 "Cine Teatro Messias, Mealhada".
IGAC, Processo nº 01.13.0001 "Cine Teatro de Oliveira de Azeméis".
IGAC, Processo nº 01.15.0001 "Cine Teatro de Ovar".
IGAC, Processo nº 01.16.0001 "Cine Teatro Imperador, São João da Madeira".
IGAC, Processo nº 02.05.0001 "Cine Teatro *Pax Júlia*, Beja"
IGAC, Processo nº 02.09.0001 "Cine Teatro de Mina de S. Domingos".
IGAC, Processo nº 02.09.0002 "Cine Teatro Marques Duque, Mértola".
IGAC, Processo nº 02.12.0003 "Cine Teatro Sousa Teles, Ourique".
IGAC, Processo nº 02.14.0001 "Cine Teatro Lusitano, Vidigueira".
IGAC, Processo nº 03.07.0001 "Cine Teatro de Fafe"
IGAC, Processo nº 03.08.0002 "Cine Teatro Jordão, Guimarães".
IGAC, Processo nº 03.12.0001 "Cine Teatro Augusto Correia, Vila Nova de Famalicão".
IGAC, Processo nº 03.12.0002 "Cine Teatro Narciso Ferreira, Riba d'Ave"
IGAC, Processo nº 03.16.0002 "Cine Teatro Neiva, Vila do Conde".
IGAC, Processo nº 04.07.0001 "Teatro Mirandelense, Mirandela".
IGAC, Processo nº 04.09.0001 "Cine Teatro de Torre de Moncorvo".
IGAC, Processo nº 05.02.0070 "Cine Teatro Avenida, Castelo Branco".
IGAC, Processo nº 05.03.0001 "Teatro Cine da Covilhã".
IGAC, Processo nº 05.03.0002 "Cine Centro da Covilhã".
IGAC, Processo nº 05.04.0001 "Cine Teatro da Gardunha, Fundão".
IGAC, Processo nº 05.05.0015 "Cine Teatro Avenida, Idanha-a-Nova".
IGAC, Processo nº 05.09.0001 "Cine Teatro Tasso, Sertã".
IGAC, Processo nº 06.01.001 "Teatro Alves Coelho, Arganil".
IGAC, Processo nº 06.03.0005 "Teatro Gil Vicente, Coimbra".
IGAC, Processo nº 06.05.0002 "Teatro Parque Cine, Figueira da Foz".

IGAC, Processo nº 06.05.0075 "Cine Teatro Grupo Caras Direitas, Buarcos, Figueira da Foz".
IGAC, Processo nº 06.07.0001 "Teatro Municipal da Lousã".
IGAC, Processo nº 06.11.0004 "Cine Teatro de Lagares da Beira".
IGAC, Processo nº 07.02.0001 "Cine Arraiolos"
IGAC, Processo nº 07.03.0001 "Cine Teatro de Borba".
IGAC, Processo nº 07.05.0002 "Salão Central Eborense".
IGAC, Processo nº 07.06.0001 "Cine Teatro Curvo Semedo, Montemor-o-Novo".
IGAC, Processo nº 07.11.0001 "Cine Monsaraz, Reguengos de Monsaraz".
IGAC, Processo nº 07.13.0001 "Cine Teatro Vianense, Viana do Alentejo".
IGAC, Processo nº 07.14.0001 "Cine Teatro de Vila Viçosa".
IGAC, Processo nº 08.05.0001 "Cine Teatro Santo António, Faro".
IGAC, Processo nº 08.07.0001 "Cine Teatro Império, Lagos"
IGAC, Processo nº 08.08.0001 "Cine Teatro Louletano, Loulé".
IGAC, Processo nº 08.10.0002 "Cinema da Fuzeta, Olhão".
IGAC, Processo nº 08.12.0001 "Cine Teatro de S. Brás de Alportel".
IGAC, Processo nº 08.13.0001 "Cine Teatro João de Deus, S. Bartolomeu de Messines, Silves".
IGAC, Processo nº 08.13.0003 "Cine Teatro Silvense, Silves".
IGAC, Processo nº 08.14.0001 "Cine Teatro António Pinheiro, Tavira".
IGAC, Processo nº 09.04.0001 "Cine Teatro de Gouveia".
IGAC, Processo nº 09.07.0001 "Cine Teatro da Guarda"
IGAC, Processo nº 10.01.0002 "Cine Teatro de Alcobaça".
IGAC, Processo nº 10.02.0001 "Cine Teatro José Mendes Carvalho, Alvaiázere".
IGAC, Processo nº 10.05.0037 "Teatro Eduardo Brazão, Bombarral"
IGAC, Processo nº 10.06.0021 "Cine Teatro Pinheiro Chagas, Caldas da Rainha"
IGAC, Processo nº 10.09.0001 "Cine Teatro de Monte Real".
IGAC, Processo nº 10.09.0002 "Teatro José Lúcio da Silva, Leiria".
IGAC, Processo nº 10.10.0001 "Cine Vieirense, Vieira de Leiria".
IGAC, Processo nº 10.10.0002 "Cine Teatro Stephens, Marinha Grande".
IGAC, Processo nº 10.10.0003 "Cine Teatro da Praia de Vieira".
IGAC, Processo nº 10.11.0001 "Cine Teatro da Nazaré".
IGAC, Processo nº 10.16.0001 "Cine Teatro de Mira de Aire".
IGAC, Processo nº 10.s.n. "Cine Teatro de Pombal".
IGAC, Processo nº 11.03.0001 "Cine Aveiras, Azambuja".
IGAC, Processo nº 11.09.0003 "Cine Teatro de Mafra".
IGAC, Processo nº 11.10.0002 "Oeiras Cine".
IGAC, Processo nº 11.11.s/n "Cine Teatro Carlos Manuel, Sintra"

IGAC, Processo nº 11.12.0001 "Cine Teatro de Sobral de Monte Agraço".
IGAC, Processo nº 11.13.0001 "Teatro Cine Ferreira da Silva, Torres Vedras"
IGAC, Processo nº 11.14.0003 "Cine Teatro de Vila Franca de Xira".
IGAC, Processo nº 12.04.0002 "Cine Teatro do Gavião".
IGAC, Processo nº 12.05.0001 "Cine Teatro Mouzinho da Silveira, Castelo de Vide".
IGAC, Processo nº 12.12.0001 "Cine Teatro de Nisa"
IGAC, Processo nº 12.13.0002 "Teatro Cinema de Ponte de Sôr".
IGAC, Processo nº 12.14.0001 "Cine Teatro de Portalegre".
IGAC, Processo nº 13.12.0021 "Cine Teatro Vale Formoso, Porto"
IGAC, Processo nº 13.14.0003 "Cine Teatro de Santo Tirso".
IGAC, Processo nº 13.17.0001 "Cine Teatro Eduardo Brazão, Valadares"
IGAC, Processo nº 13.17.0002 "Cine Teatro Avenida, Vila Nova de Gaia".
IGAC, Processo nº 14.01.0001 "Cine Teatro S. Pedro, Abrantes".
IGAC, Processo nº 14.01.0002 "Cine Teatro de Alferrarede".
IGAC, Processo nº 14.03.0001 "Cine Teatro Almeirim".
IGAC, Processo nº 14.04.0001 "Cine Teatro de Alpiarça".
IGAC, Processo nº 14.05.0001 "Cine Teatro de Benavente"
IGAC, Processo nº 14.07.0015 "Cine Teatro da Chamusca".
IGAC, Processo nº 14.09.0036 "Cine Teatro Alcanena".
IGAC, Processo nº 14.10.0001 "Cine Teatro S. João, Entroncamento".
IGAC, Processo nº 14.12.0001 "Cine Teatro Gil Vicente, Golegã".
IGAC, Processo nº 14.16.0001 "Teatro Rosa Damasceno, Santarém".
IGAC, Processo nº 14.18.0002 "Cine Teatro Paraíso, Tomar".
IGAC, Processo nº 14.19.0001 "Cine Teatro Virgínia, Torres Novas".
IGAC, Processo nº 15.01.0001 "Cine Teatro de Alcácer do Sal".
IGAC, Processo nº 15.03.0001 "Academia Almadense, Almada".
IGAC, Processo nº 15.03.0001 "Cinema Pavilhão Jardim, Trafaria"
IGAC, Processo nº 15.04.0001 "Teatro Cine Barreirense, Barreiro"
IGAC, Processo nº 15.05.0004 "Cinema de Grândola".
IGAC, Processo nº 15.07.0001 "Cine Teatro Joaquim de Almeida, Montijo".
IGAC, Processo nº 15.08.0001 "Cine Teatro S. João, Palmela".
IGAC, Processo nº 15.11.0001 "Cine Teatro João Mota, Sesimbra".
IGAC, Processo nº 15.12.0001 "Cine Teatro Luísa Todi, Setúbal".
IGAC, Processo nº 15.13.0002 "Cine Incrível Almadense, Almada".
IGAC, Processo nº 15.13.0002 "Cine Teatro Vasco da Gama, Sines".
IGAC, Processo nº 16.01.0001 "Cine Teatro Alameda, Arcos de Valdevez".
IGAC, Processo nº 16.04.0001 "Cine Teatro João Verde, Monção".
IGAC, Processo nº 16.07.0001 "Teatro Diogo Bernardes, Ponte de Lima".

IGAC, Processo nº 16.09.0001 "Cinema Palácio, Viana do Castelo".
IGAC, Processo nº 17.04.0001 "Teatro Bernardim Ribeiro, Estremoz"
IGAC, Processo nº 18.06.0001 "Cine Teatro de Mangualde".
IGAC, Processo nº 18.09.0001 "Cine Teatro de Nelas".
IGAC, Processo nº 18.16.0001 "Cine Teatro de S. Pedro do Sul".

OBRAS CITADAS E CONSULTADAS

"Anuário Cinematográfico Português: relativo às épocas 1943/1946 e 1944/1945". Direcção de Cunha Ferreira. Lisboa: Gama, 1946.

"Arquitectura do Movimento Moderno: Inventário Docomomo Ibérico 1925-1965". [s.l.]: Associação dos Arquitectos Portugueses, Fundação Mies van der Rohe e Docomomo Ibérico, 1997.

"Dicionário da História de Portugal". Direcção de Joel Serrão. Porto: Livraria Figueirinhas, 1992. 6 vol.

"Dicionário de História do Estado Novo". Direcção de Fernando Rosas e J.M. Brandão de Brito. Lisboa: Círculo de Leitores, 1996. vol. I-II

"O Estado Novo. Princípios e Realizações". Lisboa: SPN, 1940.

"Obras Públicas". Cadernos do Ressurgimento Nacional. Lisboa: Edições SPN, [s.d].

ALMEIDA, Pedro Vieira de; FERNANDES, José Manuel – "A Arquitectura Moderna". Lisboa: Publicações Alfa, 1986. vol.14 de: História da Arte em Portugal.

ALVES, Dinis Manuel – "Do Teatro Club ao Cine Teatro da Lousã 1933-1947". Lousã: Câmara Municipal, 1997.

ALVES, Eduardo – "Os animatógrafos em Almada". Almada: Câmara municipal, 1984.

AMARAL, Francisco Keil do – "A Arquitectura e a Vida". Lisboa: Cosmos, 1942.

BANDEIRINHA, José António O. – "Quinas Vivas". Porto: FAUP publicações, 1996.

BASTOS, António de Sousa – "Dicionário de teatro português". Coimbra: Minerva, 1994. Edição fac-simil de Lisboa: Imprensa Libanio da Silva, 1908.

BECKER, Annete; TOSTÕES, Ana; WANG, Wilfried (org.) – "Arquitectura do século XX: Portugal". München; New York: Prestel; Frankfurt am Main: Deutsches Architektur-Museum; Lisboa: Portugal-Frankfurt 97: Centre Cultural de Belém, 1997. Catálogo publicado pela ocasião da exposição: "Arquitectura do século XX: Portugal", realizada no Deutsches Architektur-Museum, Frankfurt am Main (11 de Outubro-4 de Janeiro de 1998), Centro Cultural de Belém, Lisboa (Junho-Setembro de 1998).

BENJAMIN, Walter – A obra de arte na era da sua reprodução técnica. In "Estéticas do Cinema". Selecção, apresentação e notas de Eduardo Geada. Tradução de Tereza Coelho. Lisboa: D. Quixote, 1985.

BRITO, Margarida Acciaiuoli de – "Os Cinemas de Lisboa: fenómeno urbano do séc. XX" (texto policopiado). Lisboa: [s.n.], 1982. Dissertação de Mestrado em História de Arte apresentada à Faculdade de Ciências Sociais e Humanas da Universidade Nova de Lisboa.

BRITO, Margarida Acciaiuoli de – "Os anos 40 em Portugal: o país, o regime e as artes: Restauração e Celebração" (texto policopiado). Lisboa: [s.n.], 1991. Tese de Doutoramento em História de Arte Contemporânea apresentada à Faculdade de Ciências Sociais e Humanas da Universidade Nova de Lisboa.

CABRAL, Fernando – "Cinema em Lamego. Do Mudo aos nossos tempos". [S.l.: s.n.], 1996.

CARNEIRO, Luís Soares – "Teatros Portugueses de Raiz Italiana" (texto policopiado). Porto: [s.n.], 2002. Tese de Doutoramento em Arquitectura apresentada à Faculdade de Arquitectura da Universidade do Porto (FAUP).

CARNEIRO, Luís Soares – Teatro de S. João. In FIGUEIRA, Jorge; PROVIDÊNCIA, Paulo; GRANDE, Nuno (comissariado) – "Porto 1901-2001, Guia de Arquitectura Moderna". Porto: Ordem dos Arquitectos (SRN), Livraria Civilização Editora, 2001. fasc.3.

CHOAY, Françoise – "L'Allégorie du patrimoine". Paris: Éditions du Seuil, 1996.

COLÓQUIO O ESTADO NOVO: DAS ORIGENS AO FIM DA AUTARCIA, Lisboa, 1986 – "O Estado Novo das origens ao fim da autarcia 1926-1959". Lisboa: Fragmentos, 1987. vol.2.

COLÓQUIO SOBRE ARQUEOLOGIA E RECUPERAÇÃO DOS ESPAÇOS TEATRAIS, Lisboa, 1991 – "Arqueologia e Recuperação de Espaços Teatrais: Compilação das comunicações apresentadas no Colóquio realizado em Outubro 1991". Organização da Fundação Calouste Gulbenkian, ACARTE (Serviço de Animação, Criação Artística e Educação pela Arte). [Lisboa]: Fundação Calouste Gulbenkian, 1992.

CORBIN, Alain – "História dos Tempos Livres". Lisboa: Teorema, 2001.

CORREIA, Graça – "Ruy d'Athouguia. A modernidade em aberto". Casal de Cambra: Caleidoscópio – Edição e Artes Gráficas, SA., 2008.

COSTA, [Henrique] Alves – "Breve História do Cinema Português. (1896-1962)." Lisboa: Instituto de Cultura Portuguesa, 1978.

COSTA, João Bénard da – "Histórias do cinema". Comissariado para a Europália 91. Lisboa: Imprensa Nacional, Casa da Moeda, 1991.

CRUZ, Duarte Ivo – "História do teatro português". Lisboa: Verbo, 2001.

CRUZ, Duarte Ivo – "Teatros de Portugal". Lisboa: Inapa, 2005.

CRUZ, José de Matos – "O cinema teatro Joaquim de Almeida: Montijo e o cinema". Lisboa: Dom Quixote, 2001.

DIAS, Francisco da Encarnação – "Teatro Aveirense – História e Memórias". Aveiro: Fedrave, 1999.

DIETRICH, Jochen – "Cine Teatros de Portugal". Catálogo Bilingue da exposição Cine Teatros em Portugal. Coordenação de Vítor Lourenço. Leiria: Edição Teatro José Lúcio da Silva e Museu da Imagem, 1998.

FERNANDES, José Manuel – "Arquitectura Modernista em Portugal [1890-1940]". Lisboa: Gradiva, 1993.

FERNANDES, José Manuel – "Cinemas de Portugal". Lisboa: Inapa, 1995.

FERNANDES, José Manuel – "Português Suave: Arquitecturas do Estado Novo". Lisboa: Instituto Português do Património Arquitectónico e Arqueológico (IPPAR), 2003.

FERNANDEZ, Sérgio – "Percurso da Arquitectura Portuguesa 1930-1974". Porto: FAUP, 1988.

FERRO, António – "A idade do jazz-band". 2ª ed. Lisboa: Portugália, 1924.

FERRO, António – "Dez anos de política de espírito: 1933-1943". Lisboa: SPN, 1943.

FERRO, António – "Sociedade de recreio: discurso pronunciado em 29 de Novembro de 1949". Lisboa: Edições SNI, 1950.

FERRO, António – "Teatro e Cinema: 1936-1949". Lisboa: SNI, 1950.

FRANÇA, José Augusto – "A arte em Portugal no Século XX". Lisboa: Livraria Bertrand, 1985.

FRANÇA, José Augusto – "Lisboa: Urbanismo e Arquitectura". Instituto de Cultura e Língua Portuguesa, Ministério da Educaçao e Ciência, 1980.

FRANÇA, José Augusto – "Os anos vinte em Portugal. Estudo de factos sócio-culturais". Lisboa: Editorial Presença, 1992.

FUNDAÇÃO CALOUSTE GULBENKIAN – "Arquitectura de Engenheiros. Séculos XIX e XX. Participação Portuguesa". Lisboa: Fundação Calouste Gulbenkian, 1980.

FUNDAÇÃO CALOUSTE GULBENKIAN – "Os Anos 40 na Arte Portuguesa". 2ª ed. Lisboa: Fundação Calouste Gulbenkian, 1982. vol.1-6 Catálogo de exposição, 30 de Março a 17 de Maio 1982.

GAMBINI, Lígia Inês – "Teatro Sousa Bastos: As primeiras décadas de história". Coimbra: Comissão de Coordenação e Desenvolvimento da Região do Centro (CCDRC): 1999.

GANDRA, Manuel, J. (coord.) – "O Teatro na Vila de Mafra". Mafra: Câmara Municipal, 1997.

GONÇALVES, José Fernando – Cinema Batalha. FIGUEIRA, Jorge; PROVIDÊNCIA, Paulo e GRANDE, Nuno (comissariado) – "Porto 1901-2001, Guia de Arquitectura

Moderna". Porto: Ordem dos Arquitectos (SRN), Livraria Civilização Editora, 2001. fasc.9.

González-Varas, Ignacio – "Conservácion de Bienes Culturales. Teoria, história, princípios y normas". Madrid: Ediciones Catédra, 1999.

Lino, Mário – "O Cine-Teatro Pinheiro Chagas e o Salão Ibéria: duas memórias das Caldas". Caldas da Rainha: Câmara Municipal, 1997.

Lôbo, Margarida Souza – "Planos de Urbanização. A época de Duarte Pacheco". Porto: FAUP Publicações, 1995.

Lobo, Susana – "Pousadas de Portugal. Reflexos da Arquitectura portuguesa do Século XX". Coimbra: Imprensa da Universidade de Coimbra, 2006.

Marques, A.H. de Oliveira (coord.) – "Portugal da Monarquia para a República". Lisboa: Editorial Presença, 1991. vol. XI de: Nova História de Portugal. Direcção de Joel Serrão e A.H. de Oliveira Marques.

Marques, Fernando Moreira – "Os liceus do Estado Novo. Arquitectura, Currículo e Poder". Lisboa: Educa, 2003.

Moniz, Gonçalo Canto – "Arquitectura e Instrução. O projecto moderno do liceu 1836-1936". Coimbra: edarq, 2007.

Neto, Maria João Baptista – "Memória, Propaganda e Poder – o Restauro dos Monumentos Nacionais (1929-1960)". Porto: FAUP Publicações, 2001.

Nunes, António Manuel – "Espaços e imagens da Justiça no Estado Novo. Templos da Justiça e Arte Judiciária". Coimbra: Edições Minerva, 2003.

Oliveira, Nélia Almeida – "Cine Teatro Alba, 50 anos". Albergaria-a-Velha: Câmara Municipal, 2000.

Paulo, Heloisa – "Estado Novo e a Propaganda em Portugal e no Brasil: o SPN/SNI e o DIP". Coimbra: Livraria Minerva, 1994.

Pina, Luís de – "História do Cinema Português". Lisboa. Publicações Europa América, 1986.

Pinto, Paulo Tormenta – "Cassiano Branco, 1897-1970 – Arquitectura e artifício". Casal de Cambra: Caleidoscópio – Edição e Artes Gráficas, S.A., 2007.

Portas, Nuno – Evolução da Arquitectura Moderna em Portugal: uma interpretação. In ZEVI, Bruno – "História da Arquitectura Moderna". Lisboa: Edições Arcádia, 1973. p.687-746.

Portela, Artur – "Salazarismo e artes plásticas". Lisboa. Instituto da Cultura e Língua Portuguesa, Ministério da Educação e das Universidades, 1982.

PORTUGAL. Cinemateca Portuguesa; COSTA, Alves (elab.) – "Da lanterna mágica ao cinematógrafo: roteiro de viagem pelo museu da cinemateca portuguesa". Lisboa: Cinemateca Portuguesa, 1986.

PORTUGAL. Comissão de Coordenação da Região de Lisboa e Vale do Tejo – "Cine Teatros: valorização cultural, reabilitação do património". Coordenação de António Fonseca Ferreira. Lisboa: CCRLVT, 2002.

PORTUGAL. Direcção-Geral dos Edifícios e Monumentos Nacionais – "Caminhos do Património". Coordenação de Margarida Alçada e Maria Inácia Teles de Grilo. Lisboa: DGEMN e Livros Horizonte, 1999.

PORTUGAL. Presidência do Conselho – "25 Anos de Administração Pública: Ministério das Obras Públicas". Lisboa: Imprensa Nacional, 1953.

PORTUGAL. Presidência do Conselho – "25 Anos de Administração Pública: Presidência do Conselho". Lisboa: Imprensa Nacional, 1953.

RAMOS, Jorge Leitão – O Cinema Salazarista. In "Estado Novo. Parte I". Alfragide: Ediclube, 1998. (p.387-406). vol XII de: "História de Portugal. Dos tempos pré-históricos aos nossos dias". Direcção de João Medina.

RIBEIRO, M. Felix – "Os Mais Antigos Cinemas de Lisboa 1896-1939". Lisboa: Instituto Português de Cinema, Cinemateca Portuguesa, 1978.

RIEGL, Aloïs – "Le culte moderne des monuments. Son essence et sa genèse". Paris: Éditions du Seuil, 1984.

ROSAS, Fernando – "O Estado Novo (1926-1974)". Lisboa: Círculo de Leitores, 1994. vol. VII de: "História de Portugal". Direcção de José Mattoso.

ROSAS, Fernando (coord.) – "Portugal e o Estado Novo (1930-1960)". Lisboa: Editorial Presença, 1992. vol. XII de: Nova História de Portugal. Direcção de Joel Serrão e A.H. de Oliveira Marques.

ROSMANINHO, Nuno – "O Poder da Arte. O Estado Novo e a Cidade Universitária de Coimbra". Coimbra: Imprensa da Universidade, 2006.

SEMINÁRIO DOCOMOMO IBÉRICO, 3, Porto, 2001 – "Cultura: origem e destino do Movimento Moderno. Equipamentos e infra-estruturas culturais. 1926-1965": actas.

SOUSA, Fernando de; MARQUES, A.H. de Oliveira (coord.) – "Portugal e a Regeneração (1851-1900)". Lisboa: Editorial Presença, 2004. vol. X de: Nova História de Portugal. Direcção de Joel Serrão e A.H. de Oliveira Marques.

TEIXEIRA, Manuel C. – Arquitectura e Cinema. In PORTUGAL. Cinemateca Portuguesa, Museu do Cinema – "Cinema e Arquitectura". Organização da Cinemateca Portuguesa. Colaboração de António Rodrigues. Lisboa: Cinemateca Portuguesa, Museu do Cinema, 1999.

TORGAL, Luís Reis – "Cinema, estética e ideologia no Estado Novo". [s.l.]: Estudos do Século XX, 2001. p.157-201.

TORGAL, Luís Reis (coord.) – "O Cinema sob o olhar de Salazar". Lisboa: Círculo de Leitores, 2000.

TOSTÕES, Ana – Coliseu do Porto. In FIGUEIRA, Jorge; PROVIDÊNCIA, Paulo; GRANDE, Nuno (comissariado) – "Porto 1901-2001, Guia de Arquitectura Moderna". Porto: Ordem dos Arquitectos (SRN), Livraria Civilização Editora, 2001. fasc.11.

TOSTÕES, Ana (coord.) – "Arquitectura Moderna Portuguesa 1920-1970". Coordenação Executiva do Departamento de Estudos IPPAR, Manuel Lacerda e Miguel Soromenho. Lisboa: Instituto Português do Património Arquitectónico e Arqueológico (IPPAR), 2003.

TOSTÕES, Ana Cristina – "Cultura e tecnologia na Arquitectura Moderna Portuguesa" (texto policopiado). Lisboa: [s.n], 2002. Tese de doutoramento em Engenharia do Território apresentada ao Instituto Superior Técnico da Universidade Técnica de Lisboa.

TOSTÕES, Ana Cristina – "Os Verdes Anos na Arquitectura Portuguesa dos Anos 50". Porto: FAUP Publicações, 1997.

TOSTÕES, Ana Cristina – Arquitectura Portuguesa do século XX. In PEREIRA, Paulo (dir.) – "História da Arte Portuguesa". Lisboa: Circulo de Leitores, 1995. vol.3. p.507-591.

TOSTÕES, Ana; CARAPINHA, Aurora; CORTE-REAL, Paula – "Gulbenkian. Arquitectura e Paisagem". Lisboa: Fundação Calouste Gulbenkian. Serviços Centrais, 2007.

VIEIRA, Joaquim – "Portugal Século XX: crónica em imagens". Lisboa: Círculo de Leitores, 1999-2001. vol. I-X.

ARTIGOS EM PERIÓDICOS

ACCIAIUOLI, Maria Margarida – Cinemas de Lisboa: um património à deriva. "Expresso. Revista". (15 de Novembro 1986). p.16R-17R.

BANDEIRINHA, José António – Da Coimbra dos teatros e dos cinemas à Coimbra dos equipamentos culturais. "NU". Coimbra: NUDA/AAC, nº 12 (Junho 2003). p.24-25.

BANDEIRINHA, José António – Os Edifícios da Associação Académica e o Teatro Gil Vicente. "Monumentos". Revista Semestral de Edifícios e Monumentos. Lisboa: Direcção-Geral dos Edifícios e Monumentos Nacionais, nº8 (Março 1998). p.82-87.

CANIVETE, Antónia – Subsídio para o estudo do Cinematógrafo em Évora 1898 – 1920. "A Cidade de Évora". Boletim de Cultura da Câmara Municipal de Évora. Évora: Câmara Municipal de Évora, nº 5 (2001). p.321-334.

COSTA, Alexandre Alves – O património entre a aposta arriscada e a confidência nascida da intimidade. "Jornal Arquitectos". Publicação bimestral da Ordem dos Arquitectos. Lisboa. nº 213 (Novembro/Dezembro 2003). p.7-13.

GONÇALVES, José Fernando – Cinema Batalha. Artur Andrade. "Jornal Arquitectos". Publicação bimestral da Ordem dos Arquitectos Lisboa. nº198 (Novembro/Dezembro 2000). p.78-83.

NOGUEIRA, Isabel – Alguns espaços teatrais em Coimbra: do século XIX aos nossos dias. "Rua Larga". Revista da Reitoria da Universidade de Coimbra. nº 10 (Outubro 2005).

PORTAS, Nuno – A Formação Urbana de Vila Viçosa. Um ensaio de interpretação. "Monumentos". Revista Semestral de Edifícios e Monumentos. Lisboa: Direcção-Geral dos Edifícios e Monumentos Nacionais, nº6 (Março 1997). p.59-63.

SEABRA, Augusto M. – Cinemas: do maxi o mini. "Expresso. Revista". (15 de Novembro 1986). p.13R-17R.

TORGAL, Luís Reis – Cinema e Propaganda no Estado Novo: a «conversão dos descrentes». "Revista de História das Ideias. Separata da Revista de História das Ideias". Coimbra: vol. 18. (1996). p.277-337.

RICO, Tânia – Salão Central Eborense, um olhar sobre o seu património. "A Cidade de Évora". Boletim de Cultura da Câmara Municipal de Évora. Évora: Câmara Municipal de Évora, nº 5 (2001). p.453-466.

VETTER, Andreas – Refuges d'illusions techniques: deux salles de cinéma de Paul Auscher. "Histoire de l'Art". Paris. nº 17/18 (Maio 1992).

PERIÓDICOS

"Arquitectura: revista mensal de arte e construção". Direcção de Francisco Costa. Lisboa: 1927-1984.

"A Arquitectura Portuguesa e Cerâmica e Edificação: revista mensal técnica industrial e edificação". Direcção de Júlio Martins. Lisboa: 1935-1958.

"Cinéfilo". Suplemento do jornal "O Século". Direcção de Avelino de Almeida. Lisboa: Sociedade Nacional de Tipografia (SNT), 1928-1929.

"Ilustração". Direcção de João da Cunha de Eça. Lisboa: Bertrand, 1930.

"Imagem". Propriedade da Sociedade de Publicações Cinematográficas. Direcção de Eduardo Chianca de Garcia. Lisboa: Bertrand, 1930-1935.

"Revista dos Centenários". Órgão da Comissão Executiva das Comemorações dos Centenários, Lisboa: C.E.C.C, 1939-1940.

"Revista Oficial do Sindicato Nacional dos Arquitectos". Lisboa: SNA, 1938-1942.

LEGISLAÇÃO

DECRETO nº 10:573. "Diário do Governo. I Série". nº43. (26 de Fevereiro de 1925).

DECRETO nº 11:091. "Diário do Governo. I Série". nº200. (18 de Setembro de 1925).

DECRETO nº 11:462. "Diário do Governo. I Série". nº37. (22 de Fevereiro de 1926).
DECRETO nº 13:564. "Diário do Governo. I Série". nº92. (6 de Maio de 1927).
DECRETO nº 17:046 A. "Diário do Governo. I Série". nº146. (29 de Junho de 1929).
DECRETO nº 34:590. "Diário do Governo. I Série". (11 de Maio de 1945).
DECRETO nº 35:165. "Diário do Governo. I Série". nº261. (23 de Novembro de 1945).
DECRETO nº 42.661. "Diário do Governo. I Série". (20 de Novembro de 1959).
DECRETO-LEI Nº 21.454. "Diário do Governo. I Série". (7 DE JULHO DE 1932)
DECRETO-LEI nº 36:062. "Diário do Governo. I Série". nº295. (27 de Dezembro de 1946).
DECRETO-LEI nº 37:369. "Diário do Governo. I Série". nº73. (11 de Abril de 1949).
DECRETO-LEI nº 42.660. "Diário do Governo. I Série". (20 de Novembro de 1959).
LEI nº 1:748. "Diário do Governo. I Série". (14 de Fevereiro de 1925).
LEI nº 2:027. "Diário do Governo. I Série". nº39. (18 de Fevereiro de 1948).
LEI nº 2:041. "Diário do Governo. I Série". nº113. (16 de Junho de 1950).

ENDEREÇOS ELECTRÓNICOS

"Arquivo Fotográfico do Arquivo Municipal de Lisboa" [online]. Em: http://arquivo-municipal.cm-lisboa.pt/default.asp?s=12079. [consultado em fev.2007].

"Cinemas do Porto" [online]. Em: http://www.cinemasdoporto.com/Cinemas_Lista.htm. [consultado em fev.2007].

"IAPXX, Inventário à Arquitectura do Século XX em Portugal" [online]. Em: http://iapxx.arquitectos.pt/. [consultado em nov.2006].

"Inventário do Património Arquitectónico da Direcção-Geral dos Edifícios e Monumentos Nacionais" [online]. Em: http://www.monumentos.pt/Monumentos/forms/002_B.aspx. [consultado em out.2006].

"Inventário do Património do Instituto Português do Património Arquitectónico" [online]. Em: http://www.ippar.pt/pls/dippar/patrim_pesquisa. [consultado em nov.2006].

"Teatro Salvador Marques. Comissão para a Reabilitação do Teatro Salvador Marques" [online]. Em http://teatrosmarques.no.sapo.pt/o_teatro.htm [consultado em fev.2007].

CRÉDITOS DAS IMAGENS

Abreviaturas:
IGAC – Inspecção-geral das Actividades Culturais

Capítulo 3.1
Fig. 1, Fig. 2, Fig. 3, Fig. 4: [IGAC]

Capítulo 4.1
Fig. 5: LINO, Mário – "O Cine-Teatro Pinheiro Chagas e o Salão Ibéria: duas memórias das Caldas". Caldas da Rainha: Câmara Municipal, 1997.

Capítulo 4.2
Fig. 6, Fig.8, Fig. 9, Fig. 10, Fig. 11, Fig. 13, Fig. 14, Fig. 15, Fig. 16, Fig. 17, Fig. 18, Fig. 21, Fig. 23, Fig. 25, Fig. 26, Fig. 27: [IGAC]
Fig. 7: Postal Ilustrado. [s.d]
Fig. 12: PORTAS, Nuno – A Formação Urbana de Vila Viçosa. Um ensaio de interpretação. "Monumentos". Revista Semestral de Edifícios e Monumentos. Lisboa: Direcção-Geral dos Edifícios e Monumentos Nacionais, nº6 (Março 1997). p.59.
Fig. 18, Fig. 20, Fig. 22, Fig. 24: Arquivo pessoal.

Capítulo 4.3
Fig. 28: Arquivo pessoal.
Fig. 29, Fig. 30, Fig. 31, Fig. 32, Fig. 33, Fig. 34, Fig. 35, Fig. 36 Fig. 37, Fig. 38, Fig. 39, Fig. 40: [IGAC]

Capítulo 4.4
Fig. 41, Fig. 42, Fig. 43, Fig. 44, Fig.45, Fig. 46, Fig. 47, Fig. 49, Fig. 50, Fig.51, Fig. 52: [IGAC]
Fig. 48: Arquivo pessoal.

Capítulo 4.5
Fig. 53: Arquivo pessoal.
Fig. 54, Fig. 55: [IGAC].

Capítulo 4.6
Fig. 56: Arquivo pessoal.
Fig. 57, Fig. 58: [IGAC].

ANEXOS

ANEXO I [IDENTIFICAÇÃO DOS CASOS DE ESTUDO]

O registo que se apresenta de seguida constitui uma síntese da informação recolhida no desenvolvimento deste trabalho. O principal suporte desta pesquisa foi encontrado em três levantamentos distintos, onde a alusão a Teatros, Cinemas e Cine-Teatros é frequente, ainda que circunscrita a edifícios de referência na historiografia da arquitectura portuguesa: o Inventário do Património Arquitectónico da Direcção Geral dos Edifícios e Monumentos Nacionais (DGEMN)[337], o Inventário do Instituto Português do Património Arquitectónico (IPPAR)[338] e o Inventário à Arquitectura do Século XX em Portugal (IAP XX)[339].

Numa outra vertente, o "Anuário Cinematográfico Português" publicado em 1946 (ACP 1946), revelou-se essencial por compilar o registo de todas as casas de espectáculos cinematográficos existentes no país com exibição nas épocas de 1943/44 e 1944/45.[340]

Por fim, a informação recolhida junto dos arquivos da Inspecção-Geral das Actividades Culturais (IGAC), Divisão de Recintos de Espectáculos, onde foram consultados os processos de licenciamento que deram entrada na Ins-

---

[337] A partir de 2007, a manutenção do Inventário do Património Arquitectónico desenvolvido no âmbito da extinta DGEMN passou para a tutela do Instituto de Habitação e Reabilitação Urbana (IHRU).

[338] O Inventário do Instituto Português do Património Arquitectónico refere-se à listagem do Património Imóvel classificado e em vias de classificação em território nacional, com excepção das regiões autónomas. Em 2007 o IPPAR foi integrado no Instituto de Gestão do Património Arquitectónico e Arqueológico (IGESPAR).

[339] O Inquérito à Arquitectura do Século XX em Portugal é um levantamento do património arquitectónico construído em Portugal ao longo do século XX organizado pela Ordem dos Arquitectos, em parceria com a Fundació Mies van der Rohe e o Instituto das Artes e realizado entre 2003 e 2006.

[340] O registo apresentado totalizava 267 salas de projecção cinematográfica, incluindo esplanadas, cinemas ao ar livre, casinos, salões paroquiais, clubes e associações recreativas divididas por Lisboa, Porto e Província, incluindo as regiões autónomas. In "Anuário Cinematográfico Português: relativo às épocas 1943/1946 e 1944/1945". Direcção de Cunha Ferreira. Lisboa: Gama, 1946, p.177-214.

pecção-Geral dos Espectáculos, incluindo os projectos, as respectivas memórias descritivas, pareceres e licenças de recinto.

Com o cruzamento destas fontes foi possível alcançar um resultado de 172 salas de projecção cinematográfica, construídas em Portugal[341] entre 1927 e 1959, que corresponde ao período em que esteve em vigor a legislação relativa às Salas de Espectáculos que acompanhou durante quase três décadas a edificação dos Cine-Teatros em Portugal. O conjunto recolhido foi sujeito a uma análise que permitiu a sua divisão por quatro grupos, definidos de acordo com a relação programática e temporal dentro do intervalo definido.

Como **Grupo A**, consideram-se os Cine-Teatros construídos de raiz, que conciliavam o programa de cinema e teatro. Correspondem aos edifícios inaugurados ou em processo de construção iniciado[342] entre o período de 1927 e 1959 e que constituem o corpo central deste trabalho. Representam ainda a grande maioria dos casos apresentados, revelando o real impacto da sua construção por todo o país. São os verdadeiros casos de estudo deste trabalho.

Antes da entrada em vigor do decreto nº 13.564 de 6 de Maio de 1927, algumas salas tinham sido construídas sobre a designação de Cine-Teatro mas sem responderem às condicionantes funcionais e construtivas que a nova lei veio designar. Esses exemplos, alguns dos quais edifícios bastante emblemáticos, não foram incluídos nesta recolha, ou pelo menos neste grupo, por não se enquadrarem no período de tempo definido.

No **Grupo B** encontram-se os Cinemas, salas dedicadas exclusivamente a este programa, construídas no mesmo período. Sem recurso aos dispositivos cénicos dedicados ao teatro eram construções significativamente mais económicas mas apenas autorizadas em localidades onde existissem já outras salas capazes de receber a exibição teatral. Localizam-se principalmente nas grandes cidades e são o prolongar da tradição dos animatógrafos e salões abertos em Lisboa e no Porto ao longo de toda a década de 1910 e 1920.

O **Grupo C** reúne os Teatros e Teatros-Circo existentes, construídos principalmente ao longo do séc. XIX e no início do séc. XX, que face ao crescimento

---

[341] Para o presente estudo foram apenas considerados os casos em Portugal Continental, ficando de fora, por coerência no cruzamento das fontes, as ilhas e os territórios das antigas colónias ultramarinas que Portugal compreendia à época.

[342] Consideram-se 6 casos de Cine-Teatros inaugurados nos primeiros anos da década de 1960 mas cujo processo de licenciamento e início de construção se verificou ainda no período delimitado por este estudo, por se entender que respondem aos mesmos critérios de análise dos restantes.

do fenómeno cinematográfico, por razões económicas ou sociais, se adaptam a cinema passando ou não a usar a designação de Cine-Teatro. Mantendo a sua matriz tipológica cénica, acabaram por aceitar a projecção cinematográfica, não só através da inclusão do animatógrafo, mas licenciando obras para a introdução definitiva da cabine de projecção e restantes exigências que virão a ser requeridas pela Inspecção-Geral dos Espectáculos a fim de dar cumprimento à legislação de 1927.

Não foram considerados para o presente trabalho muitos dos mais importantes Teatros existentes que chegaram, por períodos mais ou menos constantes, a apresentar sessões cinematográficas mas que acabaram por nunca realizar obras de adaptação mantendo a sua estrutura original. Por outro lado, consideram-se neste grupo os Teatros construídos já nas primeiras décadas do século XX com a designação de Cine-Teatro mas que, à semelhança dos Teatros de épocas anteriores, realizaram obras de adaptação à luz da nova legislação. A sua designação original provinha do facto de terem instalado o animatógrafo e não da estrutura diferenciada deste tipo de equipamentos.

Por fim, **o Grupo D**, reúne os casos de edifícios, ou parte deles, de tipologias diversas, como igrejas, conventos ou hospitais, adaptados a Cine-Teatros ao longo do período definido. São casos muito residuais e concentram-se todos nos primeiros anos de funcionamento da lei.

Ficam de fora deste estudo, os casinos, os salões, as sedes de associações recreativas, os grémios e as casas do povo e ainda as esplanadas ou cine parques, quase sempre localizados na província e no sul do país que, pela sua condição de cinemas ao ar livre, não resistiram ao tempo e das quais existem referências pontuais a exemplos mais emblemáticos. Do mesmo modo, muitos Cine-Teatros, Cinemas e Teatros onde se desenrolou actividade cinematográfica não foram contemplados. Apesar de referências a estes edifícios, não foi possível encontrar ou determinar com rigor os parâmetros que serviram de base a esta compilação de casos e, nesse sentido, não foram registados.

Os casos de estudo apresentados aparecem numerados e organizados dentro de cada um dos grupos, pela data de inauguração e localização (distrito e concelho) o que permitiu atribuir a cada edifício um nº de referência que é utilizado como elemento de identificação. No grupo C, pela sua especificidade, a ordenação foi feita segundo a data de construção original do edifício. Os casos em que tal não foi possível determinar, aparecem no final do grupo.

RELAÇÃO DOS CASOS DE ESTUDO POR GRUPO/DATA

Ref.	Grupo	Data	Nome	Concelho	Distrito
1	A	1928	Cine-Teatro Eduardo Brazão	Vila Nova de Gaia (Valadares)	Porto
2	A	1928	Teatro Cine do Barreiro	Barreiro	Setúbal
3	A	1929	Cine-Teatro Avenida	Mealhada (Luso)	Aveiro
4	A	1929	Cine-Teatro Odéon	Porto	Porto
5	A	1930	Cine-Teatro Louletano	Loulé	Faro
6	A	1930	Cine-Teatro João de Deus	Silves (São Bartolomeu de Messines)	Faro
7	A	1930	Cine-Teatro de Elvas	Elvas	Portalegre
8	A	1931	Cine-Teatro de Vieira de Leiria	Marinha Grande (Vieira de Leiria)	Leiria
9	A	1931	Cine-Teatro Capitólio	Lisboa	Lisboa
10	A	1931	Cine-Teatro de Nisa	Nisa	Portalegre
11	A	1932	Teatro Rivoli	Porto	Porto
12	A	1936	Teatro Cinema de Ponte de Sôr	Ponte de Sor	Portalegre
13	A	1936	Cine-Teatro Vasco da Gama	Sines	Setúbal
14	A	1937	Teatro Mirandelense	Mirandela	Bragança
15	A	1937	Éden Teatro	Lisboa	Lisboa
16	A	1937	Cine-Teatro Ribatejo	Cartaxo	Santarém
17	A	1938	Cine-Teatro Jordão	Guimarães	Braga
18	A	1938	Cine-Teatro de Portimão	Portimão	Faro
19	A	1938	Teatro Rosa Damasceno	Santarém	Santarém
20	A	1939	Cine-Teatro Pinheiro Chagas	Caldas da Rainha	Leiria
21	A	1940	Cine-Teatro de Almeirim	Almeirim	Santarém
22	A	1941	Cine-Teatro de Pombal	Pombal	Leiria
23	A	1941	Coliseu do Porto	Porto	Porto
24	A	1942	Teatro Cine Gouveia	Gouveia	Guarda
25	A	1942	Cine-Teatro Incrível Almadense	Almada	Setúbal
26	A	1943	Cine-Teatro Lusitano	Vidigueira	Beja
27	A	1943	Cine-Teatro da Chamusca	Chamusca	Santarém
28	A	1944	Cine-Teatro de Ovar	Ovar	Aveiro
29	A	1944	Teatro Narciso Ferreira	Vila Nova de Famalicão (Riba d'Ave)	Braga
30	A	1944	Cine-Teatro de Alcobaça	Alcobaça	Leiria
31	A	1944	Cine-Teatro Mafrense	Mafra	Lisboa
32	A	1944	Cine Parque Avenida	Vila Nova de Gaia	Porto
33	A	1945	Cine-Teatro da Portela	Sintra	Lisboa
34	A	1946	Avenida Cine	Oliveira de Azeméis	Aveiro
35	A	1946	Cinema Império	Lagos	Faro
36	A	1946	Cine-Teatro Carlos Manuel	Sintra	Lisboa
37	A	1946	Cine-Teatro de Sobral de Monte Agraço	Sobral de Monte Agraço	Lisboa
38	A	1947	Teatro S. Pedro	Espinho	Aveiro
39	A	1947	Cine-Teatro da Lousã	Lousã	Coimbra
40	A	1947	Cine-Teatro Neiva	Vila do Conde	Porto
41	A	1948	Cine-Teatro Alba	Albergaria-a-Velha	Aveiro
42	A	1948	Cine-Teatro S. Jorge	Anadia	Aveiro
43	A	1948	Atlântico Cine-Teatro	Ílhavo	Aveiro
44	A	1948	Cine-Teatro de Viana do Alentejo	Viana do Alentejo	Évora
45	A	1948	Cine-Teatro Vale Formoso	Porto	Porto
46	A	1948	Cine-Teatro de Alpiarça	Alpiarça	Santarém
47	A	1948	Cine-Teatro de Nelas	Nelas	Viseu
48	A	1949	Cine-Teatro Avenida	Aveiro	Aveiro
49	A	1949	Cine-Teatro de Vila Franca de Xira	Vila Franca de Xira	Lisboa
50	A	1949	Cine-Teatro São Pedro	Abrantes	Santarém
51	A	1949	Cine-Teatro de Benavente	Benavente	Santarém
52	A	1949	Cine-Teatro João Verde	Monção	Viana do Castelo
53	A	1950	Cine-Teatro de Estarreja	Estarreja	Aveiro

Ref.	Grupo	Data	Nome	Concelho	Distrito
54	A	1950	Cine-Teatro Messias	Mealhada	Aveiro
55	A	1950	Cine-Teatro José Mendes de Carvalho	Alvaiázere	Leiria
56	A	1950	Cine-Teatro de Alferrarede	Abrantes (Alferrarede)	Santarém
57	A	1950	Cine-Teatro de Mangualde	Mangualde	Viseu
58	A	1951	Cinema e Teatro Monumental	Lisboa	Lisboa
59	A	1951	Cine-Teatro Avenida	Peso da Régua	Vila Real
60	A	1952	Cine-Teatro Pax Julia	Beja	Beja
61	A	1952	São Brás Cine-Teatro	São Brás de Alportel	Faro
62	A	1952	Teatro de Mira de Aire	Porto de Mós	Leiria
63	A	1952	Cine-Teatro Império	Lisboa	Lisboa
64	A	1952	Cine-Teatro de Minde	Alcanena (Minde)	Santarém
65	A	1952	Cine-Teatro de Alcácer do Sal	Alcácer do Sal	Setúbal
66	A	1952	Cine-Teatro S. João	Palmela	Setúbal
67	A	1953	Cine-Teatro Avenida	Idanha-a-Nova	Castelo Branco
68	A	1953	Cine-Teatro da Guarda	Guarda	Guarda
69	A	1954	Cine-Teatro Avenida	Castelo Branco	Castelo Branco
70	A	1954	Teatro Cine da Covilhã	Covilhã	Castelo Branco
71	A	1954	Teatro Alves Coelho	Arganil	Coimbra
72	A	1954	Cine-Teatro da Santo Tirso	Santo Tirso	Porto
73	A	1954	Cine-Teatro São Pedro	Alcanena	Santarém
74	A	1956	Cine-Teatro de Monte Real	Leiria	Leiria
75	A	1956	Cine-Teatro Francisco Ventura	Gavião	Portalegre
76	A	1956	Cine-Teatro Crisfal	Portalegre	Portalegre
77	A	1956	Cine-Teatro de Gil Vicente	Golegã	Santarém
78	A	1956	Cine-Teatro Virgínia	Torres Novas	Santarém
79	A	1956	Cine-Teatro de Vila Pouca de Aguiar	Vila Pouca de Aguiar	Vila Real
80	A	1957	Cine-Teatro de Vila Viçosa	Vila Viçosa	Évora
81	A	1957	Cine-Teatro Joaquim de Almeida	Montijo	Setúbal
82	A	1958	Cine-Teatro de Moncorvo	Torre de Moncorvo	Bragança
83	A	1958	Cine-Teatro da Gardunha	Fundão	Castelo Branco
84	A	1959	Cine-Teatro Imperador	S. João da Madeira	Aveiro
85	A	1960	Cine-Teatro Curvo Semedo	Montemor-o-Novo	Évora
86	A	1960	Teatro Luísa Todi	Setúbal	Setúbal
87	A	1961	Teatro de Gil Vicente	Coimbra	Coimbra
88	A	1961	Cine-Teatro Silvense	Silves	Faro
89	A	1962	Cine-Teatro Augusto Correia	Vila Nova de Famalicão	Braga
90	A	1962	Cine-Teatro João Mota	Sesimbra	Setúbal
91	B	1927	Cinema Odeon	Lisboa	Lisboa
92	B	1928	Cine Bélgica	Lisboa	Lisboa
93	B	1928	Cinema Salão Portugal	Lisboa	Lisboa
94	B	1929	Cine Tivoli	Coimbra	Coimbra
95	B	1929	Royal Cine	Lisboa	Lisboa
96	B	1929	Max Cine	Lisboa	Lisboa
97	B	1930	Cinema Lys	Lisboa	Lisboa
98	B	1930	Cinema Promotora	Lisboa	Lisboa
99	B	1930	Cine Oriente	Lisboa	Lisboa
100	B	1930	Cinema Trianon	Lisboa	Lisboa
101	B	1931	Paris Cinema	Lisboa	Lisboa
102	B	1931	Cinema Palatino	Lisboa	Lisboa
103	B	1931	Cinema Pathé-Imperial	Lisboa	Lisboa
104	B	1931	Cinema Europa	Lisboa	Lisboa
105	B	1932	Jardim Cinema	Lisboa	Lisboa
106	B	1932	Salão Lisboa	Lisboa	Lisboa
107	B	1935	Cinema Popular	Lisboa	Lisboa
108	B	1936	Cinema Rex	Lisboa	Lisboa
109	B	1936	Stadium	Oeiras	Lisboa

Ref.	Grupo	Data	Nome	Concelho	Distrito
110	B	1937	Estrela Cine	Vila Nova de Gaia	Porto
111	B	1940	Cinearte	Lisboa	Lisboa
112	B	1942	Cinema Júlio Dinis	Porto	Porto
113	B	1945	Salão Central Eborense	Évora	Évora
114	B	1945	Oeiras Cine	Oeiras	Lisboa
115	B	1945	Cinema da Trafaria	Almada	Setúbal
116	B	1947	Cinema Batalha	Porto	Porto
117	B	1950	Cinema Óssonoba	Faro (Estói)	Faro
118	B	1950	Cinema São Jorge	Lisboa	Lisboa
119	B	1950	Cinema Palácio	Viana do Castelo	Viana do Castelo
120	B	1952	Cine Arraiolos	Arraiolos	Évora
121	B	1952	Cinema Condes	Lisboa	Lisboa
122	B	1952	Cine Rossio	Viseu	Viseu
123	B	1953	Cinema Topázio	Olhão (Fuzeta)	Faro
124	B	1953	Cinema Alvalade	Lisboa	Lisboa
125	B	1955	Cine Aveiras	Azambuja	Lisboa
126	B	1957	Cinema Roma	Lisboa	Lisboa
127	B	1958	Cinema Europa	Lisboa	Lisboa
128	B		Cinema de Macedo de Cavaleiros	Macedo de Cavaleiros	Bragança
129	C	1786	Teatro Stephens	Marinha Grande	Leiria
130	C	1867	Teatro da Trindade	Lisboa	Lisboa
131	C	1869	Teatro Gil Vicente	Cascais	Lisboa
132	C	1877	Teatro Sá da Bandeira	Porto	Porto
133	C	1881	Teatro Aveirense	Aveiro	Aveiro
134	C	1885	Teatro Sá de Miranda	Viana do Castelo	Viana do Castelo
135	C	1890	Coliseu dos Recreios	Lisboa	Lisboa
135	C	1890	Teatro Garrett	Póvoa do Varzim	Porto
137	C	1892	Teatro Avenida	Coimbra	Coimbra
138	C	1892	Teatro Garcia de Resende	Évora	Évora
139	C	1896	Teatro Diogo Bernardes	Ponte de Lima	Viana do Castelo
140	C	1897	Teatro Carlos Alberto	Porto	Porto
141	C	1898	Teatro Valadares	Caminha	Viana do Castelo
142	C	1898	Teatro Viriato	Viseu	Viseu
143	C	1899	Teatro Águia de Ouro	Porto	Porto
144	C	1900	Teatro Mouzinho da Silveira	Castelo de Vide	Portalegre
145	C	1902	Teatro Gil Vicente	Barcelos	Braga
146	C	1905	Teatro Salvador Marques	Vila Franca de Xira	Lisboa
147	C	1906	Teatro Constantino Nery	Matosinhos	Porto
148	C	1908	Teatro da Pampilhosa	Mealhada (Pampilhosa)	Aveiro
149	C	1909	Teatro Mascaranhas Gregório	Silves	Faro
150	C	1913	Teatro Politeama	Lisboa	Lisboa
151	C	1914	Teatro Sousa Bastos	Coimbra	Coimbra
152	C	1914	Recreios Desportivos da Amadora	Amadora	Lisboa
153	C	1915	Teatro Circo	Braga	Braga
154	C	1915	Teatro Tasso	Sertã	Castelo Branco
155	C	1915	Teatro António Pinheiro	Tavira	Faro
156	C	1916	Teatro Cine Farense	Faro	Faro
157	C	1916	Teatro de São Luís	Lisboa	Lisboa
158	C	1920	Teatro de São João	Porto	Porto
159	C	1921	Teatro Eduardo Brazão	Bombarral	Leiria
160	C	1921	Avenida Teatro	Viseu	Viseu
161	C	1923	Cine-Teatro de Fafe	Fafe	Braga
162	C	1923	Teatro Paraíso de Tomar	Tomar	Santarém
163	C	1924	Teatro Sá da Bandeira	Santarém	Santarém
164	C	1925	Teatro Ginásio	Lisboa	Lisboa
165	C	1926	Teatro do Grupo Caras Direitas	Figueira da Foz	Coimbra
166	C	1926	Teatro Cine Ferreira da Silva	Torres Vedras	Lisboa

Ref.	Grupo	Data	Nome	Concelho	Distrito
167	C		Teatro da Mina de São Domingos	Mértola	Beja
168	C		Teatro Parque Cine	Figueira da Foz	Coimbra
169	C		Teatro de Borba	Borba	Évora
170	D		Cine-Teatro Ribeiro Conceição	Lamego	Viseu
171	D		Cine-Teatro Avenida	Vila Real	Vila Real
172	D		Cine-Teatro Grandolense	Grândola	Setúbal

RELAÇÃO DOS CASOS DE ESTUDO POR AUTOR

Autor	Nome	Ref.	Grupo	Data	Concelho
Adalberto França [arq.]	Cine-Teatro Augusto Correia	89	A	1962	V. Nova de Famalicão
Adriano Lopes e Feliciano Rocha [constr.]	Teatro da Pampilhosa	148	C	1908	Mealhada
Adriano Silva Monteiro [eng. civil]	Teatro Garcia de Resende	138	C	1892	Évora
Afonso F. Proença [eng. civil]	Cine Parque Avenida	32	A	1944	Vila Nova de Gaia
	Atlântico Cine-Teatro	43	A	1948	Ílhavo
Agostinho da Fonseca [arq.]	Cine-Teatro da Lousã	39	A	1947	Lousã
Alberto Pessoa e João Abel Manta [arqs.]	Teatro de Gil Vicente	87	A	1961	Coimbra
Amílcar Pinto [arq.]	Teatro Rosa Damasceno	19	A	1938	Santarém
	Cine-Teatro de Almeirim	21	A	1940	Almeirim
	Teatro Cine Gouveia	24	A	1942	Gouveia
Aniceto Oliveira Xavier	Teatro Mouzinho da Silveira	144	C	1900	Castelo de Vide
António A. de Magalhães Moutinho [arq.]	Teatro Diogo Bernardes	139	C	1896	Ponte de Lima
António Alla [eng.civil]	Cine-Teatro de Moncorvo	82	A	1958	Torre de Moncorvo
António Barbosa da Costa Júnior [arq.]	Cine Aveiras	125	B	1955	Azambuja
António José d'Ávila Amaral [eng. civil]	Cine-Teatro João Mota	90	A	1962	Sesimbra
António José de Lima [eng. civil]	Teatro Gil Vicente	145	C	1902	Barcelos
António Varela [arq.]	Cine-Teatro Pinheiro Chagas	20	A	1939	Caldas da Rainha
Araújo e Silva [eng.]	Teatro Aveirense	133	C	1881	Aveiro
Artur de Andrade [arq.]	Cinema Batalha	116	B	1947	Porto
Bernardino Coelho [arq.]	Cine-Teatro de Viana do Alentejo	44	A	1948	Viana do Alentejo
C. Branco, J. Brito, M. Abreu, C. Siclis [arqs.]	Coliseu do Porto	23	A	1941	Porto
Camilo Korrodi [arq.]	Cine-Teatro José Mendes de Carvalho	55	A	1950	Alvaiázere
	Cine-Teatro de Monte Real	74	A	1956	Leiria
Carlos Nunes da Palma [técnico eng. civil]	Cine-Teatro de Sobral Monte Agraço	37	A	1946	Sobral Monte Agraço
Cassiano Branco [arq.]	Éden Teatro	15	A	1937	Lisboa
	Cine-Teatro Império	63	A	1952	Lisboa
Deolindo Vieira [arq.]	Teatro Paraíso de Tomar	162	C	1923	Tomar
Dionísio F. Vidinha [conductor obras p.]	Teatro Salvador Marques	146	C	1905	Vila Franca de Xira
Domingos Pinto [constructor civil]	Cine Bélgica	92	B	1928	Lisboa
Eduardo Coutinho [eng. civil]	Avenida Teatro	160	C	1921	Viseu
Ernesto e Camilo Korrodi [arqs.]	Cine-Teatro de Pombal	22	A	1941	Pombal
	Cine-Teatro de Alcobaça	30	A	1944	Alcobaça
F. Goullard [eng.] e Cesare Janz [arq.]	Coliseu dos Recreios	135	C	1890	Lisboa
F.M. Meneres de Mello [técnico de eng.]	Teatro Carlos Alberto	140	C	1897	Porto
Fernando Santa Rita [arq.]	Cine-Teatro de Vieira de Leiria	8	A	1931	Marinha Grande
Fernando Schiappa de Campos [arq.]	Cine-Teatro Virgínia	78	A	1956	Torres Novas
Fernando Silva [arq.]	Teatro Luísa Todi	86	A	1960	Setúbal
	Cinema São Jorge	118	B	1950	Lisboa
Francisco Granja [arq.]	Cine-Teatro Vale Formoso	45	A	1948	Porto
Francisco Keil do Amaral [arq.]	Cine-Teatro de Nelas	47	A	1948	Nelas
	Cine-Teatro de Mangualde	57	A	1950	Mangualde
	Salão Central Eborense	113	B	1945	Évora
Francisco Modesto e Pedro B. Falcão [arqs.]	Cinema Topázio	123	B	1953	Olhão
Guilherme A. Soares [construtor civil]	Cinema Odeon	91	B	1927	Lisboa
Guilherme Eduardo Gomes [arq.]	Recreios Desportivos da Amadora	152	C	1914	Amadora

Autor	Nome	Ref.	Grupo	Data	Concelho
Hans Dickel [eng. civil]	Teatro Avenida	137	C	1892	Coimbra
Henrique de Carvalho Assunção [eng. civil]	Teatro Águia de Ouro	143	C	1899	Porto
J. Cruz Lima [arq.]	Cine-Teatro da Santo Tirso	72	A	1954	Santo Tirso
Jacinto Bettencourt e Deolindo Vieira [arq.]	Max Cine	96	B	1929	Lisboa
Jaime de Morais (?) [eng. civil]	Teatro Mirandelense	14	A	1937	Mirandela
João António Guerra [construtor civil]	Cine-Teatro de Nisa	10	A	1931	Nisa
João Antunes [arq.]	Teatro Ginásio	164	C	1925	Lisboa
João Baptista Mendes [arq.]	Cine-Teatro Louletano	5	A	1930	Loulé
João de Gonta [eng. civil]	Teatro Viriato	142	C	1898	Viseu
João Jorge Coutinho [arq.]	Cine-Teatro de Elvas	7	A	1930	Elvas
João M. d'Oliveira Ney [técnico eng. civil]	Cine-Teatro Avenida	67	A	1953	Idanha-a-Nova
João Moura Coutinho [arq.]	Teatro Circo	153	C	1915	Braga
João Tomás de Sousa [construtor civil]	Cine Oriente	99	B	1930	Lisboa
Joaquim da Cruz Trovisqueira [constr.]	Teatro Valadares	141	C	1898	Caminha
José Agostinho Alves	Teatro Garrett	135	C	1890	Póvoa do Varzim
José António Pedroso [arq.]	Salão Lisboa	106	B	1932	Lisboa
José Bellard da Fonseca [eng. civil]	Cine-Teatro da Chamusca	27	A	1943	Chamusca
José de Lima Franco [arq.]	Cinema Alvalade	124	B	1953	Lisboa
José de Lima Franco e Raul Tojal [arqs.]	Cine-Teatro São Pedro	73	A	1954	Alcanena
José Geraldo da Silva Sardinha [arq.]	Teatro Sá de Miranda	134	C	1885	Viana do Castelo
José Manuel Reis [arq.]	Cine-Teatro de Minde	64	A	1952	Alcanena
José Marques da Silva [arq.]	Teatro de São João	158	C	1920	Porto
José Vicente Costa [mestre carpinteiro]	Teatro Gil Vicente	131	C	1869	Cascais
Júdice Costa [arq.]	Teatro Mascaranhas Gregório	149	C	1909	Silves
Júlio José de Brito [eng./arq.]	Teatro Rivoli	11	A	1932	Porto
	Cine-Teatro Jordão	17	A	1938	Guimarães
	Teatro S. Pedro	38	A	1947	Espinho
	Cine-Teatro Alba	41	A	1948	Albergaria-a-Velha
Leonardo Castro Freire [arq.]	Cinema Palácio	119	B	1950	Viana do Castelo
Lucínio Cruz [arq.]	Cinema Roma	126	B	1957	Lisboa
Luís Cristino da Silva [arq.]	Cine-Teatro Capitólio	9	A	1931	Lisboa
M. Norte Júnior [arq.]	Cine-Teatro Carlos Manuel	36	A	1946	Sintra
	Royal Cine	95	B	1929	Lisboa
Manuel A. Castelo Branco [eng. civil]	Teatro Cinema de Ponte de Sôr	12	A	1936	Ponte de Sor
Manuel J. Oliveira [eng. civil]	Cine-Teatro Grandolense	172	D		Grândola
Manuel P. Lima T. Magalhães [arq.]	Cine-Teatro da Guarda	68	A	1953	Guarda
Manuel Passos e Eduardo Martins	Cinema Júlio Dinis	112	B	1942	Porto
Mário de Oliveira [arq.]	Teatro Alves Coelho	71	A	1954	Arganil
"Martins Júnior, Lda"	Cine-Teatro de Alcácer do Sal	65	A	1952	Alcácer do Sal
Miguel Evaristo de Lima Pinto [arq.]	Teatro da Trindade	130	C	1867	Lisboa
Monteiro de Figueiredo [conductor obras p.]	Teatro Sousa Bastos	151	C	1914	Coimbra
Moreira Júnior [arq.]	Avenida Cine	34	A	1946	Oliveira de Azeméis
Mota Beirão [eng. civil]	Cine Rossio	122	B	1952	Viseu
Pedro José Oliveira [arq.]	Teatro Sá da Bandeira	132	C	1877	Porto
Perfeito Magalhães [arq.]	Cinema Palatino	102	B	1931	Lisboa
Raul Caldeira e Albertino G. Roxo [arqs.]	Cine-Teatro Avenida	69	A	1954	Castelo Branco
Raul de Brito Subtil [eng. civil]	Cine-Teatro de Alpiarça	46	A	1948	Alpiarça
	Cine-Teatro de Vila Franca de Xira	49	A	1949	Vila Franca de Xira

Autor	Nome	Ref.	Grupo	Data	Concelho
	Cine-Teatro de Alferrarede	56	A	1950	Abrantes
	Cine-Teatro Francisco Ventura	75	A	1956	Gavião
	Cine-Teatro Crisfal	76	A	1956	Portalegre
	Cine-Teatro João Verde	52	A	1949	Monção
Raul Lino [arq.]	Cine-Teatro Curvo Semedo	85	A	1960	Montemor-o-Novo
Raul Martins [arq.]	Teatro Cine do Barreiro	2	A	1928	Barreiro
	Cinema Europa	104	B	1931	Lisboa
	Jardim Cinema	105	B	1932	Lisboa
Raul R. (?) [eng. civil]	Cine-Teatro Mafrense	31	A	1944	Mafra
Raul R. Lima e Carlos A. Ferreira [arqs.]	Cinema Europa	127	B	1958	Lisboa
Raul Rodrigues Lima [arq.]	Cinearte	111	B	1940	Lisboa
	Cine-Teatro Império	35	A	1946	Lagos
	Cine-Teatro Avenida	48	A	1949	Aveiro
	Cine-Teatro de Estarreja	53	A	1950	Estarreja
	Cine-Teatro Messias	54	A	1950	Mealhada
	Cinema e Teatro Monumental	58	A	1951	Lisboa
	Teatro Cine da Covilhã	70	A	1954	Covilhã
Raul Tojal [arq.]	Stadium	109	B	1936	Oeiras
	Cinema Condes	121	B	1952	Lisboa
Rebello de Andrade [arq.]	Cine-Teatro de Vila Viçosa	80	A	1957	Vila Viçosa
Rui Jervis d'Athouguia [arq.]	Cine-Teatro São Pedro	50	A	1949	Abrantes
Santos Castro Lobo [técnico eng. civil]	Cine Arraiolos	120	B	1952	Arraiolos
Sérgio B. Gomes e Francisco Gonçalves [arq.]	Cine-Teatro Joaquim de Almeida	81	A	1957	Montijo
Sérgio Botelho Gomes [arq.]	Cine-Teatro de Benavente	51	A	1949	Benavente
Tavela de Sousa [arq.]	Cine-Teatro de Portimão	18	A	1938	Portimão
Tertuliano Marques [arq.]	Cinema Lys	97	B	1930	Lisboa
	Teatro de São Luís	157	C	1916	Lisboa
Vasco Esteves Ramires [eng. civil]	Cine-Teatro Pax Julia	60	A	1952	Beja
Ventura Terra [arq.]	Teatro Politeama	150	C	1913	Lisboa
Victor Manuel Carvalho Piloto [arq.]	Paris Cinema	101	B	1931	Lisboa
Willy Braun [arq.] "Consultório Artístico, lda"	Cine-Teatro S. João	66	A	1952	Palmela
	Cine-Teatro da Gardunha	83	A	1958	Fundão
	Cine-Teatro Eduardo Brazão	1	A	1928	V. Nova de Gaia
	Cine-Teatro Avenida	3	A	1929	Mealhada
	Cine-Teatro Odéon	4	A	1929	Porto
	Cine-Teatro João de Deus	6	A	1930	Silves
	Cine-Teatro Vasco da Gama	13	A	1936	Sines
	Cine-Teatro Ribatejo	16	A	1937	Cartaxo
	Cine-Teatro Incrível Almadense	25	A	1942	Almada
	Cine-Teatro Lusitano	26	A	1943	Vidigueira
	Cine-Teatro de Ovar	28	A	1944	Ovar
	Teatro Narciso Ferreira	29	A	1944	V. Nova de Famalicão
	Cine-Teatro da Portela	33	A	1945	Sintra
	Cine-Teatro Neiva	40	A	1947	Vila do Conde
	Cine-Teatro S. Jorge	42	A	1948	Anadia
	Cine-Teatro Avenida	59	A	1951	Peso da Régua
	São Brás Cine-Teatro	61	A	1952	São Brás de Alportel
	Teatro de Mira de Aire	62	A	1952	Porto de Mós

Cine-Teatro de Gil Vicente	77	A	1956	Golegã
Cine-Teatro de Vila Pouca de Aguiar	79	A	1956	V. Pouca de Aguiar
Cine-Teatro Imperador	84	A	1959	S. João da Madeira
Cine-Teatro Silvense	88	A	1961	Silves
Cinema Salão Portugal	93	B	1928	Lisboa
Cine Tivoli	94	B	1929	Coimbra
Cinema Promotora	98	B	1930	Lisboa
Cinema Trianon	100	B	1930	Lisboa
Cinema Pathé-Imperial	103	B	1931	Lisboa
Cinema Popular	107	B	1935	Lisboa
Cinema Rex	108	B	1936	Lisboa
Estrela Cine	110	B	1937	Vila Nova de Gaia
Oeiras Cine	114	B	1945	Oeiras
Cinema da Trafaria	115	B	1945	Almada
Cinema Óssonoba	117	B	1950	Faro
Cinema de Macedo de Cavaleiros	128	B		Macedo de Cavaleiros
Teatro Stephens	129	C	1786	Marinha Grande
Teatro Constantino Nery	147	C	1906	Matosinhos
Teatro Tasso	154	C	1915	Sertã
Teatro António Pinheiro	155	C	1915	Tavira
Teatro Cine Farense	156	C	1916	Faro
Teatro Eduardo Brazão	159	C	1921	Bombarral
Cine-Teatro de Fafe	161	C	1923	Fafe
Teatro Sá da Bandeira	163	C	1924	Santarém
Teatro do Grupo Caras Direitas	165	C	1926	Figueira da Foz
Teatro Cine Ferreira da Silva	166	C	1926	Torres Vedras
Teatro da Mina de São Domingos	167	C		Mértola
Teatro Parque Cine	168	C		Figueira da Foz
Teatro de Borba	169	C		Borba
Cine-Teatro Ribeiro Conceição	170	D		Lamego
Cine-Teatro Avenida	171	D		Vila Real

RELAÇÃO DOS CASOS DE ESTUDO POR DISTRITO

Distrito	Concelho	Nome	Ref.	Grupo	Data
Aveiro	Mealhada	Cine-Teatro Avenida	3	A	1929
	Ovar	Cine-Teatro de Ovar	28	A	1944
	Oliveira de Azeméis	Avenida Cine	34	A	1946
	Espinho	Teatro S. Pedro	38	A	1947
	Albergaria-a-Velha	Cine-Teatro Alba	41	A	1948
	Anadia	Cine-Teatro S. Jorge	42	A	1948
	Ílhavo	Atlântico Cine-Teatro	43	A	1948
	Aveiro	Cine-Teatro Avenida	48	A	1949
	Estarreja	Cine-Teatro de Estarreja	53	A	1950
	Mealhada	Cine-Teatro Messias	54	A	1950
	S. João da Madeira	Cine-Teatro Imperador	84	A	1959
	Aveiro	Teatro Aveirense	133	C	1881
	Mealhada	Teatro da Pampilhosa	148	C	1908
Beja	Vidigueira	Cine-Teatro Lusitano	26	A	1943
	Beja	Cine-Teatro Pax Julia	60	A	1952
	Mértola	Teatro da Mina de São Domingos	167	C	
Braga	Guimarães	Cine-Teatro Jordão	17	A	1938
	Vila Nova de Famalicão	Teatro Narciso Ferreira	29	A	1944
	Vila Nova de Famalicão	Cine-Teatro Augusto Correia	89	A	1962
	Barcelos	Teatro Gil Vicente	145	C	1902
	Braga	Teatro Circo	153	C	1915
	Fafe	Cine-Teatro de Fafe	161	C	1923
Bragança	Mirandela	Teatro Mirandelense	14	A	1937
	Torre de Moncorvo	Cine-Teatro de Moncorvo	82	A	1958
	Macedo de Cavaleiros	Cinema de Macedo de Cavaleiros	128	B	
Castelo Branco	Idanha-a-Nova	Cine-Teatro Avenida	67	A	1953
	Castelo Branco	Cine-Teatro Avenida	69	A	1954
	Covilhã	Teatro Cine da Covilhã	70	A	1954
	Fundão	Cine-Teatro da Gardunha	83	A	1958
	Sertã	Teatro Tasso	154	C	1915
Coimbra	Lousã	Cine-Teatro da Lousã	39	A	1947
	Arganil	Teatro Alves Coelho	71	A	1954
	Coimbra	Teatro de Gil Vicente	87	A	1961
	Coimbra	Cine Tivoli	94	B	1929
	Coimbra	Teatro Avenida	137	C	1892
	Coimbra	Teatro Sousa Bastos	151	C	1914
	Figueira da Foz	Teatro do Grupo Caras Direitas	165	C	1926
	Figueira da Foz	Teatro Parque Cine	168	C	
Évora	Viana do Alentejo	Cine-Teatro de Viana do Alentejo	44	A	1948
	Vila Viçosa	Cine-Teatro de Vila Viçosa	80	A	1957
	Montemor-o-Novo	Cine-Teatro Curvo Semedo	85	A	1960
	Évora	Salão Central Eborense	113	B	1945
	Arraiolos	Cine Arraiolos	120	B	1952
	Évora	Teatro Garcia de Resende	138	C	1892
	Borba	Teatro de Borba	169	C	

Distrito	Concelho	Nome	Ref.	Grupo	Data
Faro	Loulé	Cine-Teatro Louletano	5	A	1930
	Silves	Cine-Teatro João de Deus	6	A	1930
	Portimão	Cine-Teatro de Portimão	18	A	1938
	Lagos	Cine-Teatro Império	35	A	1946
	São Brás de Alportel	São Brás Cine-Teatro	61	A	1952
	Silves	Cine-Teatro Silvense	88	A	1961
	Faro	Cinema Óssonoba	117	B	1950
	Olhão	Cinema Topázio	123	B	1953
	Silves	Teatro Mascaranhas Gregório	149	C	1909
	Tavira	Teatro António Pinheiro	155	C	1915
	Faro	Teatro Cine Farense	156	C	1916
Guarda	Gouveia	Teatro Cine Gouveia	24	A	1942
	Guarda	Cine-Teatro da Guarda	68	A	1953
Leiria	Marinha Grande	Cine-Teatro de Vieira de Leiria	8	A	1931
	Caldas da Rainha	Cine-Teatro Pinheiro Chagas	20	A	1939
	Pombal	Cine-Teatro de Pombal	22	A	1941
	Alcobaça	Cine-Teatro de Alcobaça	30	A	1944
	Alvaiázere	Cine-Teatro José Mendes de Carvalho	55	A	1950
	Porto de Mós	Teatro de Mira de Aire	62	A	1952
	Leiria	Cine-Teatro de Monte Real	74	A	1956
	Marinha Grande	Teatro Stephens	129	C	1786
	Bombarral	Teatro Eduardo Brazão	159	C	1921
Lisboa	Lisboa	Cine-Teatro Capitólio	9	A	1931
	Lisboa	Éden Teatro	15	A	1937
	Mafra	Cine-Teatro Mafrense	31	A	1944
	Sintra	Cine-Teatro da Portela	33	A	1945
	Sintra	Cine-Teatro Carlos Manuel	36	A	1946
	Sobral de Monte Agraço	Cine-Teatro de Sobral de Monte Agraço	37	A	1946
	Vila Franca de Xira	Cine-Teatro de Vila Franca de Xira	49	A	1949
	Lisboa	Cinema e Teatro Monumental	58	A	1951
	Lisboa	Cine-Teatro Império	63	A	1952
	Lisboa	Cinema Odeon	91	B	1927
	Lisboa	Cine Bélgica	92	B	1928
	Lisboa	Cinema Salão Portugal	93	B	1928
	Lisboa	Royal Cine	95	B	1929
	Lisboa	Max Cine	96	B	1929
	Lisboa	Cinema Lys	97	B	1930
	Lisboa	Cinema Promotora	98	B	1930
	Lisboa	Cine Oriente	99	B	1930
	Lisboa	Cinema Trianon	100	B	1930
	Lisboa	Paris Cinema	101	B	1931
	Lisboa	Cinema Palatino	102	B	1931
	Lisboa	Cinema Pathé-Imperial	103	B	1931
	Lisboa	Cinema Europa	104	B	1931
	Lisboa	Jardim Cinema	105	B	1932
	Lisboa	Salão Lisboa	106	B	1932
	Lisboa	Cinema Popular	107	B	1935
	Lisboa	Cinema Rex	108	B	1936

Distrito	Concelho	Nome	Ref.	Grupo	Data
	Oeiras	Stadium	109	B	1936
	Lisboa	Cinearte	111	B	1940
	Oeiras	Oeiras Cine	114	B	1945
	Lisboa	Cinema São Jorge	118	B	1950
	Lisboa	Cinema Condes	121	B	1952
	Lisboa	Cinema Alvalade	124	B	1953
	Azambuja	Cine Aveiras	125	B	1955
	Lisboa	Cinema Roma	126	B	1957
	Lisboa	Cinema Europa	127	B	1958
	Lisboa	Teatro da Trindade	130	C	1867
	Cascais	Teatro Gil Vicente	131	C	1869
	Lisboa	Coliseu dos Recreios	135	C	1890
	Vila Franca de Xira	Teatro Salvador Marques	146	C	1905
	Lisboa	Teatro Politeama	150	C	1913
	Amadora	Recreios Desportivos da Amadora	152	C	1914
	Lisboa	Teatro de São Luís	157	C	1916
	Lisboa	Teatro Ginásio	164	C	1925
	Torres Vedras	Teatro Cine Ferreira da Silva	166	C	1926
Portalegre	Elvas	Cine-Teatro de Elvas	7	A	1930
	Nisa	Cine-Teatro de Nisa	10	A	1931
	Ponte de Sor	Teatro Cinema de Ponte de Sôr	12	A	1936
	Gavião	Cine-Teatro Francisco Ventura	75	A	1956
	Portalegre	Cine-Teatro Crisfal	76	A	1956
	Castelo de Vide	Teatro Mouzinho da Silveira	144	C	1900
Porto	Vila Nova de Gaia	Cine-Teatro Eduardo Brazão	1	A	1928
	Porto	Cine-Teatro Odéon	4	A	1929
	Porto	Teatro Rivoli	11	A	1932
	Porto	Coliseu do Porto	23	A	1941
	Vila Nova de Gaia	Cine Parque Avenida	32	A	1944
	Vila do Conde	Cine-Teatro Neiva	40	A	1947
	Porto	Cine-Teatro Vale Formoso	45	A	1948
	Santo Tirso	Cine-Teatro da Santo Tirso	72	A	1954
	Vila Nova de Gaia	Estrela Cine	110	B	1937
	Porto	Cinema Júlio Dinis	112	B	1942
	Porto	Cinema Batalha	116	B	1947
	Porto	Teatro Sá da Bandeira	132	C	1877
	Póvoa do Varzim	Teatro Garrett	135	C	1890
	Porto	Teatro Carlos Alberto	140	C	1897
	Porto	Teatro Águia de Ouro	143	C	1899
	Matosinhos	Teatro Constantino Nery	147	C	1906
	Porto	Teatro de São João	158	C	1920
Santarém	Cartaxo	Cine-Teatro Ribatejo	16	A	1937
	Santarém	Teatro Rosa Damasceno	19	A	1938
	Almeirim	Cine-Teatro de Almeirim	21	A	1940
	Chamusca	Cine-Teatro da Chamusca	27	A	1943
	Alpiarça	Cine-Teatro de Alpiarça	46	A	1948
	Abrantes	Cine-Teatro São Pedro	50	A	1949
	Benavente	Cine-Teatro de Benavente	51	A	1949

Distrito	Concelho	Nome	Ref.	Grupo	Data
	Abrantes	Cine-Teatro de Alferrarede	56	A	1950
	Alcanena	Cine-Teatro de Minde	64	A	1952
	Alcanena	Cine-Teatro São Pedro	73	A	1954
	Golegã	Cine-Teatro de Gil Vicente	77	A	1956
	Torres Novas	Cine-Teatro Virgínia	78	A	1956
	Tomar	Teatro Paraíso de Tomar	162	C	1923
	Santarém	Teatro Sá da Bandeira	163	C	1924
Setúbal	Barreiro	Teatro Cine do Barreiro	2	A	1928
	Sines	Cine-Teatro Vasco da Gama	13	A	1936
	Almada	Cine-Teatro Incrível Almadense	25	A	1942
	Alcácer do Sal	Cine-Teatro de Alcácer do Sal	65	A	1952
	Palmela	Cine-Teatro S. João	66	A	1952
	Montijo	Cine-Teatro Joaquim de Almeida	81	A	1957
	Setúbal	Teatro Luísa Todi	86	A	1960
	Sesimbra	Cine-Teatro João Mota	90	A	1962
	Almada	Cinema da Trafaria	115	B	1945
	Grândola	Cine-Teatro Grandolense	172	D	
Viana do Castelo	Monção	Cine-Teatro João Verde	52	A	1949
	Viana do Castelo	Cinema Palácio	119	B	1950
	Viana do Castelo	Teatro Sá de Miranda	134	C	1885
	Ponte de Lima	Teatro Diogo Bernardes	139	C	1896
	Caminha	Teatro Valadares	141	C	1898
Vila Real	Peso da Régua	Cine-Teatro Avenida	59	A	1951
	Vila Pouca de Aguiar	Cine-Teatro de Vila Pouca de Aguiar	79	A	1956
	Vila Real	Cine-Teatro Avenida	171	D	
Viseu	Nelas	Cine-Teatro de Nelas	47	A	1948
	Mangualde	Cine-Teatro de Mangualde	57	A	1950
	Viseu	Cine Rossio	122	B	1952
	Viseu	Teatro Viriato	142	C	1898
	Viseu	Avenida Teatro	160	C	1921
	Lamego	Cine-Teatro Ribeiro Conceição	170	D	

ANEXO II [MAPAS]

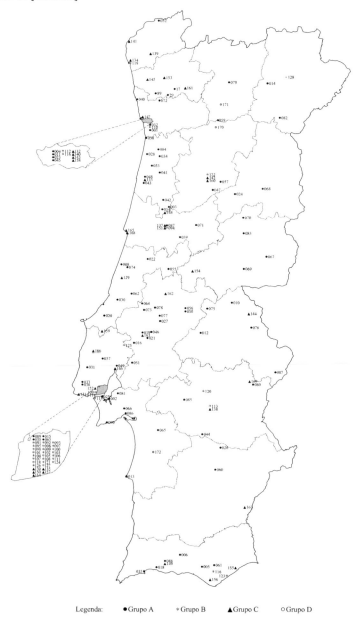

Legenda: ● Grupo A ∗ Grupo B ▲ Grupo C ○ Grupo D

MAPA 1 – Distribuição Territorial por Grupos

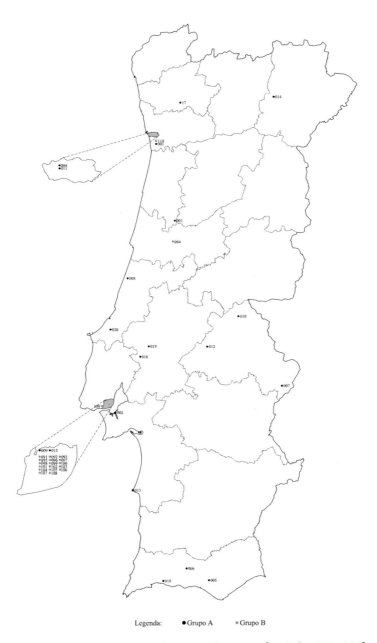

Mapa 2 – Distribuição Territorial Grupo A / Grupo B [Período 1927-1939]

MAPA 3 – Distribuição Territorial Grupo A / Grupo B [Período 1940-1949]

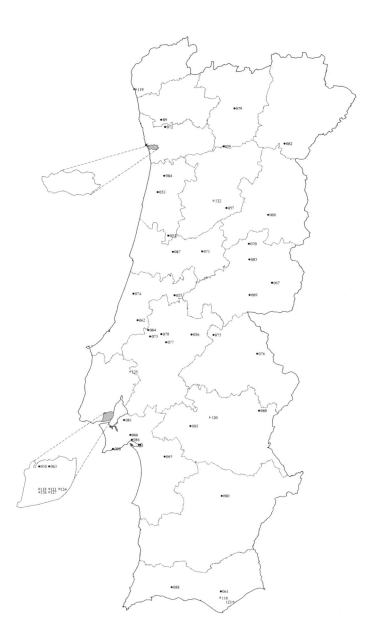

Mapa 4 – Distribuição Territorial Grupo A / Grupo B [Período 1940-1959]

ANEXO III [GRÁFICOS]

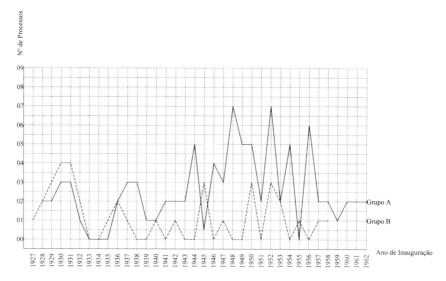

GRÁFICO 1 – Evolução do Nº de Processos Grupo A / Grupo B [Período 1927-1959]

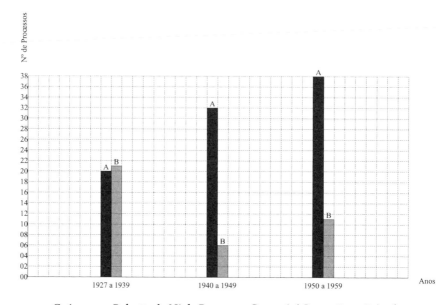

GRÁFICO 2 – Relação do Nº de Processos Grupo A / Grupo B por Década

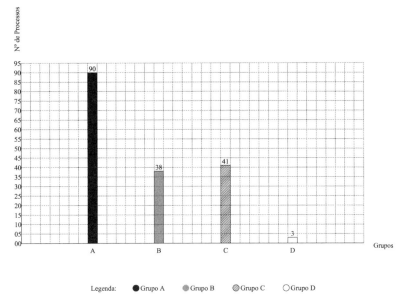

GRÁFICO 3 – Relação do Nº de Processos por Grupo

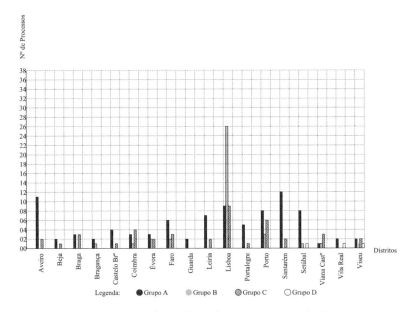

GRÁFICO 4 – Relação do Nº de Processos por Distrito